C·H·Beck
PAPERBACK

Die Weltwirtschaftskrise der 1930er Jahre lässt trotz Jahrzehnten der Forschung noch immer viele Fragen offen. Historiker und Volkswirtschaftler streiten leidenschaftlich über ihre Ursachen und die Maßnahmen zu ihrer Bekämpfung. Vor dem Hintergrund der aktuellen Finanz- und Schuldenkrise besitzt die Beschäftigung mit ihr eine neue Aktualität. Die gängigen Theorien, mit denen Wissenschaftler heute wirtschaftliche Krisen erklären und Politiker Maßnahmen zu ihrer Bekämpfung begründen, wurden aus der Erfahrung der Weltwirtschaftskrise der 1930er Jahre heraus entwickelt. Umso wichtiger erscheint es, sich mit der «alten» Weltwirtschaftskrise zu beschäftigen, um die «neue» verstehen zu können. Dazu bietet diese kurze, lebendige und gut verständliche Darstellung eine unverzichtbare Handreichung.

Dr. Florian Pressler ist seit 2015 selbständiger Rhetorik-Trainer und berät zahlreiche Wirtschaftsunternehmen.

Florian Pressler

Die erste Weltwirtschaftskrise

Eine kleine Geschichte der großen Depression

C.H.Beck

Den vergessenen Frauen und Männern am Fuße der Wirtschaftspyramide …

Mit 15 Abbildungen

1. Auflage. 2013

Originalausgabe

2. Auflage. 2019
Unveränderter Nachdruck

Wilhelmstraße 9, 80801 München, info@beck.de

www.chbeck.de
Umschlagabbildung: New Yorker Börse,
Schwarzer Donnerstag 1929 © ullstein bild
Umschlaggestaltung: malsyteufel, Willich
Satz: C.H.Beck.Media.Solutions, Nördlingen
Druck und Bindung: Druckerei C.H.Beck, Nördlingen
Gedruckt auf säurefreiem und alterungsbeständigem Papier
Printed in Germany
ISBN 978 3 406 73708 4

verantwortungsbewusst produziert
www.chbeck.de/nachhaltig
produktsicherheit.beck.de

Inhaltsverzeichnis

Vorwort

Trotz des langen Zeitraums, der uns von den Ereignissen trennt, haben sich die Bilder der Großen Depression in unserem kollektiven Gedächtnis festgesetzt: Menschenschlangen vor Suppenküchen und Bankschaltern, Familienväter, die mit Schildern in der Hand ihre Bereitschaft signalisieren, jede Arbeit anzunehmen und trotzdem keine finden, ruinierte Spekulanten, die ihre letzten Besitztümer zu Geld zu machen versuchen, und Wanderarbeiter, die, wohin sie auch gehen, dem Elend doch nicht entkommen können. In unserer hochindustrialisierten und hochkomplexen Gesellschaft rufen diese Bilder Urängste vor dem Zusammenbruch wach, die bei jedem größeren wirtschaftlichen Einbruch aufs Neue beschworen werden und uns heute mehr denn je beunruhigen. In Nachrichten über den Niedergang der griechischen Mittelschicht, über die Arbeitslosigkeit der Jugend in Spanien, den Verfall ganzer Stadtviertel in Detroit und über die Proteste der *Occupy Wall Street*-Bewegung scheinen uns die Schatten der Vergangenheit einzuholen. Ist ein Absturz wie damals auch hier und heute noch möglich, wird in Expertenrunden gefragt. Was würde es für uns bedeuten, wenn Arbeitslosigkeit, Deflation und das Schrumpfen der Wirtschaftsleistung ähnliche Ausmaße annähmen wie in den 1930er Jahren? Und welche Erkenntnisse können wir aus der Betrachtung der Geschichte für die Gestaltung unserer Gegenwart und Zukunft gewinnen?

Die jüngste Finanzkrise hat dutzende von Büchern hervorgebracht, die sich mit der «neuen Weltwirtschaftskrise» auseinandersetzen, doch die «alte Weltwirtschaftskrise» lässt trotz Jahrzehnten der Forschung noch immer viele Fragen offen. Keynesianer, Monetaristen und Anhänger der Österreichischen Schule der Volkswirtschaftslehre streiten noch immer leidenschaftlich über die Ursachen der großen Krise und die Angemessenheit von Maßnahmen zu ihrer Bekämpfung. War es eine verfehlte Geldpolitik, die die Krise auslöste, während der New Deal des amerikanischen Präsidenten Franklin D. Roosevelt sie nur bis gegen Ende der 1930er Jahre verlängerte, wie Milton Friedman behauptet? Hat der Niedergang Großbritanniens als Garantiemacht einer liberalen Weltwirtschaftsordnung und des freien Welthandels die Katastrophe ausgelöst, wie Charles Kindleberger argumentiert? Waren es die wachsende Ungleichheit der Einkommen und die Gier der Reichen, wie uns John Kenneth Galbraith nahelegt? Oder sind Probleme des Goldstandards verantwortlich – eine These, die von Barry Eichengreen vertreten wird.

Die breite Öffentlichkeit und Studierende, die sich erstmals mit der Thematik beschäftigen, bleiben angesichts der Expertendiskurse verloren zurück. Bücher zum Thema werden von Fachleuten für ein Fachpublikum geschrieben. Die Allgemeinverständlichkeit der Texte ist dabei zweitrangig und bleibt auf der Strecke. Dies ist umso bedauerlicher, als die Debatten über die Weltwirtschaftskrise nicht nur unsere Vergangenheit betreffen, sondern Argumente liefern, mit denen heute tagespolitische Entscheidungen begründet werden. Wenn Parlamentarier Milliardenprogramme zur Stützung angeschlagener Banken abnicken, wenn sie über die Auswirkungen staatlicher Budgeteinsparungen auf die Konjunktur diskutieren oder sich gegen neu aufkeimenden Protektionismus stemmen, so tun sie das mit Hinblick auf Lehren aus den 1930er Jahren. Die Erklärung für ihr Handeln bleiben sie uns jedoch meist schuldig.

Dieses Buch versteht sich als Einführung in die Thematik und möchte Erklärungen liefern, die auch für unsere Zeit Relevanz besitzen. Es wendet sich an eine breite Öffentlichkeit, der es die Weltwirtschaftskrise der 1930er Jahre verständlich nahebringen will. Die Idee, diesen Text zu schreiben, entstand im Rahmen eines Seminars, das ich im Sommersemester 2011 an der Universität Augsburg unterrichtete. Trotz langer Suche fand ich kaum Literatur, die mir für Studierende in einem Bachelor-Studiengang geeignet erschien. So beschloss ich, selbst eine kurze Einführung zu verfassen, die einerseits leicht verständlich sein, aber andererseits einen Ausblick auf die Forschung in diesem Gebiet bieten soll.

Wissenschaftliche Debatten und neue Erkenntnisse werden daher vorgestellt, aber in ihrer Komplexität deutlich reduziert. Das Fachpublikum mag mir die eine oder andere Vereinfachung oder Verkürzung sowie das Fehlen eines Fußnotenapparats verzeihen (lediglich wörtliche Zitate werden durch Endnoten belegt). Literaturangaben für eine weiterführende Lektüre am Ende des Buches eröffnen interessierten Lesern einen tieferen Einstieg in die Materie in ihrer vollen Komplexität.

Ein mit der Geschichte der Großen Depression vertrauter Leser mag sich zunächst über die ungewöhnliche Periodisierung der Weltwirtschaftskrise in diesem Buch wundern: Normalerweise wird sie in den Jahren 1929–1939 verortet und mit dem Beginn des Zweiten Weltkrieges als beendet betrachtet. Hier soll jedoch ein etwas weiterer Rahmen gesteckt werden. Ohne eine detaillierte Betrachtung ihrer Vorgeschichte ist die Weltwirtschaftskrise nicht zu verstehen. Die ersten Kapitel dieses Buches beschäftigen sich daher mit den 1920er Jahren in Amerika, wo sich Entwicklungen anbahnten, die schließlich in den Börsencrash des Oktobers 1929 einmündeten, sowie mit Problemen, die sich für Europa und die Welt aus den Folgen des Ersten Weltkrieges ergaben. Auch endet das Buch nicht mit dem Beginn des Zweiten Weltkrieges, wie so viele andere Abhandlungen. Stattdessen schließt es auch die Planungen der Alliierten für eine weltwirtschaftliche Nachkriegsordnung sowie eine kurze Rezeptionsgeschichte der Großen Depression mit ein und schlägt schließlich eine Brücke zu den Problemen und Debatten der gegenwärtigen Wirtschafts- und Finanzkrise.

In räumlicher Hinsicht muss dagegen eine Einschränkung vorgenommen werden. Es erscheint unmöglich – und wenig sinnvoll – den spezifischen Verlauf der Krise in allen von ihr betroffenen Ländern im Detail nachzuzeichnen. Vielmehr möchte ich Entwicklungen exemplarisch beschreiben und nehme, bei einem globalen Verständnis der Krise, eine in weiten Teilen transatlantische Perspektive ein. Die industrialisierten Länder Europas und Nordamerikas standen im Zentrum der Weltwirtschaft der 1930er Jahre und bestimmten ihre Entwicklung maßgeblich. Die Probleme der nicht industrialisierten Staaten der sogenannten Peripherie werden in einem separaten Kapitel knapp umrissen.

Wirtschaftsgeschichte erschöpft sich häufig in Zahlen und Statistiken, doch in diesem Buch sollen vielmehr Zusammenhänge und die für ein Verständnis notwendigen Konzepte im Vordergrund stehen. Dabei wird die Weltwirtschaftskrise im Sinne eines globalgeschichtlichen Ansatzes als Krise eines Weltwirtschaftssystems verstanden, das durch den Ersten Weltkrieg aus den Angeln gehoben wurde, während der 1920er Jahre nicht stabilisiert werden konnte und letztendlich infolge des Wall Street Crashs 1929 zerbrach. Das filigrane Geflecht von Handelsbeziehungen, Kreditströmen und über den Goldstandard miteinander verbundener Währungen war schon 1919 hoffnungslos aus dem Gleichgewicht geraten, doch nun zerriss es vollständig. Statt einander Halt zu geben, zogen sich die betroffenen Volkswirtschaften an den in Auflösung begriffenen Verbindungsfäden gegenseitig in die Tiefe. Die zentrifugalen Kräfte gewannen die Oberhand, das komplexe System vernetzter Wirtschaftsräume verlor seinen Zusammenhalt. Auch wenn die Weltwirtschaftskrise allerorten als lokale Katastrophe erlebt wurde, so kann sie nur in ihren globalen Zusammenhängen – und zwar als Auflösungsprozess – begriffen werden.

Ein besonderes Anliegen ist mir die Verknüpfung von wirtschaftlichen mit politischen und gesellschaftlichen Entwicklungen. Keiner dieser Stränge steht für sich allein, sondern alle bedingen und beeinflussen sich gegenseitig. Auch wenn die Krise in verschiedenen Ländern höchst unterschiedlich verlief – für die betroffenen Menschen bedeutete sie überall Entwurzelung und Verunsicherung. In räumlicher, politischer, sozialer und intellektueller Hinsicht löste sie bestehende Bindungen auf und erzwang tiefgreifende gesellschaftliche und politische Verschiebungen. In den europäischen Kolonien in Afrika und Asien belastete sie die Beziehungen zu den Mutterländern und wirkte als Katalysator für Unabhängigkeitsbestrebungen und Nationalbewegungen. In den USA führte sie zu einer Wanderungsbewegung aus dem Mittleren Westen an die Pazifikküste und degradierte eine gerade erst entstandene Mittelschicht zu Almosenempfängern. In Deutschland unterminierte sie das Vertrauen der Bevölkerung in die noch junge Demokratie. In Frankreich ließ sie den politischen Grundkonsens zerbrechen, auf dem die Dritte Republik gebaut war. Vor allem aber unterhöhlte sie den progressivistischen Glauben an die positiven gesellschaftlichen Auswirkungen von technischem und wirtschaftlichem Fortschritt und an die Aussagekraft der klassischen volkswirtschaftlichen Theorie.

Nationale Anstrengungen zur Überwindung der Großen Depression während der 1930er Jahre verliefen teils mehr und teils weniger erfolgreich, doch eine nachhaltige Stabilisierung konnte im nationalen Maßstab nicht gelingen. Deutschland bekämpfte die Krise mit groß angelegten, kreditfinanzierten Rüstungsprogrammen und einer Autarkiepolitik, die von vornherein auf Krieg ausgerichtet war. Japan hoffte, sich durch die Schaffung einer «Großostasiatischen Wohlstandssphäre» vor zukünftigen weltwirtschaftlichen Einbrüchen schützen zu können, und schreckte dabei ebenfalls vor Krieg nicht zurück. So taumelte die ihrer wirtschaftlichen Kohäsion beraubte Staatenwelt von der Depression in eine globale militärische Auseinandersetzung.

Viele Autoren sehen die Große Depression mit dem Ausbruch des Krieges als beendet an, doch das aus den Fugen geratene weltwirtschaftliche Beziehungsgeflecht war 1939 noch keinesfalls wiederhergestellt. Erst im Verlaufe des Krieges entwickelten die westlichen Alliierten unter Führung der Vereinigten Staaten das Konzept einer neuen Weltwirtschaft. Durch die Schaffung eines neuen Weltwährungs- und Welthandelssystems sowie der entsprechenden internationalen Organisationen zu deren Pflege verknüpften sie die Fäden neu, die 1929 zerrissen waren.

1. Amerika in den «Roaring Twenties»

Hoch über dem Atlantik mögen Charles Lindbergh Zweifel an seinem waghalsigen Unternehmen gekommen sein. Würde das Triebwerk seiner einmotorigen «Spirit of St. Louis» den extremen Belastungen des Fluges standhalten? Seine schwer mit Treibstoff beladene Maschine hatte wenige Stunden zuvor auf einem New Yorker Rollfeld einen holprigen Start hingelegt, war nur mit Mühe abgehoben und konnte nur langsam Höhe gewinnen. Nun lagen tausende von Kilometern Ozean vor ihm. Gegenwind oder schlechtes Wetter konnten Lindberghs Kalkulationen im Handumdrehen zunichtemachen. War dann immer noch genug Treibstoff an Bord, um das europäische Festland erreichen zu können? Würde er selbst nach den Strapazen eines mehr als 30-stündigen Überfluges die nötige Konzentration für Navigation und Landung aufbringen?

Lindbergh war nicht der Erste, der sich an einer Non-Stop-Überquerung des Atlantiks von New York nach Paris versuchte, auf die der Millionär Raymond Orteig ein Preisgeld von 25 000 Dollar ausgesetzt hatte, und er war sicher nicht der aussichtsreichste Kandidat. Die Maschine des erfahrenen französischen Weltkriegspiloten René Fonck war 1926 bereits beim Start verunglückt und in Flammen aufgegangen. Die ebenfalls französischen Piloten Charles Nungesser und François Coli stürzten nur wenige Tage vor dem Flug der «Spirit of St. Louis» über dem Atlantik ab und blieben verschollen.

Der junge amerikanische Postflieger Lindbergh war spät in das Rennen eingestiegen und hatte die Mittel zum Erwerb des Flugzeugs, das innerhalb weniger Monate von Ryan Airlines in San Diego gebaut wurde, nur mit großer Mühe zusammengebracht. Im Vergleich zu seinen gescheiterten Vorgängern war er unerfahren und unbekannt. Und im Gegensatz zu ihnen, die immer mit einem Co-Piloten geflogen waren, war er allein.

Charles Lindbergh: Am 27. Mai 1927 gelang ihm der erste Non-Stop-Flug von New York nach Paris

Grund zum Zweifeln hatte Lindbergh also durchaus. «Wir hatten Berichte über gutes Wetter über dem gesamten Atlantik», erklärte er später gegenüber Journalisten, «aber über 1000 Meilen Ozean hinweg schlugen mir Regen und Graupel entgegen. [...] Ich flog zeitweise nur zehn Fuß über dem Ozean und dann in 10 000 Fuß Höhe.»[1] Über Stunden navigierte er ohne Sicht und nur nach Kompass durch Nacht und dichten Nebel, bis er die Küste Irlands erreichte. Die Sonne war schon zum zweiten Mal seit seinem Abflug untergegangen, als er am 27. Mai 1927 auf einem Rollfeld nahe Paris landete.

Lindbergh hatte erreicht, was vor wenigen Jahren noch als unmöglich gegolten hatte, und wurde über Nacht zu einem amerikanischen Helden und einem Idol seiner Zeit. Nur 24 Jahre nachdem die Gebrüder Wright erstmals mit einem motorgetriebenen Flugzeug für zwölf Sekunden abgehoben und 37 Meter weit geflogen waren, hatte Lindbergh mit seinem Flugzeug 5780 km zurückgelegt und war 33½ Stunden in der Luft geblieben.

In einer gewissen Weise verkörpert Lindberghs Flug den Geist der 1920er Jahre in Amerika – einer Zeit des Aufbruchs, des wirtschaftlichen Booms und des rasanten technischen und gesellschaftlichen Wandels. Seine Atlantiküberquerung versinnbildlicht den Optimismus, das Unternehmertum und den technischen und wirtschaftlichen Anspruch, den die junge Nation seit der Jahrhundertwende entwickelt hatte. Die *Roaring Twenties*, in denen dieser Anspruch gipfelte, erscheinen uns heute als eine Zeit, die dem jungen Lindbergh an Lässigkeit, Zukunftsvertrauen und hoch gesteckten Zielen um nichts nachstand – ein Jahrzehnt geprägt von Jazz, schwarzgebranntem Alkohol, Gangsterbossen, Stummfilm-Stars und leicht verdientem Geld. Eine Zeit, in der Amerika die Anspannung und die Schrecken des Ersten Weltkrieges hinter sich ließ und seinen Blick nach vorne richtete. Technische Innovationen, die in den 1920er Jahren zur Marktreife gelangten, machten nicht nur Transatlantikflüge möglich, sondern erleichterten den Menschen die Arbeit und versüßten ihnen die Freizeit. Die gesellschaftlichen Konventionen und Moralvorstellungen der viktorianischen Epoche wurden im Laufe dieser *New Era* genauso herausgefordert, wie die Strecken- und Geschwindigkeitsrekorde der noch jungen Aeronautik – und genau wie diese wurden sie vielerorts überwunden. Kinos schossen aus dem Boden und liefen hinsichtlich der Besucherzahlen schon bald den Gottesdiensten den Rang ab. Millionen von Amerikanern verfolgten die Wochenschauberichte über Lindberghs Flug auf zehntausenden von Leinwänden überall im Land. Auch wirtschaftlich schwangen sich die USA zu nie gekannten Höhen auf. Das amerikanische Bruttoinlandsprodukt (BIP) wuchs durchschnittlich um satte fünf Prozent pro Jahr und bescherte Millionen von Amerikanern Wohlstand und Vollbeschäftigung. Doch diese Zeit des Booms ist auch der Ausgangspunkt unserer Betrachtung der Weltwirtschaftskrise. Wer den Absturz der 1930er

Jahre verstehen will, muss bei den Höhenflügen der 1920er Jahre ansetzen.

Nicht nur am Ende, sondern auch zu Beginn der Dekade durchlebten die Vereinigten Staaten wirtschaftlich schwierige Zeiten und der Start in das neue Jahrzehnt war genauso holprig wie der der «Spirit of St. Louis» beim Abflug auf dem New Yorker Rollfeld. Die *Roaring Twenties* begannen mit einer kurzen, aber heftigen Rezession, die durch das Ende des Krieges in Europa ausgelöst wurde. Als die Waffen schwiegen, geriet die auf Rüstungsgüter ausgerichtete Industrie auf beiden Seiten des Atlantiks ins Stocken. Staatliche Aufträge für die Armeen der kriegführenden Mächte brachen weg, ohne dass privater Konsum die Lücke füllen konnte. In den vom Krieg erschöpften Ländern Europas kam die private Nachfrage nur langsam wieder in Gang, denn die aus den Schützengräben heimgekehrten Soldaten fanden erst nach und nach zurück in den Arbeitsmarkt. In den USA erhöhte zudem die erst kurz vor dem Krieg gegründete Zentralbank (*Federal Reserve*/FED) die Leitzinsen. Während des Krieges hatte sie die Zinsen niedrig gehalten, um die Zinslast der amerikanischen Bundesregierung aus der hohen kriegsbedingten Verschuldung erträglicher zu gestalten. Als die Zinsen nun wieder stiegen, verteuerten sich Investitionen und die ohnehin stockende Wirtschaft wurde zusätzlich abgewürgt.

Die wirtschaftlichen Turbulenzen waren heftig, aber kurz. Zwischen Januar 1920 und Juli 1921 fiel das amerikanische Bruttoinlandsprodukt (BIP) um knapp sieben Prozent. Die Arbeitslosigkeit schnellte von ca. fünf Prozent auf ca. neun Prozent in die Höhe – ein beachtlicher Wert, wenn man bedenkt, dass keinerlei staatliche Arbeitslosenunterstützung existierte und die Betroffenen auf die Mildtätigkeit ihrer Mitmenschen angewiesen waren. Auch das allgemeine Preisniveau brach deutlich ein. Aufgrund der mangelnden Nachfrage unterboten sich die Produzenten gegenseitig, so dass Produkte billiger zu haben waren. Allerdings gingen diese niedrigeren Preise auch mit niedrigeren Löhnen für die einher, die die Produkte herstellten, was wiederum die Nachfrage einschränkte. Eine Deflationsspirale kam in Gang, und die Preise sanken bis Juli 1921 um 19 Prozent.

Die Situation erschien kritisch, doch schon Mitte 1921 konnte sich die ins Trudeln geratene amerikanische Wirtschaft wieder fangen und an Höhe gewinnen. Die während des Krieges aufgestaute Nachfrage brach sich Bahn und leitete eine Phase des Booms ein, die den *Roaring Twenties* ihren Namen gab. Das Knattern der Automobile, deren Zahl nun dramatisch nach oben schoss, das Krächzen der Grammophone und Radioapparate, die in immer mehr Wohnzimmern Einzug hielten, machte den Aufschwung förmlich hörbar. Was noch vor wenigen Jahren als Luxus gegolten und nur einer verschwindend kleinen Schicht Wohlbetuchter zur Verfügung gestanden hatte, wurde für immer mehr Menschen zur Selbstverständlichkeit. Die zarte Morgenröte einer Konsumgesellschaft begann sich am Horizont abzuzeichnen.

Dies galt zumindest für die Vereinigten Staaten, die deutlich gestärkt aus dem Krieg hervorgegangen waren. Während die Materialschlachten an der Westfront weite Landstriche Europas verwüstet und die europäischen Volkswirtschaften zerrüttet hatten, bedeutete der Krieg für Amerika wirtschaftlichen Aufschwung. Amerikanische Fabriken hatten die Staaten der Entente ab 1914 mit Waffen und Munition versorgt und satte Gewinne eingestrichen. Amerikanische Farmer lieferten Nahrungsmittel, als Europas Bauern die Pflüge stehen ließen und zu den Waffen eilten. Lange bevor die Vereinigten Staaten selbst in den Krieg eintraten und ihn für die Entente entschieden, war Amerika zu einer Waffenkammer geworden, aus der sich Großbritannien und Frankreich bedienten und ohne die sie nicht überleben konnten. Märkte in Asien und Südamerika, die vor dem Krieg noch von europäischen Produzenten beliefert und dominiert worden waren, gerieten nach 1914 unter amerikanischen Einfluss. Der wirtschaftliche und politische Bedeutungszuwachs der USA machte sich auch in anderen Bereichen bemerkbar. Vor 1914 waren technische Neuheiten, wissenschaftliche Innovationen, gesellschaftliche Entwicklungen, kulturelle Errungenschaften und politische Ideen meist von Europäern nach Amerika gebracht worden, doch dieser

Strom begann sich nun umzukehren. So wie Charles Lindbergh weit erfahrenere und bekanntere europäische Piloten hinter sich ließ, begannen die Vereinigten Staaten die Mächte der Alten Welt in Wirtschaft, Kultur und Technik von ihrer Spitzenposition zu verdrängen. Amerika wurde zum Vorreiter der Moderne, der auch für Europa Maßstäbe setzte.

Die Schrittmacher und Motoren des wirtschaftlichen Booms in Amerika waren die Automobilbranche und die Elektrifizierung der Haushalte. Zwar hatte es Autos und elektrische Geräte schon vor dem Weltkrieg gegeben, doch erst nach dem Friedensschluss erreichten die neuen Technologien Massenwirksamkeit und begründeten neue Industriezweige. Die Elektrifizierung versorgte Amerikas Familien mit einer gefahrlosen und zuverlässigen Lichtquelle, gleichzeitig revolutionierte sie die Produktion und gab den Startschuss für die Entwicklung elektrischer Haushaltsgeräte. In amerikanischen Industrieanlagen war bis dahin die Dampfmaschine die vornehmliche Kraftquelle für alle Arten von Maschinen gewesen. Doch Dampfmaschinen waren auf die Zufuhr von Wasser und Kohle angewiesen und konnten daher nur dort aufgestellt werden, wo beides leicht zu beschaffen war. Die Kraftübertragung erfolgte über Wellen, die an der Decke verliefen und über Antriebsriemen mit den einzelnen Maschinen verbunden waren. Neben der hohen Verletzungsgefahr für die Arbeiter, die sich häufig in den frei laufenden Riemen verfingen, schränkte die mechanische Kraftübertragung auch die Möglichkeiten der Ingenieure ein, Anlagen sinnvoll auszurichten und zu gruppieren. Für kleinere Betriebe waren die teuren Dampfmaschinen ohnehin unerschwinglich und so blieben Handwerker und Kleinunternehmer auf menschliche Muskelkraft angewiesen.

Das alles änderte sich mit der Elektrifizierung. Elektrischer Strom machte Unternehmen unabhängig vom Zugang zu Wasser und Kohle. Maschinen wurden sicherer und konnten nach den Anforderungen der Produktion statt nach Verlaufsrichtung von Wellen und Riemen aufgestellt werden. Bald fanden sich elektrische Sägen und Bohrmaschinen auch in kleineren Werkstätten, wo sie die Produktivität enorm erhöhten. Auch in vielen Haushalten hielten elektrische Geräte Einzug. 1920 ging in Pittsburgh die erste kommerzielle Radiostation der USA auf Sendung und schon zehn Jahre später war jeder dritte amerikanische Haushalt mit einem Radiogerät ausgestattet. Auch Kühlschränke, Staubsauger und Waschmaschinen waren bald kein ungewöhnlicher Anblick mehr. Telefonanschlüsse in den Häusern begannen die alten Telegrafenstationen zu ersetzen. Per Versandkatalog erreichte die frohe Kunde neuer elektrischer Geräte, die das Leben einfacher und angenehmer machten, jede Familie und eine professionalisierte Werbebranche regte die Menschen zum Kaufen an.

Die größte Veränderung im amerikanischen Alltag bewirkte jedoch zweifelsfrei das Automobil. In der Weitläufigkeit der Vereinigten Staaten half es, Räume zu überbrücken, und schuf einen neuen Lebensstil. Auf dem Land verringerte es die Abhängigkeit von der (oft weit entfernten) Eisenbahn und ermöglichte den problemlosen Transport von Waren zu Märkten und Konsumenten. In der Stadt bewirkte es eine neue urbane Geographie, indem es die räumliche Bindung von Arbeitsplatz und Wohnort aufhob. Vor dem Aufkommen des Automobils hatten Amerikas Arbeiter und Angestellte in den Innenstädten dicht gedrängt im Schatten der Schornsteine gelebt. Die Notwendigkeit, den Arbeitsplatz zu Fuß zu erreichen, bewirkte eine extreme Verdichtung des Wohnraums, die ab der Jahrhundertwende allenfalls durch die Einführung von Straßenbahnen etwas aufgelockert worden war. Die Wohnverhältnisse waren schlecht, ungesund und unhygienisch. Nun ermöglichte das Automobil zumindest den Bessergestellten die Flucht aus den rußigen und engen Stadtkernen. Die weiträumigen Vorstadtsiedlungen, die Amerika bis heute prägen, begannen zu blühen und die Städte fraßen sich ins Umland. Straßen wurden hier nicht mehr als *street*, sondern als *drive* bezeichnet und so angelegt, dass eine Fortbewegung ohne Auto nicht mehr vorgesehen war. Die Versandhandelsunternehmen Sears und Montgomery Ward wandelten sich zu Amerikas ersten Warenhausketten. In zahlreichen Regionen eröffneten sie neue, größere Geschäfte auf der grünen Wiese, wo ausreichend Raum für Parkplätze zur Verfügung stand. Eine neue suburbane Mittelschicht erledigte dort ihre Einkäufe. In den Innenstädten blieben dagegen bald nur noch Ärmere und Randgruppen zurück. So bewirkte das Automobil eine Segregation der amerikanischen Gesellschaft und löste ein langsames Sterben der Stadtkerne aus, das bis in die 1980er Jahre andauerte.

Nicht nur in sozialer und geografischer, sondern auch in wirtschaftlicher Hinsicht bewirkte das Auto eine Revolution. Wo es Autos gab, wurden Straßen und Tankstellen benötigt. Allein zwischen 1920 und 1930 verdoppelte sich die Gesamtlänge des amerikanischen Straßennetzes. An vielbefahrenen Kreuzungen wurden Ampeln installiert, um den Verkehr zu regeln. Für die amerikanische Ölindustrie, die sich bisher auf den Vertrieb von Lampenölen konzentriert hatte und durch die Elektrifizierung in schweres Fahrwasser zu geraten drohte, kam der Autoboom gerade rechtzeitig. Nun mussten neue Raffinerien und Bohrtürme gebaut werden. Im Umkreis der Autofabriken von Ford, Chrysler und General Motors entstanden Zulieferbetriebe, die Scheinwerfer, Ledersitze und Gummireifen herstellten.

Zunächst waren all diese Teile in Einzelfertigung zu Autos zusammengesetzt worden, doch Henry Fords Idee der Fließbandfertigung veränderte nicht nur die Automobilindustrie, sondern revolutionierte die Grundlagen industrieller Produktion an sich. Ford hatte seine Fabrik, in der das berühmte Model T – das erste für breite Schichten erschwingliche Auto – hergestellt wurde, bereits 1910 auf die neue Produktionsmethode umgestellt, doch eine wirkliche Massenproduktion setzte erst nach dem Ende des Krieges ein. Im Mai 1927 lief schließlich das 15-millionste Model T vom Band und Ford hatte die zum Zusammenbau eines Autos notwendige Zeit von mehr als zwölf Stunden auf weniger als eine Stunde reduzieren können. Der Preis eines Fahrzeugs war von 950 auf 260 Dollar gefallen. Die Fahrzeuge durchliefen nun eine Fertigungsstraße, die das Arbeitstempo in der Fabrik vorgab. Jeder Arbeiter erledigte nur einige wenige, routinierte Handgriffe, die er an jeder vorbeifahrenden Karosserie wiederholte. Eine vollständige Austauschbarkeit der Fahrzeugteile verhinderte Verzögerungen durch das Einpassen der Komponenten. Für die Arbeiter bedeutete die neue Fertigungsmethode eine radikale Umstellung. Der geschickte Handwerker, der ein gesamtes Automobil zusammensetzen konnte, die Technik verstand und sich daher mit seiner Arbeit identifizierte, wurde nicht mehr benötigt. Die Arbeit am Fließband war eintönig, langweilig und durch die Bandgeschwindigkeit fremdbestimmt. Die Reduzierung der Tätigkeit auf wenige Handgriffe entfremdete den Arbeiter vom Produkt, dessen Komplexität er nicht mehr begriff und zu dessen Gesamtheit er nur noch minimal beigetragen hatte. In der Anfangsphase betrug die Fluktuation unter Fords Beschäftigten daher deutlich mehr als 100 Prozent pro Jahr. Kaum ein Arbeiter hielt es unter solchen Bedingungen länger als einige Monate in Fords Fabrik aus. Eine Verdopplung des Arbeitslohnes auf ansehnliche fünf Dollar pro Tag und eine Verkürzung der Arbeitszeit konnte die ständige Abwanderung jedoch stoppen. Die enormen Produktivitätsgewinne durch die Fließbandfertigung gaben Ford die Möglichkeit, solch hohe Löhne zu zahlen und seine Arbeiter dadurch zum Bleiben zu bewegen. Auch wenn sich Fords Arbeiter nicht mehr mit dem Produkt ihrer Arbeit identifizierten, so konnten sie sich dieses Produkt doch zumindest nun selbst leisten. Zudem entstanden zahlreiche neue, höher qualifizierte und besser bezahlte Arbeitsplätze in der Verwaltung und Entwicklung. Die Industrie schuf sich in den eigenen Angestellten neue Kundschaft.

Diese Entwicklung ist symptomatisch für die 1920er Jahre. Die Kaufkraft der Angestellten wuchs deutlich, wenn auch nicht im gleichen Maße wie die Produktivität und die Gewinne der Unternehmen. Der private Konsum wurde zum Treibstoff der amerikanischen Wirtschaft, der den Konjunkturmotor am Laufen hielt. Höhere Löhne versetzten die Menschen in die Lage, all die neuen Dinge zu kaufen, die in den Geschäften und Versandkatalogen zu sehen waren. Und reichte der Lohn nicht aus, so füllten die Konsumentenkredite die Finanzierungslücke, mit denen nun überall geworben wurde. Produkte wurden mit einer Anzahlung gekauft, der Rest in Raten abgezahlt. Die gekaufte Ware konnte sofort mitgenommen und benutzt werden, doch blieb sie bis zur Zahlung der letzten Rate formal im Besitz des kreditgebenden Händlers. Diese staatlich nicht kontrollierten Kredite waren – ähnlich wie heutige Kreditkarten – mit hohen Zinszahlungen verbunden, wurden aber trotzdem von vielen Amerikanern gerne in Anspruch genommen, denn die Stimmung war optimistisch. Eine neue Epoche schien angebrochen, in der wissenschaftliche Planung, unternehmerischer Geist und die neuen Industrien zu einer ständigen Verbesserung der Lebensbedingungen führen würden. Charles Lindberghs Non-Stop-Flug über den Atlantik versinnbildlichte geradezu, wie sich natürliche Grenzen durch technische Finesse durchbrechen ließen. Was lange Zeit niemand für möglich gehalten hatte, war plötzlich felsenfeste Realität. Lindbergh wurde zum Helden einer Gesellschaft, die alte Gewissheiten nicht länger akzeptierte und der Zukunft hoffnungsvoll entgegenblickte. Die Aufnahme von Krediten, so glaubten viele Amerikaner, war aufgrund der positiven Aussichten gerechtfertigt. Schließlich hatte auch Lindbergh seinen Erfolg mit geliehenem Geld finanziert. Ein *American way of life* war im Entstehen begriffen, an dem die Menschen durch den Kauf von Autos, Kühlschränken und Radiogeräten teilzuhaben hofften.

Die amerikanische Bundesregierung begünstigte den Boom durch großzügige Steuersenkungen – einem zusätzlichen Schmiermittel für den heiß laufenden Wirtschaftsmotor der 1920er Jahre. War der Spitzensteuersatz der 1913 neu eingeführten Einkommensteuer während des Krieges von sieben auf über 70 Prozent geschnellt, so setzte Finanzminister Andrew Mellon nach dem Krieg rasch Steuererleichterungen durch, von denen vor allem Besserverdiener profitierten. Mit dem Argument, wohlhabende Amerikaner seien grundsätzlich nicht bereit, solch hohe Steuern zu zahlen und würden sie im Zweifelsfall umgehen oder hinterziehen, drückte er den Spitzensteuersatz bis 1929 auf 24 Prozent herunter. Auch wenn der Boom der 20er Jahre vornehmlich auf den Durchbruch neuer Technologien und das Aufkommen eines Massenkonsums zurückzuführen ist, trugen niedrige Steuern ihren Teil zum Aufschwung bei, indem sie Anreize für kapitalintensive Investitionen im industriellen Sektor lieferten. Allerdings gingen die Steuersenkungen der 1920er Jahre nicht zu Lasten des

Staatshaushalts. Während der gesamten Dekade erwirtschaftete die amerikanische Bundesregierung Haushaltsüberschüsse. Die durch den Krieg verursachte Staatsverschuldung konnte zu etwa einem Drittel abgetragen werden.

Die Tatsache, dass seit 1919 durch den 18. Zusatz zur amerikanischen Verfassung der Verkauf, Ausschank und Transport von Alkohol verboten war, konnte die Stimmung kaum trüben. Der Schmuggel blühte genauso wie das Nachtleben. Schrille laute Klänge und schnelle Rhythmen verkörperten den Optimismus der Zeit. In Jazzmusik und schnellen Tänzen wie dem Charleston oder Ragtime schienen sich die während des Krieges aufgestauten Energien und Emotionen zu entladen. In der Frauenmode wurden Röcke und Haare kürzer. 1921 fanden in Atlantic City die ersten Miss-Wahlen Amerikas statt. Viktorianische Vorstellungen von Geschlechterrollen und Verhaltensmustern galten zunehmend als veraltet und überkommen. Der Stummfilm zog Millionen in seinen Bann und schuf neue Vorbilder, deren Mode, Frisuren, Tänze und Lebensstil die Menschen zu imitieren suchten. Darsteller wie Mary Pickford und Douglas Fairbanks waren die ersten Stars einer noch jungen Unterhaltungsindustrie, die zu einem rasanten Wachstum ansetzte. Doch gleichzeitig machte die neue Massen- und Konsumgesellschaft und die enorme Geschwindigkeit des gesellschaftlichen und technischen Wandels auch vielen Menschen Angst. Sie beklagten die materialistische Oberflächlichkeit und den Werteverfall der Gesellschaft der 1920er Jahre. Nirgendwo ist die Stimmung der Zeit besser eingefangen worden als in Francis Scott Fitzgeralds Roman «Der große Gatsby»[2] – dessen Protagonist seine Einsamkeit und innere Leere hinter opulentem Reichtum und verschwenderischen Partys zu verstecken sucht.

Doch auch in den *Roaring Twenties* war nicht jedermann in Feierlaune und nicht alle Teile der amerikanischen Wirtschaftsmaschinerie funktionierten reibungslos. Auch im Boom gab es Verlierer – und die größten Verlierer waren mit Abstand die amerikanischen Farmer. Die Kriegsjahre waren für Amerikas Landwirte goldene Jahre gewesen, da eine erhöhte Nachfrage aus Europa Absatz und Preise nach oben trieb. Viele nutzten die gute Konjunktur für neue Investitionen. Neue landwirtschaftliche Maschinen wurden angeschafft. Insbesondere der erste für breite Schichten erschwingliche Traktor – der Fordson Model F, der 1917 auf den Markt kam – revolutionierte die Arbeit auf dem Feld. Die Anschaffung solcher Maschinen lohnte sich aber nur, wenn gleichzeitig größere Flächen bearbeitet wurden. Folglich kauften oder pachteten Amerikas Farmer zusätzlich neues Land und schufen neue Felder, wo vorher Wildnis gewesen war. Eine wirkliche Wahl blieb den meisten Landwirten nicht. Wer im Geschäft bleiben wollte, musste modernisieren, denn es war allzu offensichtlich, dass menschliche und tierische Arbeitskraft der Konkurrenz durch moderne Landmaschinen nicht länger gewachsen waren. Allerdings ließen sich derartige Investitionen kaum aus den laufenden Einnahmen stemmen, sondern wurden in der Regel kreditfinanziert.

Folglich waren viele Landwirte verschuldet, als das Ende des Krieges in Europa auch ein Ende des Absatzbooms für amerikanische Agrarprodukte einleitete. Vier lange Jahre hatten Europas Bauern gekämpft statt zu sähen und zu ernten, doch nun verließen sie die Schlachtfelder, um ihre eigenen Felder aufs Neue zu bestellen. Europa benötigte keine amerikanischen Nahrungsmittel mehr – und konnte sie sich zudem auch gar nicht leisten. Das im Vergleich zu den Vorkriegsjahren deutlich gesteigerte Angebot an Agrarprodukten fand plötzlich keine Nachfrage mehr und die Preise kollabierten. Allein in den Jahren 1920 und 1921 fiel der Preisindex für Farmerzeugnisse um mehr als 50 Prozent und das Einkommen der Landwirte reduzierte sich im gleichen Umfang. Auch Vermögenswerte wie Farmland, Farmgebäude und Maschinen verbilligten sich drastisch, denn ihr Wert hing davon ab, welches Einkommen sich mit ihnen erwirtschaften ließ. Die vertraglich vereinbarten Zahlungen für laufende Kredite reduzierten sich jedoch nicht und trieben zahlreiche Landwirte in den Ruin. Eisernes Sparen und noch härtere Arbeit halfen nur bedingt, denn je mehr produziert wurde, desto stärker verfielen die Preise. Ein Teufelskreislauf landwirtschaftlicher Überproduktion war in Gang geraten und drehte sich in immer schnelleren Windungen.

Doch warum waren ausschließlich die Farmer von Überproduktion betroffen? In den 1920er Jahren stieg nicht nur die landwirtschaftliche Produktivität, sondern die Produktivität fast aller erzeugten Güter. Weniger Menschen produzierten in nahezu allen Bereichen mehr (oder bessere) Produkte. Während dies in der Landwirtschaft eine Überproduktionskrise zur Folge hatte, war es für Industrieunternehmen vor 1929 vollkommen unproblematisch, ihre Erzeugnisse an den Mann zu bringen. Der Begriff der Einkommenselastizität der Nachfrage beschreibt dieses Phänomen. Steigert sich das Einkommen eines Marktteilnehmers, so wird sich mit großer Wahrscheinlichkeit auch seine Nachfrage nach Industrieprodukten deutlich erhöhen. Er wird sein Fahrrad durch ein Auto ersetzen und möglicherweise ein Radio oder ein Grammophon erwerben. Er wird aber nicht zwangsläufig mehr Brot essen, mehr Milch trinken oder mehr Eier kaufen. Wie wir heute in den Schwellenländern beobachten können, steigert sich der Fleischkonsum der Menschen bei steigendem Einkommen, doch in den 1920er Jahren war die tägliche Portion Fleisch für die meisten Amerikaner bereits eine Selbstverständlichkeit. Somit blieb die Nachfrage nach landwirtschaftlichen Produkten weitgehend statisch und wurde von Einkommensveränderungen nur in einem geringen Maße beeinflusst. Diese Beobachtung lässt sich verallgemeinern: Die Einkommenselastizität von landwirtschaftlichen Produkten ist relativ gering, während die Einkommenselastizität von Industrieprodukten relativ hoch ist. Dieses Phänomen wurde den Farmern zum Verhängnis.

Die wirtschaftlichen Schwierigkeiten der Landbevölkerung konvergierten mit einem Wandel gesellschaftlicher Wertzuweisungen, der in den 1920er Jahren seinen Höhepunkt erreichte. Seit die Vereinigten Staaten bestanden, hatte der Farmer, der sein eigenes Land besaß, als staatsbürgerliches Ideal gegolten. Politisch und wirtschaftlich unabhängig, stand er für alles, was Amerika ausmachte. Schließlich waren es Farmer gewesen, die die Wildnis urbar gemacht und den Westen erobert hatten. Dem Autor der amerikanischen Unabhängigkeitserklärung, Thomas Jefferson, erschien die Existenz einer breiten Schicht solcher unabhängiger Landwirte sogar als Grundvoraussetzung für das Bestehen einer Republik. Doch gegen Ende der 1920er Jahre hatte sich das Blatt gewendet. Während Städte (und insbesondere Vorstädte) mit Fortschritt und komfortablem Leben assoziiert wurden, galt das Land nun als rückständig und die Landbevölkerung als ungebildet. Die umgangssprachliche Bezeichnung *hayseed*, die sich im Deutschen in etwa mit «Dorftrottel» übersetzen lässt, machte Karriere und reflektierte den Wandel in der Vorstellungswelt der Zeitgenossen. Amerika – das waren nun die großen urbanen Zentren, in denen ständig neue Wolkenkratzer in den Himmel schossen. Das ländliche Amerika geriet in Vergessenheit.

So wundert es auch nicht, dass der neu gewählte Präsident der Vereinigten Staaten Herbert Hoover über die Erfolge der Industrie und nicht über die Probleme der Farmer sprach, als er am 4. März 1929 seinen Amtseid ablegte. Hoover erklärte:

> Unser Land ist reich an Ressourcen, anregend in seiner glorreichen Schönheit, von Millionen glücklicher Heimstätten übersäht und gesegnet mit Komfort und neuen Möglichkeiten. In keinem Land ist der Fortschritt weiter vorangekommen. In keinem Land sind die Früchte menschlicher Errungenschaften sicherer. In keinem Land verdient die Regierung ein höheres Maß an Respekt. Kein Land wird von seinen Bürgern mehr geliebt. Ich habe ein felsenfestes Vertrauen in die Tatkraft, Integrität und die hohen Vorsätze des amerikanischen Volkes. Ich habe keine Angst um die Zukunft unseres Landes. Die Zukunft leuchtet hoffnungsvoll.[3]

War Amerikas Wohlstand tatsächlich so sicher, wie Hoover behauptete? Oder glichen seine Voraussagen den Wetterberichten, die Charles Lindbergh auf seinem Überflug in die Irre geführt hatten? In Europa brauten sich gegen Ende der 1920er Jahre wirtschaftliche Stürme zusammen, die im nächsten Kapitel beleuchtet werden. Was würde geschehen, wenn der amerikanischen Wirtschaft ein kalter Wind aus der Alten Welt entgegenzuwehen begann? War die Maschinerie dieser Wirtschaft genauso solide wie die der «Spirit of St. Louis»?

Im Sommer 1929 befand sich die amerikanische Wirtschaft auf ihrem höchsten Punkt, doch im Gegensatz zu Lindbergh plagten die politischen und wirtschaftlichen Eliten der Vereinigten Staaten keinerlei Zweifel an ihrem ehrgeizigen Projekt. Sie glaubten an einen dauerhaften Höhenflug. Während der 1920er Jahre trafen sie keinerlei Vorsorge für eine sanfte Landung. Dass die amerikanische Landwirtschaft in Fetzen lag und keinerlei Auftrieb lieferte, beunruhigte sie kaum. Über die Treibstoffzufuhr zu den beiden Konjunkturmotoren des Landes – der vom Konsum abhängigen Automobil- und Elektroindustrie – machten sie sich herzlich wenig Gedanken. Doch was würde geschehen, wenn der Konsumrausch abzuflachen begann und damit die Treibstoffzufuhr ins Stocken kam? Gegen Ende der 20er Jahre besaßen viele Haushalte bereits Autos, Radios, Telefone und Grammophone. All diese Produkte waren langlebig und nicht darauf ausgelegt, nach kurzer Zeit durch neuere Modelle ersetzt zu werden. Gleichzeitig drückten die Zinszahlungen aus früheren Anschaffungen. Die Einkommen reichten nicht aus, um im bisherigen Umfang weiter konsumieren zu können. In einigen Bereichen wie etwa dem Baugewerbe, das während der ersten Hälfte der 1920er Jahre spektakuläre Wachstumsraten vorzuweisen hatte, gingen die Umsätze bereits ab 1926 wieder zurück. Relativ unbedeutende Ereignisse konnten nun dazu führen, dass verunsicherte Konsumenten neue Kaufentscheidungen zurückstellten und dadurch den Konjunkturmotor zum Stottern brachten. Auch wenn sich die Piloten keiner Probleme bewusst waren: Schon bevor der Börsencrash an der Wall Street im Jahr 1929 die amerikanische Wirtschaft endgültig zum Absturz brachte, drohte der Propeller in luftiger Höhe stehen zu bleiben und die Wirtschaft in einen unkontrollierbaren Sinkflug überzugehen.

2. Das europäische Schuldenkarussell und die internationale Währungspolitik der 1920er Jahre

Während Amerika wirtschaftlich vom Ersten Weltkrieg profitierte und seine negativen Folgen schnell überwinden konnte, fanden die Staaten Europas nur langsam zu wirtschaftlicher und politischer Stabilität zurück. Deutschland und Frankreich hatten im Krieg ca. zehn Prozent ihrer männlichen Arbeitskräfte verloren. Weite Teile Frankreichs und Belgiens waren durch den Krieg verwüstet. Deutschland und Großbritannien blieben zwar von kriegsbedingten Zerstörungen verschont, doch beide hatten sich wirtschaftlich bis weit über die Grenzen ihrer Leistungsfähigkeit verausgabt. Großbritannien hatte durch die Angriffe deutscher U-Boote ca. 40 Prozent seiner Handelsflotte verloren. Das deutsche Kaiserreich brach zusammen und taumelte in ein politisches Chaos. In Russland tobte ein Bürgerkrieg, in Osteuropa und auf dem Balkan wurden die Grenzen neu gezogen. Handelsverbindungen, die vor dem Krieg bestanden hatten, waren vielerorts abgebrochen. Wie jenseits des Atlantiks begann auch für Europa mit den 1920er Jahren eine neue Epoche – doch unter deutlich schlechteren Vorzeichen.

Insbesondere hatten sich alle am Krieg beteiligten Staaten (mit Ausnahme der USA) über jedes vernünftige Maß hinaus verschuldet. Zu Beginn der Auseinandersetzungen waren die deutschen Militärplaner von einem kurzen und daher billigen Krieg ausgegangen. Doch der Vormarsch der deutschen Truppen kam an der Marne zum Stillstand und verwandelte sich in einen Stellungskrieg. Die Materialschlachten an der Westfront kosteten nicht nur Millionen von Menschenleben, sondern auch viele Milliarden Reichsmark, Francs und Pfund Sterling. Wie konnten diese Summen aufgebracht werden? Über Steuererhöhungen allein ließen sich die enormen Kosten keinesfalls decken. Stattdessen griffen alle beteiligten Staaten zum Mittel der Kriegsanleihe. Sie riefen ihre Bürger dazu auf, ihrer Regierung das notwendige Geld zu leihen, um den Krieg gewinnen zu können. Mit Plakaten und öffentlichen Reden wurde an den Patriotismus der Bevölkerung appelliert. So wie die Soldaten im Feld Opfer für das Vaterland brachten, so sollte auch die Heimat ihren Anteil leisten. Die Rückzahlung der Anleihen stellte man sich denkbar einfach vor. Der jeweilige Gegner würde die Kosten des Krieges mit Zins und Zinseszins ersetzen, wenn er denn erst einmal besiegt war. Durch Reparationen würde er für die Kriegsanleihen und alle entstandenen Schäden aufkommen. Während Deutschland die Last des Krieges allein über Steuern, Kriegsanleihen und das Drucken von Geld stemmen musste, standen den Mächten der Entente noch weitere Mittel der Kriegsfinanzierung zur Verfügung. Da Großbritannien mit seiner Flotte die Meere beherrschte, konnte es zusammen mit Frankreich Waffen und Rohstoffe von jenseits des Atlantiks beziehen. Zunächst bezahlten beide Länder diese Lieferungen mit dem Gold ihrer Zentralbanken, doch als dieses zur Neige ging, stellten amerikanische Banken großzügige Kredite zur Verfügung. So wurde schon vor dem amerikanischen Kriegseintritt ein erheblicher Teil der Kriegsanstrengungen der Entente mit amerikanischen Dollars finanziert. Auch untereinander liehen sich die Entente-Staaten Geld. Großbritannien stützte beispielsweise Frankreich und Italien mit Zahlungen.

Als sich die besiegten Mittelmächte, die siegreiche Entente und die letztendlich kriegsentscheidenden Vereinigten Staaten 1919 in Paris trafen, um Europa neu zu ordnen, schimmerte hinter den anstehenden politischen Fragen immer auch das verworrene Problem der Kriegsschulden und Reparationen durch. Für die Mittelmächte gab es in Paris nichts mehr zu verhandeln. Ihre militärische Widerstandskraft war zusammengebrochen und ihre Niederlage total. Ihnen wurden die Bedingungen des Friedens diktiert. Genauso total war der Sieg der Entente, doch aus diesem Sieg ergaben sich nicht zwangsläufig Freiräume. Vier Jahre lang hatte die Propagandamaschinerie aller Kriegsparteien die jeweiligen Gegner verteufelt und einen karthagischen Frieden als Rache für die erlittenen Verluste gefordert. Von diesen Forderungen konnten der französische Ministerpräsident Georges Clemenceau und sein englischer Amtskollege Lloyd George daher kaum noch abrücken. Außerdem mussten auch die Sieger die Schulden zurückzahlen, die sie gegenüber ihrer eigenen Bevölkerung und den USA angehäuft hatten. So schuldeten Frankreich, Großbritannien und ihre europäischen Verbündeten den USA ca. zwölf Milliarden Dollar. Großbritannien allein stand bei seinen Bürgern mit zwei Milliarden Pfund in der Kreide, die es mit fünf Prozent jährlich verzinsen musste. Der amerikanische Präsident Woodrow Wilson hatte Deutschland zwar einen milden Frieden versprochen und wandte sich gegen hohe Reparationsforderungen, doch auf einen Schuldenerlass der USA gegenüber den Verbündeten wollte er sich nicht einlassen. Ein solcher Schuldenerlass wäre aber die Bedingung für eine Abmilderung der englischen und französischen Forderungen gegenüber Deutschland gewesen. So wurden Deutschland neben Gebietsabtretungen und der Wegnahme von mobilen Werten wie Eisenbahnen und Handelsschiffen auch Reparationen in zunächst nicht bestimmter Höhe auferlegt. Klar bestimmt war allerdings das Prinzip: Deutschland sollte für alle von ihm verursachten Kriegsschäden zahlen – einschließlich der Militärpensionen und Hinterbliebenenrenten der Familien gefallener Soldaten.

Doch womit sollte Deutschland zahlen, hatte es doch selbst bis 1919 Schulden in Höhe von 144 Milliarden Reichsmark angehäuft? Die Alliierten verlangten eine Zahlung in Gold und Sachwerten, aber die Goldbestände des Reiches waren durch den Krieg bereits weitgehend aufgebraucht und eine Wegnahme von mobilen Werten wie Eisenbahnen und Industrieanlagen musste Deutschland außer Stande setzen, die Reparationsforderungen langfristig zu erwirtschaften. Letztendlich blieb Deutschland nur die Möglichkeit, die geforderten Gelder durch Exporte zu verdienen. Es musste seine Produkte ins Ausland verkaufen, um Gold und Devisen einzunehmen, mit denen es die Reparationsforderungen erfüllen konnte. Somit war es einerseits darauf angewiesen, dass eine starke wirtschaftliche Basis erhalten blieb, um für den Export produzieren zu können. Andererseits benötigte es freien Zugang zu den Märkten der Siegermächte. Nur wenn deutsche Produkte diese Märkte erreichen konnten, ohne dass hohe Zölle fällig wurden, bestand Aussicht auf die notwendigen Deviseneinnahmen. Doch keine dieser beiden Grundvoraussetzungen für Deutschlands Zahlungsfähigkeit wurde auf der Pariser Friedenskonferenz berücksichtigt. Die Siegermächte trafen weder Vorkehrungen, um Deutschland wirtschaftlich zu stabilisieren, noch waren sie bereit, ihre Märkte für deutsche Produkte zu öffnen. Die Furcht vor einem Wiedererstarken des alten Feindes und die Interessen heimischer Industrien, die sich in schwierigen Zeiten durch Einfuhrzölle unliebsame Konkurrenz vom Hals zu schaffen hofften, führten zu der paradoxen Situation, dass die Entente zwar erhebliche Forderungen stellte, ihrem Gegner die Mittel zur Erfüllung dieser Forderungen jedoch nicht zubilligte. Niemand sah dies klarer als der junge britische Wirtschaftswissenschaftler John Maynard Keynes, der als Mitglied der englischen Delegation an den Pariser Verhandlungen teilnahm, doch schon bald entnervt das Handtuch warf und seine epochemachende Kampfschrift «Die wirtschaftlichen Folgen des Friedens» verfasste. Darin erklärte er bezüglich der Zukunftsaussichten Europas:

> Dieses Kapitel muss ein pessimistisches sein. Der Vertrag [von Versailles] enthält nichts um Europa wirtschaftlich wieder aufzurichten, nichts um die besiegten Mittelmächte zu guten Nachbarn zu machen, nichts um die neu entstandenen europäischen Staaten zu stabilisieren, nichts um Russland für Europa zurückzugewinnen. Er befördert noch nicht einmal irgendein Bündnis wirtschaftlicher Solidarität unter den Alliierten selbst. In Paris wurde keinerlei Vereinbarung getroffen, um die aus dem Ruder geratenen öffentlichen Finanzangelegenheiten Frankreichs und Italiens wieder aufzurichten oder die wirtschaftlichen Systeme der Alten und der Neuen Welt aufeinander abzustimmen.[4]

Auch wenn die Regierungen Frankreichs und Großbritanniens Keynes' Ansichten nicht teilten, so erschien es auch ihnen in Anbetracht des wirtschaftlichen und politischen Chaos, das nach Kriegsende in Deutschland herrschte, illusorisch, größere Summen kurzfristig einzutreiben. Doch aus der Perspektive Frankreichs waren die geforderten Reparationen auch ein politisches Druckmittel. Durch Wilsons Intervention während der Pariser Friedensverhandlungen war Frankreich von seinen politischen Maximalforderungen abgebracht worden, das linke Rheinufer zu annektieren und die süddeutschen Länder von Preußen abzutrennen. Als Gegenleistung für diesen Verzicht hatte Wilson Frankreich einen Bündnisvertrag versprochen, der langfristige Sicherheit vor Deutschland bieten sollte, aber vom amerikanischen Senat abgelehnt wurde und daher niemals in Kraft trat. Ohne amerikanische Bündniszusage musste Frankreich bestrebt sein, sich auf andere Weise vor Deutschland abzusichern. Das Unvermögen des Reiches, die geforderten Reparationen zu leisten, war für Frankreich ein willkommener Vorwand, im Rheinland zu intervenieren und seine strategischen Interessen im Nachhinein doch noch durchzusetzen.

Im Jahr 1921 hatten die Alliierten die Gesamtsumme der zu leistenden Reparationen auf 132 Milliarden Goldmark festgelegt. Unter Goldmark versteht man Rechsmarkmünzen mit einem fixen Goldgehalt je Mark, die in der Zeit vor 1914 üblich waren und sich auch nach dem Krieg noch vereinzelt in Umlauf befanden. Die Forderungen an das Deutsche Reich wurden in dieser Rechnungsgröße beziffert, da Goldmünzen nicht durch Inflation an Wert verloren. Zudem diktierten die Alliierten Deutschland einen Zahlungsplan, der nicht zu erfüllen war. Eigentlich hätte Deutschland jährliche Zahlungen von zwei Milliarden Goldmark leisten sollen, doch schon 1922 wurden die Geldzahlungen zeitweilig ausgesetzt und stattdessen eine Bezahlung in Form von Sachleistungen wie Kohle und Rohmetall gefordert. Als Deutschland auch diesen Forderungen nicht im vollen Umfang nachkam, besetzten französische und belgische Truppen im Januar 1923 das Ruhrgebiet und sicherten es als «produktives Pfand». Offiziell begründete Frankreich seine Intervention damit, die Ablieferung der geforderten Menge an Kohle und Stahl erzwingen zu wollen, doch die eigentlichen Gründe gingen tiefer. Zweifellos hoffte die Regierung in Paris darauf, das Zentrum der deutschen Schwerindustrie langsam aus dem Reich herauslösen zu können und Deutschland somit langfristig zu schwächen und eine rasche Wiederbewaffnung unmöglich zu machen. Während Großbritannien und die USA die Besetzung des Ruhrgebiets zwar nicht befürworteten, aber sich doch schnell damit abfanden, waren die Reaktionen in Deutschland heftig. Man fühlte sich von Frankreich erpresst, ausgeplündert und in den ureigensten Rechten verletzt. Dem von Woodrow Wilson ausgerufenen Selbstbestimmungsrecht der Völker sprach die Besetzung Hohn. Militärisch konnte Berlin dem französischen Einmarsch nichts mehr entgegensetzen, doch passiver Widerstand schien immer noch möglich. Deutschland setzte seine Reparationszahlungen an Frankreich und Belgien nun ganz aus und rief die Bevölkerung des Ruhrgebiets zum Generalstreik und zur Befehlsverweigerung gegenüber den Besatzern auf. Die Besatzungstruppen reagierten mit unnachgiebiger Härte. Was als Streit über die rechtzeitige Ablieferung von Reparationsleistungen begonnen hatte, wuchs sich schnell zur Kraftprobe zwischen Siegern und Besiegten aus. Doch Deutschland fiel es schwer, Kräfte für diese Auseinandersetzung zu mobilisieren. Die Löhne der streikenden Arbeiter mussten während des sogenannten Ruhrkampfes aus den Kassen des Staates gezahlt werden – aber diese waren schon lange leer. Wie ließ sich der passive Widerstand im Ruhrgebiet also finanzieren? Bereits im Krieg hatte das Deutsche Reich Geld drucken lassen, um seine Ausgaben zu bestreiten, und auch danach weiter neue Geldscheine in Umlauf gebracht. Nun machte die Regierung in einem noch viel größeren Umfang von dieser Methode Gebrauch.

Während die Druckerpressen heiß liefen, wuchs die in Umlauf befindliche Geldmenge beständig. Der materielle Gegenwert dieses Geldes – d. h. die Menge an angebotenen Waren und Dienstleistungen – stagnierte jedoch oder schrumpfte sogar. Dies ließ die Preise steigen und den Außenwert der Reichsmark ins Bodenlose fallen. War ein Dollar im Dezember 1922 noch 8000 Reichsmark wert, so kostete er im April 1923 schon rund 20 000 Mark, Anfang

Als Zahlungsmittel unbrauchbar: Da man mit Papiergeld ohnehin nichts mehr kaufen kann, benutzt es diese Frau, um den Herd in der Küche anzuzünden.

August eine Million Mark und Anfang Dezember 1923 schließlich 4,21 Billionen Mark. Geld war kaum noch das Papier wert, auf dem es gedruckt wurde, und bestenfalls noch als Heizmaterial zu gebrauchen. Wer Waren besaß, der hielt sie zurück oder tauschte sie nur gegen andere Waren, denn niemand wollte reale Werte zu Geld machen, das innerhalb von Tagen seinen Wert verlor. Der Wirtschaftskreislauf kam faktisch zum Erliegen. Als eine neue Reichsregierung unter Kanzler Gustav Stresemann am 26. September 1923 den Ruhrkampf ergebnislos abbrach, hatte Deutschland *de facto* keine Währung mehr.

Die Bilder dieser Zeit verfolgen uns bis heute: Kinder, die Bündel von Geldscheinen zu Pyramiden türmen, Menschen, die mit Schubkarren voller Geld ihre Einkäufe erledigen oder es als Altpapier zum Tausch anbieten, Ärzte, die sich mit Kohlebriketts bezahlen lassen. Die Hyperinflation von 1923 war eines der prägenden Ereignisse deutscher Wirtschaftsgeschichte, aus dem sich auch im Jahr 2013 noch die Angst vor einer «weichen» Währung nährt. Für die Menschen des Jahres 1923 war sie eine Katastrophe, da sie die Ersparnisse eines ganzen Lebens innerhalb kürzester Zeit vollständig entwertete und die gesamte Wirtschaft in die Tiefe riss. Nur wer Sachwerte wie z. B. Immobilien besaß, kam einigermaßen ungeschoren davon. Der Staat konnte sich durch die Inflation seiner inneren Verschuldung (d. h. der Verschuldung gegenüber seinen eigenen Bürgern in Form von Staats- und Kriegsanleihen) entledigen, doch um welchen Preis? Die Entwertung der Ersparnisse entfremdete gerade die Mittelschicht von der jungen deutschen Demokratie, die das verlorene Vertrauen ihrer Bürger nie mehr vollständig zurückgewinnen konnte.

Nachdem die Reichsmark ihre Funktion als Zahlungsmittel spätestens im Herbst 1923 eingebüßt hatte, erlebte Deutschland am 20. November 1923 mit der Einführung der Rentenmark seine erste Währungsreform. Reichsmark wurden zum Kurs von einer Billionen zu eins in die neue Währung getauscht. Doch wie gelang es der Reichsregierung, Vertrauen in das neue Geld zu schaffen? Wie konnte sichergestellt werden, dass sich die Rentenmark nicht genauso schnell entwertete wie das alte Zahlungsmittel? Offensichtlich musste die neue Währung durch reale Werte gedeckt werden, auf die die Besitzer von Rentenmark einen Anspruch geltend machen konnten. Vor dem Krieg war die Währung durch die Goldreserven der Reichsbank gedeckt worden, bei der Reichsmark zu einem festgelegten Umtauschkurs in Gold gewechselt werden konnten. Doch Deutschland hatte 1923 keine Goldreserven mehr, um seine Währung decken zu können. So schritt man kurzerhand zu einer teilweisen Enteignung aller Besitzer von land- oder forstwirtschaftlich genutzten Grundstücken und jeglicher Art von Unternehmen, indem man ihren Besitz mit einer verzinslichen Zwangshypothek belastete. Der Gesamtwert aller Hypotheken belief sich auf 3,2 Milliarden Goldmark – und genau diese Summe wurde von der neu gegründeten Deutschen Rentenbank als Rentenmark in Umlauf gebracht. Die Währung war nun durch Hypotheken gedeckt. Die Geldmenge war fix und ein unkontrolliertes Nachdrucken von Geld durch den Staat ausgeschlossen. Akzeptanz gegenüber der neuen Währung wurde aber vor allem dadurch erreicht, dass es der Regierung Stresemann gelang, den Staatshaushalt auszugleichen. Während der Hochphase des Ruhrkampfes hatte die Reichsregierung nur ein Siebtel ihrer Ausgaben durch Einnahmen decken können.

Die Stabilisierung der deutschen Währung eröffnete Möglichkeiten für eine Restrukturierung der Reparationszahlungen und den damit verbundenen Abzug der französischen und belgischen Besatzungstruppen aus dem Ruhrgebiet. Zwar blieb die Gesamthöhe der zu leistenden Zahlungen unverändert, doch ein auf Druck der Amerikaner und Briten einberufener Sachverständigenausschuss unter Leitung des amerikanischen Politikers und Währungsexperten Charles Dawes schlug vor, die jährlich zu zahlenden Raten an die Leistungsfähigkeit Deutschlands anzupassen. Nach dem sogenannten Dawes-Plan sollte Deutschland zunächst nur eine Milliarde Goldmark pro Jahr transferieren müssen und seine Zahlungen erst gegen Ende der 1920er Jahre auf zweieinhalb Milliarden steigern. Durch die Einsetzung eines Reparationsagenten mit Sitz in Berlin wurde die französisch dominierte Reparationskommission umgangen und die Reparationsfrage entpolitisiert. Eine erneute Besetzung «produktiver Pfänder» durch Frankreich war damit ausgeschlossen. Vor allem aber sollte Deutschland eine Anschubfinanzierung erhalten, um seine Wirtschaft in Gang zu bringen. So flossen aus einer internationalen Anleihe der Reichsregierung 800 Millionen Mark nach Deutschland. Diese Anleihe wurde in erster Linie von amerikanischen Banken und Bürgern gezeichnet. Im Rückblick wird sie häufig als «Marshall-Plan» der 1920er Jahre bezeichnet.

Im Jahr 1924 schien sich die Lage in Deutschland infolge des Dawes-Plans zu stabilisieren. Die Staatsfinanzen blieben ausgeglichen, die Wirtschaft erholte sich, die Übergangswährung der Rentenmark wurde durch eine stabile Neuauflage der Reichsmark ersetzt, die Reparationszahlungen waren (zumindest kurzfristig) auf ein erträgliches Maß gesunken, und die aus der Dawes-

Der amerikanische Bankier und Politiker Charles Dawes. Er erarbeitete einen Finanzplan zur wirtschaftlichen Stabilisierung Deutschlands.

Anleihe gewonnenen Mittel machten den Staat wieder handlungsfähig. Wenn in Deutschland von den «goldenen 20er Jahren» die Rede ist, so ist damit die Zeit zwischen 1924 und 1929 gemeint.

Golden wurden die 1920er Jahre jedoch in erster Linie durch amerikanisches Geld. Infolge der stabilen wirtschaftlichen Aussichten gelang es der Reichsregierung sowie einzelnen deutschen Gemeinden und Unternehmen, nach der Dawes-Anleihe noch eine Vielzahl weiterer Anleihen in den USA zu platzieren bzw. Kredite zu erhalten und damit bis 1929 ca. 21 Milliarden Reichsmark einzunehmen. Die treibende Kraft hinter diesen Anleihen war oftmals nicht die deutsche Seite. Vielmehr waren es die amerikanischen Kapitalgeber (Privatiers und Banken), die sich daraus eine satte Rendite erhofften und beispielsweise eine kleine bayerische Gemeinde davon überzeugten, sich nicht nur mit ein paar zehntausend Mark, sondern gleich mit einem Millionenbetrag zu verschulden. Der deutschen Regierung kam diese Form der Verschuldung auch nicht ungelegen, hoffte man doch, eines Tages die kommerziellen Schulden aus den Anleihen gegen die anstehenden Reparationszahlungen ausspielen zu können. Deutschland würde ohnehin bis an die Grenzen seiner Leistungsfähigkeit zahlen müssen. Wenn nun die Ansprüche amerikanischer Gläubiger mit den Reparationsforderungen Frankreichs und Großbritanniens in Konkurrenz traten, konnte das für Deutschland nur gut sein. Die USA würden ruinöse Zahlungsforderungen der Entente oder eine erneute Besetzung von Teilen Deutschlands nicht zulassen, da nur ein gesundes Deutschland zur Rückzahlung der amerikanischen Gelder im Stande wäre.

Vorerst ergab sich jedoch eine paradoxe Situation: Deutschland erhielt Gelder aus den Vereinigten Staaten, die über Umwege in die Reparationszahlungen an die Länder der Entente flossen. Diese wiederum nutzten die eingesammelten Reparationen, um damit ihre Kriegsschulden in den USA zu begleichen. Ein europäisches Schuldenkarussell begann sich munter zu drehen – und es drehte sich mit amerikanischem Geld. Die Vereinigten Staaten finanzierten die Rückzahlung der von ihnen während des Krieges gewährten Kredite mit neuen Krediten an die Verlierer des Krieges.

Wären die amerikanischen Gelder in Deutschland in produktive Anlageformen, d.h. in Fabriken, Handelsschiffe und Eisenbahnen, investiert worden, so wäre die Rechnung möglicherweise aufgegangen. Aus solchen Investitionen hätten sich die Mittel für die Rückzahlung der Anleihen erwirtschaften lassen. Doch vielerorts flossen die Gelder eher in den Bau neuer Stadthallen und Schwimmbäder. Aus diesen Investitionen war keine Rendite zu erwarten. Auch Deutschlands Handelsbilanz war während der 1920er Jahre dauerhaft negativ, d.h. die Deutschen importierten mehr als sie exportierten. Um eigene Währungsreserven aufzubauen, hätten sie aber eine positive Handelsbilanz gebraucht – also mehr exportieren als importieren müssen. So konnte sich das

Schuldenkarussell nur so lange weiter drehen, wie neues Geld aus den USA nach Deutschland floss.

Aber was würde geschehen, wenn die Gelder aus Amerika ausblieben? Gegen Ende der 1920er Jahre erschien es vielen Amerikanern attraktiver, ihr Kapital an der Wall Street zu investieren, als in deutsche Anleihen. Der Geldfluss kam ins Stocken. Gleichzeitig wurden 1928 Reparationszahlungen in voller Höhe von 2,5 Milliarden Mark fällig. Dass Deutschland sie nicht zahlen konnte, war offensichtlich. Ein Versuch, die Reparationsfrage durch eine neue Expertenkommission unter dem Amerikaner Owen D. Young endgültig zu regeln, wurde zur Makulatur, als der Wall Street Crash dazu führte, dass der Geldstrom nach Deutschland vollständig abbrach und amerikanische Kredite aus Deutschland zurückgerufen wurden. Der kurze Boom, den die deutsche Wirtschaft ab 1924 erlebt hatte, brach damit schlagartig in sich zusammen. Der amerikanische Präsident Herbert Hoover behauptete in seinen Memoiren, die Weltwirtschaftskrise sei aus Europa in die USA hinübergeschwappt, doch das Gegenteil scheint der Fall zu sein. Das Ausbleiben neuer amerikanischer Kredite wirkte wie ein Transmissionsriemen, der die Krise aus den USA nach Mitteleuropa übertrug.

Der Weg Deutschlands in die Krise ist nun ausführlich dargelegt worden. Doch wie erging es den anderen europäischen Staaten während der 1920er Jahre? Auch dort war Inflation eines der größten Probleme. Auch sie hatten während des Krieges zu viel Geld gedruckt und litten nun unter einer Teuerung – wenn auch in einem deutlich geringeren Maß als Deutschland. Diese gemäßigte Inflation wirkte sich positiv auf die Handelsbilanzen der jeweiligen Länder aus, denn wie am Beispiel der alten Reichsmark deutlich wurde, senkt Inflation den Außenwert einer Währung. So führte die Geldentwertung in Großbritannien und Frankreich dazu, dass der Franc und das Pfund Sterling im Verhältnis zum stabilen Dollar (und der ab 1924 relativ stabilen neuen Reichsmark) an Wert verloren. Für englische und französische Konsumenten wurde es daher sehr teuer, amerikanische Waren einzuführen, da sie den Kaufpreis ja in Dollar entrichten mussten, aber

Dollar nur zu einem sehr ungünstigen Umtauschkurs erwerben konnten. Umgekehrt wurde es für amerikanische Konsumenten günstiger, französische und englische Produkte zu erwerben, denn für relativ wenige Dollars konnten sie in diesen Ländern relativ viel kaufen. So gewannen die europäischen Staaten durch die (gemäßigte) Entwertung ihrer Währungen an Konkurrenzfähigkeit, konnten ihre Einfuhren begrenzen, ihre Exporte steigern und Devisenreserven aufbauen.

Insgesamt wurde Inflation jedoch auch in diesen Ländern negativ wahrgenommen. Auch hier entwertete sie Vermögen. Und auch wenn sie die Handelsbilanz eines Landes positiv beeinflussen konnte, so hatte sie negative Auswirkungen auf das Handelsvolumen. Bei grenzüberschreitendem Handel mussten Währungen gegeneinander getauscht werden, doch die Tatsache, dass sich der Außenwert einer Währung durch Inflation ständig veränderte, sorgte für Unsicherheit. Wurde bei einem Geschäftsabschluss ein Preis in einer Fremdwährung fest vereinbart, so war nicht klar, wie sich der Wert dieser Fremdwährung bis zum tatsächlichen Zahlungstermin verändern würde und welchen Erlös man letztendlich in der eigenen Währung erzielen konnte. Aufgrund dieser Unsicherheit sowie der hohen Zölle, mit denen sich die meisten Staaten vor Konkurrenz zu schützen versuchten, blieb das Gesamtvolumen des grenzüberschreitenden Handels in den 1920er Jahren deutlich hinter dem der Zeit vor 1914 zurück. Darunter litt letztendlich die wirtschaftliche Entwicklung aller Staaten.

Vor diesem Hintergrund erscheint es nur verständlich, dass Bürger und Politiker in allen großen europäischen Ländern die Inflation beenden und möglichst schnell zu den Verhältnissen vor 1914 zurückkehren wollten. Sie forderten daher die Wiedereinführung eines Goldstandards, dem sie die wirtschaftlich guten Jahre vor 1914 zuschrieben.

Unter einem Goldstandard versteht man die Deckung einer Währung durch Goldbestände. Während sich ungedecktes Papiergeld in beliebiger Menge vermehren lässt, ist die Menge an weltweit verfügbarem Gold nahezu fix und kann durch Regierungen nicht manipuliert werden. Inflation ist bei Gold kaum möglich. Daher wird Gold seit Urzeiten als «Wertspeicher» und Zahlungsmittel verwendet. Im alltäglichen Gebrauch ist es aber nicht sehr praktisch. So liegt es nahe, für den Zahlungsverkehr Papiergeld zu verwenden, das durch Gold gedeckt ist. In diesem Fall garantiert die Zentralbank, die das Papiergeld ausgibt, es zu einem festgelegten und dauerhaften Kurs in Gold zurückzutauschen. Hierdurch wird die Geldmenge indirekt begrenzt. Fürchten die Besitzer von goldgedecktem Papiergeld, dass sich zu viel davon in Umlauf befindet und Inflation droht, so wenden sie sich an die Zentralbank und fordern eine Auszahlung in Gold. Die Zentralbank kann daher nicht beliebig viel Papiergeld in Umlauf bringen, sondern muss darauf achten, dass zumindest ein großer Teil davon durch ihre Goldreserven gedeckt ist.

Auch im internationalen Zahlungsverkehr bringt ein Goldstandard Vorteile. Währungen, die auf einem Goldstandard basieren, können denkbar einfach und zu einem dauerhaften und festen Umtauschkurs ineinander gewechselt werden. Der Besitzer von Geld in einer bestimmten goldgedeckten Währung bittet seine Zentralbank um Umtausch in Gold, transportiert dieses Gold zur Zentralbank eines anderen Landes und wechselt es dort in die jeweilige Landeswährung. Die Unsicherheit schwankender Wechselkurse entfällt dabei.

Nach der von David Hume entwickelten Theorie des Goldautomatismus kann ein internationaler Goldstandard zudem dabei helfen, Handelsbilanzen auszugleichen. Der Handel zwischen zwei an einen Goldstandard gebundenen Ländern wird grundsätzlich in Gold verrechnet. Importiert ein Land mehr, als es exportiert, so muss dieser Importüberschuss mit Gold bezahlt werden. Die Zentralbank des betreffenden Landes verliert dadurch Goldreserven. Da die Goldreserven der Zentralbank aber auch die in Umlauf befindliche Geldmenge bestimmen, wird Geld knapper und die Preise für inländische Waren sinken. Es kommt zu einer Deflation. Nun sind inländische Produkte billiger und werden daher sowohl im Ausland wie auch im Inland stärker nachgefragt. Die Exporte des Landes steigen, während seine Importe sinken. Die Handelsbilanz gleicht sich nach Hume durch den Goldstandard sozusagen «automatisch» aus.

Ein Goldstandard hat aber auch Nachteile. Insbesondere führt er dazu, dass Staaten die in Umlauf befindliche Geldmenge kaum verändern können, um auf konjunkturelle Entwicklungen zu reagieren. Zwar können sie die Leitzinsen anheben oder Offenmarktgeschäfte tätigen (siehe Kapitel 3) und dadurch die Geldmenge beeinflussen. Sie müssen dabei aber immer auch im Blick behalten, welche Konsequenzen das für ihre Goldreserven hat. Senkt eine Zentralbank die Leitzinsen (z. B. um die inländische Konjunktur anzukurbeln), so sinken auch die Zinsen, die Sparer bei inländischen Banken für ihre Einlagen erhalten. Für diese Sparer wird es nun attraktiv, ihr Geld in Gold umzuwechseln und ins Ausland zu schaffen, wo die Zinsen höher sind. Dadurch verliert die Zentralbank Goldreserven und muss mit Zinserhöhungen gegensteuern.

Ab ca. 1870 banden die meisten großen Handelsnationen ihre Währungen an Gold. Die enorme wirtschaftliche Expansion, die ab diesem Zeitpunkt einsetzte, wurde von den Zeitgenossen auf die positiven Wirkungen des Goldstandards zurückgeführt. Zu Beginn des Ersten Weltkriegs sahen sich die europäischen Staaten jedoch gezwungen, die Goldpreisbindung ihrer Währungen aufzugeben, um Geld drucken zu können. Nach dem Krieg, so versprachen sie ihren Bürgern, würden sie zu einer Golddeckung ihrer Währungen zurückkehren.

Historiker sehen das System des internationalen Goldstandards, wie es vor 1914 bestand, deutlich kritischer, als es von den Zeitgenossen wahrgenommen wurde. Ob der von Hume beschriebene Goldautomatismus in der Praxis funktionierte, darf bezweifelt werden. Charles Kindleberger weist in seinem Buch «Die Weltwirtschaftskrise» darauf hin, dass es einer wirtschaftlichen Hegemonialmacht bedurfte, die dieses System in Krisenzeiten durch freizügige Kreditvergabe zu stützen bereit war. Wenn die Bürger eines Landes an der Fähigkeit ihrer Zentralbank zweifelten, das umlaufende Geld in Gold auszuzahlen, und sie ihr Vermögen durch eine Flucht in Gold in Sicherheit zu bringen versuchten, so musste irgendjemand dieser Zentralbank zusätzliches Gold oder Devisen zur Verfügung stellen, um die Situation zu beruhigen. Vor 1914 übernahm Großbritannien diese Rolle, doch vom Krieg geschwächt war es in den 1920er Jahren nicht mehr dazu in der Lage. Die Vereinigten Staaten, so Kindleberger, hätten an Großbritanniens Stelle treten können, denn sie besaßen nach Ende des Krieges ca. 40 Prozent der weltweiten Goldreserven, doch sie waren dazu während der 1920er Jahre nicht bereit.

Patricia Clavin («The Great Depression in Europe, 1929–1939») betont dagegen die Notwendigkeit koordinierter Stützungsaktionen zwischen den Zentralbanken der beteiligten Länder, um das System aufrechtzuerhalten. Kam es beispielsweise zu erheblichen Goldabflüssen aus einem Land in ein anderes, so mussten die Zentralbanken beider Länder durch eine koordinierte Anhebung bzw. Absenkung ihrer Leitzinsen gegensteuern, um das Gleichgewicht wiederherzustellen. Vor 1914 waren aufeinander abgestimmte Interventionen der Notenbanken Großbritanniens, Frankreichs und Deutschlands in die Geldmärkte an der Tagesordnung, doch nach dem Krieg fehlte dafür eine Basis an gemeinsamen Interessen.

Vor allem aber galt der Goldstandard vor 1914 – im Gegensatz zu den 1920er Jahren – als selbstverständlich und eine Abwertung einer Währung als nahezu ausgeschlossen. Kaum jemand zweifelte daran, dass alle Zentralbanken die Goldbindung ihrer jeweiligen Währung um jeden Preis verteidigen würden. Daher wurde die Bereitschaft, dies tatsächlich zu tun, vor 1914 so gut wie nie getestet.

Die europäischen Staaten der 1920er Jahre fanden also keinesfalls optimale Bedingungen vor, als sie Pläne für die Rückkehr ihrer Währungen zum Goldstandard schmiedeten. Nichtsdestoweniger wurde niemals in Frage gestellt, ob man diesen Schritt tatsächlich unternehmen sollte. Es ging nicht um das *Ob*, sondern nur um das *Wann* und um den Kurs, zu dem man seine Währung an Gold binden würde.

Wann ein Land zum Goldstandard zurückkehren konnte, hing von verschiedenen Faktoren ab. Es musste ausreichend Devisen-

und Goldreserven aufgebaut haben, um den Schritt wagen zu können, und auch die Staatsfinanzen mussten in Ordnung sein. Keinesfalls durfte ein Land es riskieren, dass misstrauische Bürger an seiner Zahlungsfähigkeit zweifelten und die Bankschalter stürmten, um eine Auszahlung in Gold zu verlangen.

Schwieriger war die Frage des Wechselkurses zu beantworten. Wie genau ein angemessener Umtauschkurs zwischen Währung und Gold bestimmt werden konnte, stand den Menschen der 1920er Jahre nicht klar vor Augen. In Anbetracht des vielen gedruckten Geldes, des gestiegenen Preisniveaus und der im Vergleich zu vor dem Krieg gesunkenen Wettbewerbsfähigkeit der europäischen Volkswirtschaften hätten sie ihre Währungen zu einem deutlich niedrigeren Kurs als vor dem Krieg an Gold binden müssen. Politisch war das allerdings schwer durchzusetzen. Ein Goldstandard basierte ja gerade auf dem Versprechen, Geld zu einem dauerhaft festen Wechselkurs in Gold konvertieren zu können. Während des Krieges war dieses Versprechen in den Staaten der Entente ausgesetzt, doch nicht zurückgezogen worden. Die Bürger erwarteten daher, dass ihre Regierungen die Konvertibilität der Währungen zu Vorkriegskursen wiederherstellen würden.

Deutschland war das erste Land, das 1924 wieder zur Golddeckung zurückkehrte, doch es war auch ein spezieller Fall. Durch die vollständige Entwertung der alten Reichsmark während der Hyperinflation und der anschließenden Währungsreform konnte es Außenwert und Geldmenge einer neuen Währung neu festsetzen. Ein kompletter Neuanfang war möglich (und notwendig). Die Dawes-Anleihen spülten genug goldgedeckte Devisen in Deutschlands Kassen, um die neue Reichsmark auf einen Goldstandard zu heben.

Für Frankreich und Großbritannien stellte sich die Situation anders dar, denn hier war das während des Krieges gedruckte Geld noch immer in Umlauf und die Goldreserven noch lange nicht auf Vorkriegsniveau. Trotzdem wurden gerade in Großbritannien Stimmen laut, nun endlich auch zur Golddeckung zurückzukehren. Immerhin hatte Großbritanniens alter Konkurrent Deutschland es ja schon geschafft. Vor allem die Finanzinstitutionen der *City of London* forderten den Goldstandard, denn er erschien ihnen als Voraussetzung dafür, dass London als bedeutender Finanz- und Börsenplatz mit New York und Berlin konkurrieren konnte. Im Jahr 1925 gab der neue Premierminister Winston Churchill dem Druck der Öffentlichkeit und des Finanzsektors nach und verkündete die Konvertibilität des Pfund Sterling in Gold zur Vorkriegsparität. Italien sowie verschiedene skandinavische Länder folgten dem britischen Beispiel.

Durch die Rückkehr zur Vorkriegsparität war das Pfund jedoch deutlich überbewertet. Gold begann aus Großbritannien abzufließen, da die Besitzer von Vermögen daran zweifelten, dass sich dieser Kurs lange halten ließe. So tauschten sie Pfund in Gold und brachten dieses in die Vereinigten Staaten, wo sie es in Dollar konvertierten und anlegten. Um den Abfluss von Gold zu stoppen, musste die Bank von England die Zinsen deutlich erhöhen. Nur wenn Anleger in Großbritannien signifikant höhere Zinsen erhielten als in anderen Ländern, waren sie bereit, auf den Umtausch ihres Geldes zu verzichten. Die hohen Zinsen belasteten aber die britische Wirtschaft. Kredite wurden unerschwinglich teuer und Investitionen mussten zurückgestellt werden, da die zu erwartenden Zinszahlungen die voraussichtliche Rendite einer Investition aufzufressen drohten.

Der hohe Umtauschkurs des Pfunds gegenüber anderen goldgedeckten Währungen wirkte sich auch verheerend auf den britischen Handel aus. Er machte britische Produkte im Ausland unverkäuflich und ausländische Produkte in Großbritannien billig. Als Großbritannien seine Währung 1925 auf einen Goldstandard hob, legte es damit einen Wechselkurs von 4,86 US-Dollar für ein Pfund Sterling willkürlich fest. Da sowohl der Dollar als auch das Pfund Sterling an Gold gebunden waren, war dieser Wechselkurs fix und schwankte nicht wie die Wechselkurse, die wir heute kennen. Doch was konnte man für 4,86 Dollar bzw. ein Pfund kaufen? Bei praktisch allen Waren erhielt man in den Vereinigten Staaten für 4,86 Dollar einen deutlich höheren Gegenwert als für ein Pfund in Großbritannien. Ein Ford Model T kostete beispielsweise 1925 260 Dollar. Ein gleichwertiges britisches Auto hätte entsprechend des Umrechnungskurses ca. 54 Pfund kosten dürfen, um konkurrenzfähig zu sein. Zu diesem Preis konnte jedoch kein britischer Anbieter liefern. Für britische Konsumenten lohnte es sich daher, amerikanische Autos (und andere Güter) einzuführen, während es für Amerikaner keinen Sinn machte, britische Waren zu kaufen. Die britische Handelsbilanz (d. h. die Differenz zwischen allen Exporten und allen Importen Großbritanniens) färbte sich daher tiefrot. Auch dies führte zu einem weiteren Abschmelzen der Goldreserven, da Importe ja mit Gold bezahlt werden mussten. Geringere Goldreserven bedeuteten aber auch eine geringere umlaufende Geldmenge. Deflationsdruck baute sich auf.

Die Bank von England hätte an diesem Punkt den Goldpreis des Pfunds einfach neu festsetzen können, um zu einem realistischen Wechselkurs zu kommen. Dies hätte jedoch der Idee des Goldstandards widersprochen, der ja auf einer unbedingten Konvertibilität in Gold zu einem dauerhaft fixen Kurs basiert. Man fürchtete, durch einen derartigen Schritt das Vertrauen in das Pfund endgültig zu untergraben und den Goldabfluss nur zu beschleunigen.

So blieb Großbritannien nur die Hoffnung auf David Humes Goldpreisautomatismus und der steinige Weg der Deflation. Preise und Löhne mussten so weit sinken, bis das Gleichgewicht wiederhergestellt war. Um ca. zehn Prozent hätte das Preisniveau in Großbritannien fallen müssen, um den überhöhten Wechselkurs des Pfundes auszugleichen. Erst dann wären englische Waren wieder international konkurrenzfähig gewesen und das Vertrauen in die Währung wäre wieder zurückgekehrt. Doch Deflation ist ein schmerzhafter Prozess, der eine Rezession und hohe Arbeitslosigkeit mit sich bringt. Die Unternehmen versuchten die Löhne ihrer Arbeiter zu drücken, um ihre Produkte zu niedrigeren Preisen anbieten zu können. Doch die Arbeiter wehrten sich. 1926 durchlebte Großbritannien eine Streikwelle, die in einem neuntägigen Generalstreik kulminierte. Die Gewerkschaften kämpften entschlossen gegen sinkende Gehälter, längere Arbeitstage, schlechte Arbeitsbedingungen und die allgemeine Misere. Wer vor der Rückkehr zum Goldstandard Kredite aufgenommen hatte, zahlte nun einen hohen Preis. Während der eigene Lohn (bzw. Gewinn) beständig sank, erhöhte sich der reale Wert der Schulden von Tag zu Tag. Zahlreiche kleinere Firmen gingen in den späten 1920er Jahren in Konkurs. Die Große Depression warf hier bereits ihre Schatten voraus.

In den USA, in die Großbritanniens Gold abfloss, hätte nach der Logik des Goldpreisautomatismus eigentlich Inflation einsetzen müssen, da die Geldmenge dort durch den Zufluss an Gold expandierte. Hierdurch wäre es Großbritannien leichter gefallen, auf ein international konkurrenzfähiges Preisniveau zurückzukehren. Die enormen Produktivitätssteigerungen in den USA kompensierten aber die gewachsene Geldmenge, da sich auch die Warenmenge deutlich vergrößerte. Auch «sterilisierte» die FED einen Teil des zufließenden Goldes, indem sie dafür keine neuen Kredite ausgab, sondern es schlicht und ergreifend in ihren Tresorräumen wegschloss. Inflation kam in den USA daher kaum auf. So blieb die Hoffnung auf ein Ende des eigenen Deflationsdrucks durch die Inflation anderer vergeblich.

Auch Frankreich kehrte 1926 *de facto* (und 1928 formell) zum Goldstandard zurück, entschied sich aber im Gegensatz zu Großbritannien, Italien und den skandinavischen Staaten für einen deutlich unterbewerteten Wechselkurs. Da Frankreich seit Beginn der 1920er Jahre eine höhere Inflation durchlebt hatte als der Nachbar jenseits des Ärmelkanals, erschien es den Entscheidungsträgern in Paris ohnehin illusorisch, den Franc zur Vorkriegsparität an Gold zu binden. In Anbetracht der durch die Überbewertung des Pfunds ausgelösten englischen Misere favorisierten sie einen billigen Franc, der der exportorientierten französischen Landwirtschaft und Industrie das Leben erleichtern sollte. Hatte man in Großbritannien bei der Wiedereinführung des Goldstandards noch gefragt, wie viel Deflation die britische Wirtschaft verkraften könne, so fragte man in Frankreich nun, wie viel Geldentwertung die Bürger tolerieren würden. Schließlich setzte man einen Wechselkurs fest, der 80 Prozent unter dem des Jahres 1914 lag.

Durch diesen Schritt wurde die Situation für Großbritannien und die anderen Länder mit überbewerteter Währung nochmals schwieriger. Britisches Gold floss nun zusätzlich nach Frankreich ab, da britische Konsumenten die durch den Wechselkurs konkurrenzlos billigen französischen Produkte den teureren heimischen Waren vorzogen. Spekulanten verschlimmerten die Lage. Sie wetteten auf eine Abwertung des Pfunds und eine Aufwertung des Franc, indem sie Gold von Großbritannien nach Frankreich transferierten. Frankreich erlebte durch den Zufluss englischen Goldes und den Aufschwung seiner Exportwirtschaft gegen Ende der 1920er Jahre eine gute Zeit. Die Arbeitslosigkeit war verschwindend gering, Industrie und Landwirtschaft blühten auf. Doch alle Länder, die Großbritannien in Bezug auf die Vorkriegsparität ihrer Wechselkurse gefolgt waren, litten unter den Folgen der selbst auferlegten Deflation.

Trotz der enormen Schwierigkeiten, die der Goldstandard den europäischen Regierungen bereitete, hielten sie bis in die 1930er Jahre verbissen daran fest, galt er doch als Inbegriff verantwortungsvoller Wirtschaftspolitik und als Voraussetzung für langfristige Preisstabilität und Prosperität. Um das Vertrauen in die eigene Währung zu stärken, war kein Preis zu hoch. Regierungen versuchten ihre finanzpolitische Solidität zu beweisen, indem sie öffentliche Ausgaben reduzierten, Staatsdiener entließen und von ihren Bürgern weitere Opfer forderten. Eine Abwertung der eigenen Währung kam nicht in Frage, wurde sie doch mit Inflation und wirtschaftlicher Verantwortungslosigkeit gleichgesetzt.

Gegen Ende der 1920er Jahre hielten Frankreich und die USA ca. 50 Prozent der weltweiten Goldreserven. Um die globalen wirtschaftlichen Ungleichgewichte auszugleichen, hätten sie ihre Zinsen und Importzölle senken müssen. Niedrigere Zinsen hätten den stetigen Goldzufluss gestoppt, denn Geld wandert dorthin, wo es die höchste Rendite erwirtschaftet. Niedrigere Zölle hätten die Handelsbilanzen ins Gleichgewicht gebracht, denn Exporte nach Amerika und Frankreich wären so erleichtert worden. Um die Spekulation gegen das Pfund Sterling zu unterbinden, wäre es notwendig gewesen, der Bank von England großzügige Kredite zur Verfügung zu stellen. Nur mit diesen Krediten im Rücken hätte sie das Vertrauen der Anleger in das Pfund Sterling zurückgewinnen können. Durch eine gemäßigte Inflationspolitik hätten Frankreich und die USA dazu beitragen können, die Wechselkurse ins Lot zu bringen. Doch Frankreich weigerte sich zu handeln und Amerika handelte zu zaghaft und zu spät.

Im Juli 1927 pilgerten die Präsidenten der Bank von England, Montague Norman, der deutschen Zentralbank, Hjalmar Schacht, sowie ein Vertreter der französischen Zentralbank nach New York, um bei ihrem amerikanischen Kollegen Benjamin Strong, dem Vorsitzenden des *Federal Reserve Board*, zumindest eine Senkung der amerikanischen Leitzinsen zu erreichen. Dadurch sollte der Bank von England eine Atempause gegeben werden. Der Abfluss englischen Kapitals in die USA könnte gestoppt werden, so hoffte man, wenn Anleger dort weniger Zinsen erhielten. Die FED senkte ihre Leitzinsen daraufhin tatsächlich um einen halben Prozentpunkt auf 3,5 Prozent. Sie entspannte die Lage in London dadurch in einem gewissen Maß, doch die Zinssenkung war zu gering, um das Problem endgültig zu lösen. Vor allem aber hatte dieser Schritt in den USA selbst ungewollte Nebeneffekte, von denen im nächsten Kapitel die Rede sein wird.

Wie also präsentierten sich die Länder Europas am Vorabend der großen Krise? Welche Bilanz lässt sich aus den Stabilisierungsbemühungen und Kämpfen der 1920er Jahre ziehen? John Maynard Keynes hatte 1919 ein pessimistisches Bild der Zukunft gezeichnet und die Realität entsprach weitestgehend seinen Vorhersagen. Deutschland, Großbritannien und Frankreich hatten noch immer nicht zu Stabilität zurückgefunden. Wirtschaftliche Ungleichgewichte und politische Rivalitäten prägten die Zeit. Koordinierte Bemühungen, internationale Probleme zu lösen, blieben die Ausnahme. Der kurze wirtschaftliche Boom Deutschlands ab 1924 war von amerikanischem Geld abhängig und brach zusammen, als dieses ausblieb. Großbritannien war seit 1925 in einer Rezession und Deflation gefangen, die es sich selbst auferlegt hatte. Allein Frankreich schien wirtschaftlich gesund, doch seine Prosperität basierte auf einer Wirtschafts- und Währungspolitik, die nicht nachhaltig war und zu Lasten seiner Nachbarn ging. Die Vereinigten Staaten waren in Europa wirtschaftlich engagiert, doch scheuten sie davor zurück, dort wirtschaftliche und politische Verantwortung zu übernehmen. Als im Oktober 1929 an der New Yorker Wall Street der Sturm losbrach, waren Europa und die Welt denkbar schlecht vorbereitet.

3. Der Wall Street Crash

George Mehales, Sohn griechischer Einwanderer und Besitzer eines Cafés in Spartanburg, South Carolina, war nicht gerade das, was man einen hartgesottenen Spekulanten nennt. Wie er einem Interviewer des *Federal Writers' Projects* (einem New-Deal-Programm der Roosevelt-Administration) zu Protokoll gab, hatte er vor 1929 noch niemals über Aktien oder Börsen nachgedacht. Sein Interesse galt vielmehr einer neuen Inneneinrichtung für das kleine Restaurant, aus dem er seinen früheren Teilhaber gerade erst ausgelöst hatte und das er nun alleine führte. Die Mittel für das neue Interieur, von dem er träumte, waren jedoch schwer zu beschaffen. So kam es, dass er besonders genau zuhörte, als einer seiner Gäste von den sagenhaften Gewinnen berichtete, die er an der Börse machte. Das eigentlich eher beiläufige Gespräch ließ George seitdem nicht mehr los. Für einige Tage studierte er den Börsenteil der Zeitung und ihm gefiel, was er dort las. Schon bald hatte er den Köder geschluckt, wie er sich selbst später ausdrückte, und seine gesamten Einnahmen flossen in Aktienkäufe. Der Erfolg ließ nicht lange auf sich warten. Anfang Oktober 1929 konnte sich George als reicher Mann fühlen. Der Wohlstand, den ihm seine griechische Mutter in Amerika prophezeit hatte, schien sich nun endlich einzustellen. Die Kredite, die er für die neue Inneneinrichtung aufgenommen hatte, hätte er nun mit Leichtigkeit abbezahlen können. Doch wozu abbezahlen, wenn die Gewinne weiter sprudelten? George verkaufte einige Aktien und kaufte dafür andere. Im Bann der Börse vernachlässigte er sein Restaurant zusehends.

Dann, am 24. Oktober 1929, brachen die Kurse ein. Da George nicht nur die neue Inneneinrichtung, sondern auch den Großteil seiner Aktien auf Kredit gekauft hatte, geriet er nun schnell in Schwierigkeiten. Die Bank verlangte neue Sicherheiten für ihre Wertpapierkredite. George nahm all das Geld, das er besaß, und lieh sich zusätzlich 1000 Dollar von seinem Bruder, um die Bank zufrieden zu stellen. Er war sicher, dass sich die Kurse schnell wieder erholen würden. Doch das taten sie nicht. George Mehales berichtet:

> An diesem Tag, dem 29. Oktober, sagten sie mir, dass ich noch mehr Geld nachschießen müsste, um meine Aktienpositionen zu decken. Ich konnte das Geld nicht besorgen. An diesem Tag wurde ich vernichtet. [...] Ich dachte darüber nach, mich umzubringen, denn mir war nichts geblieben. Ich fand heraus, was für ein Idiot ich gewesen war. Ich konnte meine Schulden nur begleichen, indem ich mein Café zu Tiefstpreisen verkaufte.[5]

Kein Ereignis versinnbildlicht die Weltwirtschaftskrise so wie der Wall Street Crash vom 24. Oktober, dem sogenannten «Schwarzen Donnerstag», und dem 29. Oktober 1929, dem sogenannten «Schwarzen Dienstag» – zwei Tage, an denen die Börsennotierungen in New York auf breiter Front kollabierten und nicht nur George Mehales, sondern ganz Amerika aus seinen optimistischen Träumen gerissen wurde. Die beiden Daten markieren den Beginn der Krise im eigentlichen Sinn, die schnell ganz Amerika erfasste und auf die Volkswirtschaften jenseits des Atlantiks übergriff. Bereits einige Wochen vor dem 24. Oktober hatten die bis dahin mit kurzen Unterbrechungen stetig ansteigenden Aktienkurse leichte Rückgänge verzeichnet und Nervosität hatte sich an der Wall Street breit gemacht. Als die Kurse am «Schwarzen Donnerstag» ihre Talfahrt ohne erkennbaren Grund beschleunigten, brach auf dem Parkett Panik aus. Händler versuchten Aktien um jeden Preis abzustoßen. Die Nachricht vom Kurssturz verbreitete sich in Windeseile und schon bald versammelte sich eine schweigende und fassungslose Menschenmenge vor der *New York Stock Exchange.* Stützungskäufe großer Banken und reicher Privatiers konnten den Markt nur zeitweilig stabilisieren. Am «Schwarzen Dienstag» brachen die Kurse weiter ein und sanken mit kurzen Unterbrechungen in den darauf folgenden Monaten und Jahren weiter. Als der Markt im Juli 1932 endlich einen Boden fand, war der *Dow Jones Industrial Average Index*, der den Aktienwert der

30 größten amerikanischen Unternehmen abbildet, im Vergleich zu seinem Höchststand von 1929 um 89 Prozent gefallen.

Wer waren die Menschen, die an der New Yorker Börse spekulierten? Welche Mechanismen trieben die Spekulation? Und wie kam es zu den Kurseinbrüchen des Oktobers 1929? Wie allen Crashs, so ging auch diesem ein Aktienboom voraus. Wann genau dieser Boom begann, lässt sich nicht mit letzter Sicherheit sagen. Klar erscheint jedoch, dass die rasante wirtschaftliche Entwicklung der 1920er Jahre den spekulativen Exzessen eine Basis bot. Gehälter stiegen, doch Unternehmensgewinne stiegen in einem noch viel höheren Maße. Die obersten fünf Prozent der Einkommensempfänger verfügten 1929 über 30 Prozent des gesamten Volkseinkommens. Und während sich viele Angestellte verschuldeten, um an der neuen Konsumgesellschaft teilzuhaben, suchten die, denen die Unternehmensgewinne zugute kamen, nach adäquaten Anlagemöglichkeiten für ihr Kapital. Wie im letzten Kapitel gezeigt, floss ein Teil dieser Gelder in Form von Staatsanleihen nach Europa. Ein anderer Teil befeuerte in Amerika selbst die Spekulationsspirale. Dabei war die Wall Street zunächst für viele Investoren keinesfalls die erste Adresse, um Geld anzulegen. Lange bevor die New Yorker Indizes immer neue Höhen erklommen, kam es in Florida zu einer Spekulationsblase im Immobiliengeschäft, in der bereits zahlreiche Elemente des späteren Wall Street-Booms und -Crashs erkennbar sind.

In den 1920er Jahren war Florida noch keinesfalls das dicht besiedelte Ferien- und Rentnerparadies, als das wir es heute kennen. Die Entdeckung des Übertragungsweges der Malaria und neue Möglichkeiten zu ihrer Bekämpfung sowie neue Methoden zur Trockenlegung von Land hatten vielerorts die Besiedelung überhaupt erst möglich gemacht. Doch das Potential des *Sunshine States* wurde rasch erkannt. Durch Automobil und Flugzeug lagen die Strände Miamis nun in Reichweite einer rasch wachsenden Schicht von Wohlhabenden, die sich Urlaub leisten konnten und das dortige Klima zu schätzen lernten. Zu investieren, wo immer mehr Amerikaner leben wollten, schien durchaus vernünftig. Aber je mehr Menschen dies erkannten, desto höher stiegen die

Am «Schwarzen Donnerstag» versammelt sich eine Menschenmenge vor der New York Stock Exchange.

Grundstückspreise. Dies rief in den frühen 1920er Jahren immer neue Anleger auf den Plan. Während anfangs in direkte Küstenlagen und Grundstücke im näheren Umkreis der Städte investiert worden war, geriet schon bald das sumpfige Hinterland in den Blick der Investoren. Leben wollten sie dort nicht, doch die rasante Preisentwicklung versprach üppige Gewinne, wenn das Land nach kurzer Zeit an den nächsten Käufer weitergereicht wurde. Die Mühsal einer Besichtigung des zu erwerbenden Baugrunds nahmen die wenigsten auf sich, denn man wollte ja nicht bauen, sondern nach wenigen Wochen oder Monaten schon wieder verkaufen. So war es vollkommen irrelevant, dass ein Grundstück kilometerweit von der Küste entfernt lag, solange es in den Papieren als Küstenlage ausgewiesen war.

Insbesondere zwei Entwicklungen trieben die Blase. Zum einen schürten clevere Spekulanten die Kauflust mit raffinierten PR-Kampagnen. So mietete der Landentwickler Carl Fisher riesige

Plakatflächen am New Yorker Times Square an, um seine Botschaft «Es ist Juni in Miami» unter die frierenden Bewohner der winterlichen Stadt zu bringen. Bei der Tageszeitung Miami Daily News gingen Ausgaben in den Druck, die mehr als 500 Seiten stark waren und nahezu ausschließlich aus Immobilienanzeigen bestanden. Die Zeitschrift Miamian gab ihren Lesern die blumige Empfehlung:

> Gehe nach Florida, wo Unternehmertum residiert. Wo man im Dämmerlicht sitzend die Wedel der anmutigen Palmen betrachtet, die sich gegen das verblassende Gold des sonnengeküssten Himmels abzeichnen. Wo Sonne, Mond und Sterne zur Abendzeit als glorreiche Galaxie des Firmaments ein Willkommen bereiten. Wo eine flüsternde Brise frisch aus dem Schoß der Karibik entspringt und in sanften Tönen wie einer Mutter Wiegenlied säuselt.[6]

Die noch in ihren Anfängen befindliche Werbeindustrie lief mit solchen Texten zu Hochform auf und viele Amerikaner konnten den Versprechungen nicht widerstehen.

Zum anderen begannen Landentwickler große Flächen in einzelne Parzellen aufzuteilen, die sich Käufer mit einer zehnprozentigen Anzahlung auf einen festgelegten Kaufpreis sichern konnten. Spekulanten eröffnete dies vollkommen neue Möglichkeiten. Statt ein Grundstück vollständig zu erwerben, leisteten sie nun für zehn Grundstücke Anzahlungen und erhielten dafür Kaufoptionen (sogenannte *Binder*). Sobald die Grundstückspreise wieder ein Stück nach oben geklettert waren, verkauften sie ihr Recht, die Parzellen zum ursprünglich festgelegten Preis zu erstehen. Da die aktuellen Marktpreise deutlich höher lagen, als der mit der Anzahlung vereinbarte Preis, behielten die Verkäufer die Differenz aus beiden Preisen als Gewinn ein. So verdienten sie genauso viel, als hätten sie alle zehn Grundstücke tatsächlich besessen. Mit dem gleichen Kapitaleinsatz ließ sich nun ein zehnfacher Gewinn erzielen. Das Problem dieser Finanzinnovation ist jedoch offensichtlich. Das System konnte nur so lange funktionieren, wie sich neue Käufer fanden, die Grundstücke (oder die durch Anzahlung erworbenen Kaufoptionen) zu höheren Preisen abnahmen. Blieben neue Käufer aus, so war der Kollaps unvermeidlich, denn bei fallenden Grundstückspreisen wurden die Kaufoptionen schnell wertlos. Um einen Totalverlust des eingesetzten Kapitals zu vermeiden, waren Spekulanten, die auf diese Weise investiert hatten, schon bei leicht sinkenden Grundpreisen gezwungen, zu verkaufen.

Bis in den Herbst 1925 stiegen die Grundstückspreise noch. Wer zu Anfang der 1920er Jahre Land erworben hatte und nun ausstieg, konnte seinen Kapitaleinsatz mit ein wenig Glück verhundertfachen. Doch viele stiegen jetzt erst ein.

Im Frühjahr 1926 gaben die Preise erstmals nach, stabilisierten sich aber wieder. Im Herbst 1926 fegten dann statt einer «flüsternden Brise» zwei ausgewachsene Hurrikans über Florida hinweg, richteten schwere Verwüstungen an und forderten 400 Menschenleben. Die Realität der Zerstörung vertrug sich schlecht mit den blumigen Werbesprüchen, in denen Floridas wundervolles Klima gepriesen wurde. Die Blase platzte und die Grundstückspreise stürzten ins Bodenlose. Wer den rechtzeitigen Ausstieg verpasst hatte, war ruiniert.

Als der *Florida Land Boom* sein jähes Ende fand, blähte sich in New York schon die nächste und noch viel größere Blase auf. Hier waren es Aktien, die mühelosen Reichtum versprachen. Nach einem kleinen Knick im Jahr 1926 setzte die Wall Street 1927 zu einem ersten Höhenflug an. Ein von der New York Times herausgegebener Index der wichtigsten 25 Industrieaktien stieg im Verlauf des Jahres von 176 Punkten auf 245 Punkte. Genau wie beim *Florida Land Boom* gab es zunächst gute Gründe dafür, zu investieren. Immerhin war die Produktivität amerikanischer Unternehmen während der 1920er Jahre kontinuierlich gestiegen und die Unternehmensgewinne sprudelten. Die Steuern erschienen dauerhaft niedrig und politische Risiken waren nirgendwo zu erkennen. Der gleiche Optimismus, der Konsumenten dazu verleitete, Kühlschränke und Autos über Kredite zu finanzieren, trieb wohlhabende Amerikaner an die Börsen. Allein die Dividendengewinne, die sich mit Investitionen in Aktien erwirtschaften ließen, rechtfertigten in den Augen vieler den Einstieg ins Wertpapiergeschäft. Doch mit steigenden Kursen wurde die Dividendenausschüttung immer mehr zur Nebensache, und die Erwartung zukünftiger Kursgewinne trieb die Kaufentscheidungen.

Was genau dazu führte, dass sich die objektiv begründbare Aufwärtsbewegung an den Börsen zu einer Spekulationsblase auswuchs, in der jeder Bezug zur wirtschaftlichen Realität verloren ging, ist bis heute umstritten. Als einer der Schuldigen gilt die amerikanische Notenbank FED, die 1927 (wie im vorigen Kapitel beschrieben) auf Bitten der europäischen Zentralbankchefs die Leitzinsen von vier Prozent auf 3,5 Prozent senkte und durch Offenmarktgeschäfte neues Geld in Umlauf brachte.

Leitzinsen und Offenmarktgeschäfte sind die beiden Stellschrauben, mit denen Zentralbanken die Geldmenge – d.h. die Menge an frei verfügbarem, in Umlauf befindlichem Geld – beeinflussen können. Eine größere Geldmenge geht in der Regel mit einer erhöhten wirtschaftlichen Aktivität, Preissteigerungen und Spekulation einher. Da Privatleuten und Banken insgesamt mehr Geld zur Verfügung steht, geben sie auch mehr davon aus oder investieren in neue Geldanlagen. Die Wirtschaft belebt sich und die Inflationsgefahr steigt.

Um die Geldmenge zu beeinflussen, kann eine Zentralbank zum einen die Leitzinsen verändern. Unter Leitzinsen versteht man den Zinssatz, zu dem sich eine Geschäftsbank von der Zentralbank Geld leihen kann. In den Vereinigten Staaten wird der Leitzinssatz als Diskontsatz bezeichnet. Ist dieser Zinssatz niedrig, so werden Geschäftsbanken größere Mengen an Geld von der Zentralbank leihen und (zu einem leicht erhöhten Zinssatz) als Kredite an ihre Kunden weiterreichen. Ein niedriger Leitzins bedeutet daher mehr, günstigere und leichter verfügbare Kredite. Durch die neu vergebenen Kredite werden Investitionen finanziert – oder die Spekulation befeuert. Steigt der Leitzins dagegen, so werden kreditfinanzierte Investitionen erschwert und die Spekulation abgewürgt. Die Banken verzichten nun weitgehend darauf, Geld von der Zentralbank zu leihen, und zahlen Sparern höhere Zinsen für ihre Einlagen. Nun wird es attraktiver, Geld zu sparen als Geld auszugeben oder damit zu spekulieren. Dem Wirtschaftskreislauf wird Geld entzogen und er erlahmt. Da einer konstanten Warenmenge eine reduzierte Geldmenge gegenübersteht, steigt die Wahrscheinlichkeit einer Deflation.

Zum anderen können Zentralbanken Offenmarktgeschäfte tätigen, um Einfluss auf die Menge an frei verfügbarem Geld zu nehmen. Unter Offenmarktgeschäften versteht man den Handel mit festverzinslichen Wertpapieren – in der Regel Schuldscheinen und Staatsanleihen. Banken und Privatanleger investieren in solche Wertpapiere, weil sie sich langfristig stabile Renditen erwarten. Als Zahlungsmittel sind diese Wertpapiere aber nicht zu gebrauchen. Das in sie investierte Geld liegt fest und ist sozusagen dem Wirtschaftskreislauf entzogen. Kauft eine Zentralbank nun im großen Stil festverzinsliche Wertpapiere auf, so erhalten die Anleger im Austausch dafür frei verfügbares Geld, das sie ausgeben oder neu investieren können. Die Geldmenge steigt.

Als die FED 1927 die Leitzinsen senkte und durch Offenmarktgeschäfte Geld in Umlauf brachte, wollte sie eigentlich nur den europäischen Partnern helfen, die unter einem steten Abfluss von Gold in die USA zu leiden hatten. Doch durch die Absenkung der Leitzinsen sanken auch die Zinsen, die Sparer in den Vereinigten Staaten für ihre Geldanlagen erhielten, sowie die Zinsen, die Schuldner für ihre Kredite zahlen mussten. Sparanlagen wurden weniger attraktiv, während die Verlockung größer wurde, Kredite aufzunehmen, um damit Aktienspekulation zu finanzieren, wie es George Mehales tat. Überstiegen die Kursgewinne der gekauften Aktien die Zinszahlungen für den Kredit, mit dem die Aktien erworben wurden, so erzielte der Spekulant einen Gewinn. Und Gewinne waren 1927 eher die Regel als die Ausnahme. Die Ausweitung der Geldmenge durch Offenmarktgeschäfte hatte einen ähnlichen Effekt. Da sich nun mehr frei verfügbares Geld in Umlauf befand, stand Banken und Privatpersonen mehr Geld zum Erwerb von Aktien zur Verfügung. Durch die Ausweitung der Geldmenge, so argumentieren Anhänger der sogenannten Österreichischen Schule der Volkswirtschaftslehre wie der verstorbene Wirtschaftsnobelpreisträger Friedrich A. von Hayek oder der Historiker Murray Rothbard, machte die FED den Erwerb von Aktien attraktiv und leistete der Spekulationsorgie Vorschub.

Zweifelsfrei heizte die Ausweitung der Geldmenge das Spekulationsfieber der späten 1920er Jahre an, doch allein erklären kann sie es nicht. Mindestens ebenso große Bedeutung wie der Geldmenge kommt den strukturellen Schwächen des kaum regulierten Aktienmarktes zu, an dem Praktiken die Regel waren, die heute aufgrund der Erfahrungen dieser Zeit illegal sind. Der heute strafbare Insiderhandel – d. h. Aktienhandel auf Basis von Informationen, die der Öffentlichkeit nicht zugänglich sind – war im Amerika der 1920er Jahre an der Tagesordnung. Investoren mit privilegiertem Zugang zu Wissen über Geschäftszahlen, geplante Übernahmen oder Geschäftsaussichten eines börsengehandelten Unternehmens kauften oder verkauften Aktien in der Gewissheit, dass diese Aktien steigen oder sinken würden, sobald die entsprechenden Informationen an die Öffentlichkeit gelangten. Auf diese Weise ließen sich auf Kosten der übrigen Anleger sichere Gewinne erzielen.

Eine Informationspflicht, die börsengehandelte Unternehmen dazu angehalten hätte, Geschäftszahlen öffentlich zu machen und regelmäßige Berichte vorzulegen, gab es nicht. Investoren hatten daher keine Möglichkeit, sich ein eigenes Bild der wirtschaftlichen Situation der Firma zu machen, in die sie investieren wollten. In diese Lücke stießen sogenannte Investment Pools und Investment Trusts. In Pools schlossen sich einzelne wohlhabende Anleger zusammen, um durch aufeinander abgestimmtes Kaufen oder Verkaufen von Aktien deren Kurs zu manipulieren. Sie verursachten Kursbewegungen, die nicht eingeweihte Marktbeobachter in einer bestimmten Weise interpretieren und auf die sie mit eigenen Käufen oder Verkäufen reagieren sollten. Ein plötzlich ansteigender Kurs einer bestimmten Aktie schien anzudeuten, dass irgendjemand Insiderinformationen über positive Gewinnaussichten der betreffenden Firma besaß und daher kräftig kaufte. Kleinanleger versuchten, auf den Zug aufzuspringen und kauften ebenfalls, wodurch sie den Kurs weiter nach oben trieben. War der Kurs weit genug geklettert, lösten die Mitglieder der Pools ihre Positionen auf und strichen entsprechende Gewinne ein, während der Kurs drastisch einbrach.

Investment Trusts begannen ab etwa 1927 wie Pilze aus dem Boden zu schießen und richteten sich an die breite Öffentlichkeit. Mit dem Argument, sie seien besser informiert als der normale Bürger, sammelten die Gründer solcher Trusts von Anlegern große Summen ein, die sie – ähnlich wie ein heutiger Investmentfonds – in Aktien investierten und verwalteten. Die Anleger erhielten dafür (ab 1929 ebenfalls börsengehandelte) Anteilsscheine des Trusts. Doch anders als heutige Fonds waren solche Trusts in keiner Weise reguliert. Niemand überprüfte, ob das eingesammelte Kapital tatsächlich gewinnbringend angelegt wurde. Niemand zwang die Verwalter, ihre Bücher offen zu legen und über ihre Vermögenswerte Bericht zu erstatten. Häufig überstieg der Wert der ausgegebenen Anteilsscheine die Vermögenswerte des Trusts um ein Vielfaches. Meist wurden Trusts von Investmentbanken aufgelegt und investierten anschließend in die Finanzprodukte derselben Investmentbank. Der Umstand, dass über Trusts auch Börsenlaien in das Aktiengeschäft einsteigen konnten, beflügelte die Umsätze am Aktienmarkt enorm.

Wer sich – wie George Mehales – mehr zutraute und das Spekulieren nicht den Trusts überlassen wollte, der versuchte auf eigene Faust, mit kreditfinanzierten Aktiengeschäften reich zu werden. Die Parallelen zu den Anzahlungsverträgen des Immobilienbooms in Florida sind frappierend. Spekulanten erwarben Aktienpakete, obwohl sie nur einen geringen Teil der benötigten Kaufsumme aufbringen konnten. Den Rest schoss ein Makler (hinter dem eine Bank stand) als Kredit zu. Die Aktien verblieben als Sicherheit beim Makler. Stieg der Kurs der Aktien, so verkaufte sie der Spekulant, löste den Kredit samt Zinsen ab und behielt den verbleibenden Wertgewinn des gesamten Aktienpakets für sich, obwohl er nur einen Bruchteil davon tatsächlich besessen hatte. Bei einer 90-prozentigen Kreditfinanzierung der Aktien und einer zehnprozentigen Wertsteigerung des Aktienkurses ließ sich auf diese Weise ein Gewinn von 100 Prozent bezogen auf das eingesetzte Eigenkapital erzielen. Die Bank des Maklers verdiente ihrerseits an den beträchtlichen Zinsen, die sie auf ihren Kredit erhob. Sank der Aktienkurs dagegen, so erhielt der Spekulant eine Aufforderung, zusätzliches Geld als Sicherheit nachzuschießen. Konnte er dieses Geld nicht aufbringen, so verkaufte der Makler das Aktienpaket, bevor sein Wert unter den Wert des Kredites sank, und zahlte die Bank aus. Der Spekulant verlor in diesem Fall seinen gesamten Einsatz. Die Bank verdiente in jedem Fall.

Das Ausmaß der kreditfinanzierten Spekulation lässt sich an der Summe der Maklerkredite ablesen, die in den USA pro Tag gewährt wurden. Während diese Summe zu Anfang der 1920er Jahre bei einer Million bis eineinhalb Millionen Dollar lag, schnellte sie bis gegen Ende 1928 auf circa sechs Millionen Dollar in die Höhe. Ab Mitte der 1920er Jahre gewährten nicht mehr nur Banken Maklerkredite. Auch Unternehmen und reiche Einzelpersonen fanden es attraktiver, die hohen Zinsen dieser totsicheren Anlagen abzugreifen, als das Risiko einzugehen, in reale Werte wie etwa neue Produktionsanlagen zu investieren. So flossen enorme Mengen neuen Geldes an die Wall Street. Die Entwicklung war gefährlich, denn bei sinkenden Kursen drohte eine Kettenreaktion. Sobald Makler im großen Stil die Aktienpakete ihrer Kunden zwangsliquidierten, um die von den Banken gewährten Kredite zurückzahlen zu können, war ein weiterer Absturz der Kurse unvermeidlich, der seinerseits wieder Zwangsverkäufe nach sich ziehen musste.

Doch vorerst stiegen die Kurse weiter. Ähnlich wie beim *Florida Land Boom* wurde das Spekulationsfieber an der Wall Street und den übrigen Börsen des Landes publizistisch unterlegt. Die Nation nahm Anteil, wenn Experten, Professoren, Manager und Unternehmer das Auf und Ab an den Börsen kommentierten und zukünftige Entwicklungen prognostizierten. Auch hier verbanden sich Informationen mit Interessen. Manager der großen Investmenttrusts empfahlen Aktien – mit denen sie sich selbstverständlich zuvor selbst eingedeckt hatten, um von dem durch den eigenen Kommentar ausgelösten Kursanstieg zu profitieren. Trotzdem – oder gerade deshalb – verehrte man sie als Ikonen einer neuen Zeit und versuchte ihnen wo immer möglich nachzueifern. Die Finanzgenies der Wall Street erschienen als Personifizierung des amerikanischen Traums. So erntete der Gründer der United Corporation John J. Raskob einhelligen Beifall, als er nur zwei Monate vor dem großen Crash im Ladies' Home Journal einen Artikel mit dem Titel «Jedermann soll reich sein»[7] veröffentlichte, in dem er Hausfrauen einen Verdienst von 80 000 Dollar versprach, wenn sie über 20 Jahre 15 Dollar pro Monat in Aktien investieren würden. Kaum eine der Damen, die sich auf solche Ideen einließen, ahnte, dass sie mit ihren Investitionen ein Schneeballsystem unterfütterte, das letztendlich nur die reich machte, die an seiner Spitze standen. Als in der Endphase des Booms Hausfrauen investierten und Schuhputzjungen Anlagetipps verteilten, erkannten Profis mit Weitsicht die Zeichen der Zeit und stiegen aus. Sie wussten, dass ein weiterer Anstieg der Börsenkurse nur möglich war, solange sich neue Käufer fanden. Doch woher sollten neue Käufer kommen, wenn sogar Hausfrauen bereits gekauft hatten? «Nur ein Idiot bleibt im Geschäft, bis der letzte Dollar verdient ist»[8], belehrte der Finanzier Joseph P. Kennedy einen Freund, als er im Sommer 1929 seine eigenen Aktienpositionen auflöste.

Der Boom an den Börsen machte nicht nur die erfahreneren Anleger nervös, sondern auch einen Teil der Währungshüter der amerikanischen Notenbank und der politischen Entscheidungsträger in Washington. In diesem Kreis gab es viele, die ab einem gewissen Zeitpunkt ahnten, dass sich eine Blase gebildet hatte. Doch wie sollten sie gegensteuern? Wie konnten sie Luft aus der Blase lassen, ohne sie zum Platzen zu bringen? Der Notenbank standen die beiden klassischen Mittel zur Regulierung der Geldmenge zur Verfügung: der Leitzins und die Offenmarktpolitik. Beide Mittel waren schwer zu dosieren, hatten unerwünschte Nebenwirkungen im In- und Ausland und wurden nur zögerlich eingesetzt. Die Notenbanker hatten nicht vergessen, wie die Zinserhöhungen der FED nach Kriegsende für die kurze Rezession der Jahre 1920/21 verantwortlich gemacht worden waren, und wollten nicht noch einmal als Buhmann der Nation dastehen. Zudem waren bei einer Anhebung der Leitzinsen erhebliche negative Konsequenzen für Deutschland und Großbritannien zu erwarten, die die FED gerne vermeiden wollte. 1928 und 1929 hätte es aber massiver Zinserhöhungen bedurft, um die kreditfinanzierte Spekulation auszutrocknen. Auch politisch war dies schwer durchzusetzen, denn Zinserhöhungen erschwerten nicht nur den Spekulanten das Leben, sondern auch Konsumenten und Investoren, die auf Kredite angewiesen waren. So bestand die Gefahr, durch eine Erhöhung der Zinsen nicht nur die Spekulation zu unterbinden, sondern die gesamte Wirtschaft abzuwürgen. Daher konnte sich die FED erst im August 1929 dazu durchringen, den Leitzins von fünf Prozent auf sechs Prozent anzuheben.

Die Offenmarktpolitik – der Handel mit festverzinslichen Wertpapieren – barg ähnliche Risiken. Zudem besaß die FED gegen Ende der 1920er Jahre gar nicht genug festverzinsliche Wertpapiere, die sie hätte auf den Markt werfen können, um das in die Spekulation fließende Geld abzusaugen. Während der ersten Jahreshälfte 1928 wurden zwar staatliche Schuldverschreibungen verkauft, um dem Markt Geld zu entziehen, doch die Verkäufe wurden rasch wieder eingestellt, da die FED kaum noch Schuldverschreibungen besaß und man glaubte, das Problem unter Kontrolle gebracht zu haben. Die Mittel zur Bekämpfung der Spekulation waren also begrenzt. Doch auch der Wille, sie zu bekämpfen, stieß an Grenzen. Die Aufsichtsgremien der zwölf regionalen *Federal Reserve*-Banken der Vereinigten Staaten bestanden aus Mitarbeitern amerikanischer Geschäftsbanken, die wenig Interesse an einem vorzeitigen Ende des Booms hatten. Und auch Politiker wie der amerikanische Präsident Calvin Coolidge und sein Finanzminister Andrew M. Mellon (der ebenfalls Banker war) scheuten vor entschlossenem Handeln zurück. Die Spekulationsspirale ließ sich durch die zaghaften Schritte der Notenbanker jedoch bestenfalls zeitweilig zum Stillstand bringen, um sich dann umso schneller weiterzudrehen.

Eine Äußerung des aus dem Amt scheidenden Präsidenten Calvin Coolidge, dass Aktien «zurzeit recht billig seien»[9], heizte die Situation im März 1929 weiter an. Der neu ins Amt gewählte

Präsident Herbert Hoover stand dem Treiben an der Börse skeptischer gegenüber als sein Vorgänger, doch auch er konnte sich nicht zum Handeln durchringen. Wahrscheinlich war es zu diesem Zeitpunkt dazu auch schon zu spät. Je weiter sich die Blase aufblähte, desto unmöglicher erschien es, die Luft kontrolliert entweichen zu lassen. Der Crash wurde unvermeidlich.

Als er kam, war nur ein relativ kleiner Anteil der Amerikaner unmittelbar von ihm betroffen. Doch auch wenn nur maximal zehn Prozent der Bevölkerung selbst Aktien besaßen, so nahm doch die ganze Nation am Geschehen an der Wall Street Anteil. An der Börse wurde die Zukunft gehandelt und man hatte sich daran gewöhnt, die Aussichten für die eigene Zukunft an den Notierungen der Kurse abzulesen. Der grenzenlose Optimismus der 1920er Jahre kollabierte daher genauso schnell wie der *Dow Jones Industrial Average*. Zahlreiche «Helden der Wall Street», die von so vielen verehrt worden waren, schlitterten in die Pleite. Ihre fragwürdigen Geschäftspraktiken wurden offenbar. Verunsicherung machte sich auch bei denen breit, die selbst nichts verloren hatten. Konsumenten stellten Kaufentscheidungen zurück und verlegten sich darauf, zunächst ihre Kredite abzubezahlen. Die Konsumträume der Massen wurden über Nacht zu Ladenhütern. Schon seit August 1929 war die Industrieproduktion in den Vereinigten Staaten rückläufig gewesen, doch nun brach sie drastisch ein. Die Krise an den Finanzmärkten sprang auf die Realwirtschaft über.

Zweifelsfrei war der Crash der entscheidende Auslöser der Großen Depression – doch kommt er auch als Ursache der Weltwirtschaftskrise in Frage? Börsencrashs waren in den Vereinigten Staaten nichts wirklich Ungewöhnliches. Die Börsenpanik von 1907, in der sich die Kurse an der *New York Stock Exchange* innerhalb eines Jahres nahezu halbierten, war nur das letzte in einer Reihe ähnlicher Ereignisse vor 1929. Auch frühere Crashs gingen meist mit einer realwirtschaftlichen Talfahrt Hand in Hand, doch keiner hatte eine langjährige wirtschaftliche Depression zur Folge. Keiner schlug jenseits der Vereinigten Staaten Wellen. Die Wertverluste des Oktobers 1929 erklären weder, warum die Krise

Zum Verkauf gezwungen: Wer über Maklerkredite Aktien erworben hatte, musste Geld nachschießen, sobald die Kurse fielen.

ein volles Jahrzehnt anhielt, noch, wie sie sich über die Grenzen der Vereinigten Staaten hinaus ausbreitete. Hierfür müssen andere Erklärungen gefunden werden.

Offensichtlich war die amerikanische Wirtschaft schon krank, bevor der Wall Street Crash sie in die Tiefe riss. Der Crash war ein Symptom der Krankheit, jedoch nicht ihre Ursache. John Kenneth Galbraith sieht das Grundproblem vor allem in einer zunehmend ungleichen Einkommensverteilung, die der auf Massenkonsum basierenden Wirtschaft langfristig die Basis entzog. Während die Mittelschicht ab einem bestimmten Verschuldungsgrad gezwungen war, ihren Konsum einzuschränken, trieben die steigenden Unternehmensgewinne die Spekulation. Hinzu kamen strukturelle Schwächen der Kapitalgesellschaften, Aktienmärkte, die sich zunehmend verselbstständigten und jeden Bezug zur Realität verloren, sowie instabile Banken und außenwirtschaftliche Probleme.

4. Die Große Depression in den USA: Die Hoover-Jahre

Herbert Hoover «ist wirklich ein Wunder und ich wünschte, wir könnten ihn zum Präsidenten der Vereinigten Staaten machen».[10] Diese Worte schrieb im Jahr 1920 kein anderer als Hoovers späterer Gegner und Nachfolger im Präsidentenamt Franklin D. Roosevelt. Vom beißenden Hass, der sich in den frühen 1930er Jahren zwischen den beiden Männern entwickelte, war zu diesem Zeitpunkt noch nichts zu spüren. Vielmehr bringt Roosevelts Zitat eine damals im amerikanischen Volk weit verbreitete Stimmung zum Ausdruck. Denn als Kandidat für das höchste Amt des Staates galt Hoover schon früh. Dass er einmal als einer der kaltherzigsten und wirtschaftlich erfolglosesten Präsidenten der Vereinigten Staaten in die Geschichte eingehen würde, war damals keineswegs abzusehen.

Hoovers frühe Karriere ist eine beispiellose Geschichte wirtschaftlicher Erfolge und spektakulärer humanitärer Einsätze, mit denen er sich nicht nur Roosevelts Anerkennung verdiente, sondern internationale Berühmtheit errang. Als Bergbauingenieur hatte Hoover vor dem Ersten Weltkrieg unter anderem in Australien und China gearbeitet und war schnell zu Reichtum gekommen. Am Vorabend des Krieges lebte er in London und besaß ein privates Vermögen von etwa vier Millionen Dollar. Nach Ausbruch des Weltkriegs organisierte er im Auftrag der amerikanischen Regierung den Rücktransport amerikanischer Staatsbürger aus Europa und machte sich einen Namen als effizienter Manager und Organisator. Als nach der deutschen Besetzung Belgiens dort eine Hungerkrise drohte, stampfte er ein Hilfsprogramm aus dem Boden und sicherte die Nahrungsmittelversorgung der notleidenden Bevölkerung. Nach dem Kriegseintritt der Vereinigten Staaten im Jahr 1917 ernannte Präsident Woodrow Wilson Hoover zum «US-Nahrungsmittel-Administrator» und überantwortete ihm die Nahrungsmittelversorgung der US-Truppen in Europa sowie der Alliierten. Das Ende des Krieges tat Hoovers Tatendrang keinen Abbruch. Im Hungerwinter 1918/19 bezogen bis zu 300 Millionen Menschen in 21 Ländern einen Großteil ihrer Nahrungsmittel aus dem von ihm geleiteten Ernährungsprogramm, das noch bis in das Jahr 1921 hinein Hunderttausende von russischen Kindern vor dem Hungertod bewahrte.

Hoovers Organisationstalent und internationales Ansehen sicherten ihm 1923 einen Kabinettsposten als Handelsminister unter Präsident Warren G. Harding, doch es war eine erneute Krise, diesmal mitten im amerikanischen Kernland, die ihm 1927 endgültig zum politischen Durchbruch verhalf. Im Frühling dieses Jahres hatte der Mississippi seine Dämme gesprengt, eine gigantische Fläche unter Wasser gesetzt und etwa eine Million Menschen obdachlos gemacht. Auf Bitten der Gouverneure der betroffenen Bundesstaaten entsandte Präsident Calvin Coolidge Herbert Hoover, um die Nothilfe zu organisieren. Die Mission verlief ausgesprochen erfolgreich – und brachte Hoover Schlagzeilen in allen großen Zeitungen des Landes ein. Die Presse porträtierte ihn als amerikanischen Helden. Für Millionen von Amerikanern stand sein Name für erfolgreiche Krisenbekämpfung, energisches Zupacken und warmherzige Hilfeleistung an unverschuldet in Not geratene Menschen. Als Präsident Coolidge ankündigte, nicht erneut für die Präsidentschaft zu kandidieren, stand Hoover der Weg in das Weiße Haus offen – und Millionen von Amerikanern erwarteten von ihm nichts weniger als ein weiteres goldenes Jahrzehnt des Wohlstands.

Nur drei Jahre später hatte sich die Situation völlig gewandelt. Die Euphorie der *New Era* war der Verzweiflung der Großen Depression gewichen. Statt Massenkonsum war für viele Menschen der Mangel zum Alltag geworden. Das Bild eines erfolgreichen Krisenbekämpfers, das Hoover lange gepflegt hatte, verblasste vor dem eines zaudernden und abgehobenen Präsidenten, der sich weigerte, dem stetig wachsenden Heer der Arbeitslosen tatkräftige und entschlossene Hilfe der Bundesregierung zukommen zu lassen. Der ehemalige «Nahrungsmittel-Administrator» verwaltete nun den Hunger.

Sein Name stand nicht mehr für Effizienz und Philanthropie. Überall in Amerika schossen Elendssiedlungen aus Holzabfällen, Pappe und Wellblech aus dem Boden, die man als *Hoovervilles* bezeichnete. Die Zeitungen, in denen sich die Obdachlosen einrollten, wenn sie sich am Straßenrand zum Schlafen legten, nannte man im Volksmund «Hoover-Bettdecken». Für die Kartonreste, mit denen arme Amerikaner ihre durchgetretenen Schuhsohlen flickten, war die Bezeichnung «Hoover-Leder» gebräuchlich und die zum Symbol der Mittellosigkeit gewordenen nach außen gekehrten leeren Hosentaschen der Gescheiterten hießen «Hoover-Flaggen». Liegengebliebene Autos, vor die man Pferde gespannt hatte, nannte man «Hoover-Wagen» und die mageren Wildhasen, die sich die Obdachlosen fingen, wurden als «Hoover-Schweine» bezeichnet. Hoover stand nun für Elend, Armut und Verzweiflung. Vom amerikanischen Helden war er in kürzester Zeit zum Buhmann der Nation abgestiegen. Kriegen und Naturkatastrophen hatte er die Stirn geboten. In der Großen Depression fand er einen Gegner, dem er nicht gewachsen war.

Dabei hatte Hoover früher als viele andere erkannt, welche Gefahren von dem durch den Börsencrash ausgelösten wirtschaftlichen Einbruch ausgingen. Aber sein Verständnis der Krise (wie das der meisten seiner Zeitgenossen) unterschied sich grundlegend von unserer heutigen Auffassung von Rezessionen und Konjunkturzyklen. Die Menschen des frühen 20. Jahrhunderts sahen in Phasen wirtschaftlichen Abschwungs reinigende Gewitter, die zwar unangenehme Auswirkungen mit sich brachten, aber in regelmäßigen zeitlichen Abständen notwendig waren, um die Wirtschaft dauerhaft gesund zu erhalten. Während des Booms, so glaubte man, war auch unsolide wirtschaftenden Unternehmen Erfolg beschieden, doch in Zeiten der Rezession verschwanden solche Trittbrettfahrer des Aufschwungs vom Markt und schufen damit Platz für neue, junge, aufstrebende Unternehmungen. Das Absterben kranker und schwacher Marktteilnehmer machte den Erfolg starker und konkurrenzfähiger Produzenten und Dienstleister erst möglich und diente somit dem gesellschaftlichen Gesamtwohl. Ein staatliches Eingreifen, um eine Rezession zu verhindern oder ihre Auswirkungen abzufangen, war demnach kontraproduktiv und sinnlos. Diese geradezu sozialdarwinistisch anmutende Einstellung teilte auch Hoovers Finanzminister Andrew Mellon, der jede Einmischung der Bundesregierung ablehnte und sein Rezept zur Überwindung der Krise auf eine simple Formel brachte: «Die Arbeiterschaft liquidieren, die Aktien liquidieren, die Farmer liquidieren, Immobilien liquidieren.» Erst wenn alle unprofitablen Investitionen verkauft und der Boden erreicht war, so glaubte Mellon, konnte es wieder aufwärts gehen. Für ihn war die Krise – so äußerte er sich gegenüber Hoover – ein notwendiger Teil des Wirtschaftszyklus:

> Sie vertreibt die Giftstoffe aus dem Organismus. Die hohen Lebenshaltungskosten fallen, und dem luxuriösen Leben wird ein Ende gesetzt. Die Menschen werden schwer arbeiten und ein moralisches Leben führen. Die Werte werden wieder ausgeglichen, und tatkräftige Menschen nehmen den weniger befähigten die Trümmer aus der Hand.[11]

Die Rezessionen der zurückliegenden Jahrzehnte waren immer schnell und ohne staatliche Intervention überwunden worden – und so war Mellon nach dem Crash von 1929 sicher, dass Amerika auch diese Krise rasch hinter sich lassen würde.

Hoover teilte weder Mellons radikale *Laissez-faire*-Attitüde noch seinen grenzenlosen Optimismus und hielt die Krise für eine reale Bedrohung – auch wenn er sich öffentlich immer wieder positiv zu den Zukunftsaussichten der amerikanischen Wirtschaft äußerte. Doch auch er war in einem Gedankengebäude des 19. Jahrhunderts gefangen und hielt an Glaubenssätzen fest, die in der Konsumgesellschaft des frühen 20. Jahrhunderts ihre Gültigkeit verloren hatten. In der Vergangenheit hatte ein Großteil der Menschen einen Großteil seines Einkommens für essenziell lebensnotwendige Dinge ausgegeben, deren Kauf sich nicht lange aufschieben ließ. Eine aufgestaute Nachfrage zog spätestens dann Kaufentscheidungen nach sich, wenn bestehende Vorräte von

Ein Hooverville in Seattle, Washington.

solch lebensnotwendigen Gütern aufgebraucht waren. Mit diesen Kaufentscheidungen kam der Konjunkturzyklus schnell wieder in Gang. Die amerikanische Konsumgesellschaft und Wirtschaft des frühen 20. Jahrhunderts basierte jedoch in weiten Teilen nicht auf dem Vertrieb essenziell lebensnotwendiger Güter, sondern auf Autos, Grammophonen, Radios und elektrischen Haushaltshilfen. Der Kauf solcher Waren ließ sich während Phasen wirtschaftlicher Unsicherheit sehr lange aufschieben. Solange Konsumenten kein Vertrauen in die wirtschaftliche Zukunft fassen konnten, stand der Konjunkturzyklus auf seinem Tiefpunkt still, während sich ein Teufelskreis aus Konsumverweigerung und Arbeitslosigkeit immer schneller drehte. Konsumentenvertrauen war die Basis der noch jungen Konsumgesellschaft – und das erste Opfer der Depression. Hoover sah das Problem, doch er konnte sich nicht zu einschneidenden Maßnahmen durchringen, um das verloren gegangene Vertrauen wiederherzustellen.

Hoovers erste Sorge nach dem Crash an der Wall Street galt der Verhinderung von Massenentlassungen. Unternehmen würden, so fürchtete er, eine Rezession vorwegnehmen und mit der Freisetzung von Mitarbeitern und der Durchsetzung niedrigerer Löhne reagieren. Ein solches Verhalten mochte aus der Perspektive eines einzelnen Unternehmens sinnvoll erscheinen, doch wenn viele Unternehmen so handelten, war eine schwere Krise unvermeidlich, da Arbeitslosigkeit einen Verlust von Kaufkraft bedeutete und die Industrieproduktion ohne Kaufkraft zum Stillstand kommen musste. Hoover sah Handlungsbedarf, glaubte jedoch nicht, dass sich der Staat direkt in privatwirtschaftliche Belange einmischen sollte. Stattdessen setzte er auf freiwillige Zusammenschlüsse und koordiniertes Handeln aller Akteure. Bald nach dem Crash bat er die Entscheidungsträger der großen amerikanischen Unternehmen zu Gesprächen ins Weiße Haus und drängte sie zu einer freiwilligen Erklärung, von Lohnsenkungen Abstand zu nehmen. Die bei diesen Gesprächen anwesenden Schwergewichte der amerikanischen Wirtschaft hielten sich zunächst an diese freiwillige Verpflichtung, doch auch wenn sie die Stundenlöhne konstant hielten, so senkten sie doch die Wochenarbeitszeit (und damit den Wochenlohn und die Kaufkraft der Arbeiter) oder entließen ihre Arbeiter gleich ganz. Kleinere Unternehmen, die nicht ins Weiße Haus geladen worden waren, aber einen Großteil der amerikanischen Wirtschaft ausmachten, fühlten sich nicht an die Erklärung gebunden, reduzierten ihre Belegschaft deutlich und drückten die Löhne der verbliebenen Beschäftigten.

Um den Einbruch an Kaufkraft und den jähen Abbruch jeglicher Investitionstätigkeit in der Industrie auszugleichen, forderte Hoover höhere staatliche Ausgaben auf Ebene der Bundesstaaten und Kommunen und ein Vorziehen ohnehin geplanter staatlicher Investitionen. Doch er glaubte nicht, dass die Bundesregierung sich direkt in die Angelegenheiten der Staaten und Kommunen einmischen oder ihnen für solche Investitionen Geld zur Verfügung stellen sollte – und so blieb es bei unverbindlichen Absprachen und unerfüllten Forderungen. Auf einzelstaatlicher und kommunaler Ebene fehlten angesichts einbrechender Steuereinnahmen schlicht und ergreifend die Mittel, um die geforderten Programme umzusetzen. Folglich stieg die Arbeitslosigkeit dramatisch an. Von weniger als fünf Prozent vor der Krise schnellte sie auf knappe 20 Prozent zu Beginn der 1930er Jahre und erreichte im letzten Jahr von Hoovers Amtszeit ca. 25 Prozent.

Bereits 1930 war die Massenarbeitslosigkeit zum zentralen Problem der Hoover-Administration geworden. Da eine Sozialversicherung im europäischen Sinne in den Vereinigten Staaten nicht existierte, oblag die Versorgung der verzweifelten Menschen den Bundesstaaten, Kommunen und privaten Wohltätigkeitseinrichtungen. Diese waren mit der Zahl der Arbeitslosen jedoch hoffnungslos überfordert und mussten in vielen Fällen ihre Zahlungen einstellen. Alle Blicke richteten sich nun nach Washington. Doch Hoover glaubte nicht, dass es die Aufgabe der Bundesregierung sei, direkte Zahlungen an in Schwierigkeiten geratene Individuen zu leisten. Arbeitslosenhilfe, so argumentierte er, würde die Arbeitsmoral und den Anreiz für die Betroffenen, nach einer neuen Stelle zu suchen, untergraben und das auf Individualismus, Selbstverantwortung und Wettbewerb gegründete amerikanische Wertemodell zerstören. Statt Hilfe für die Betroffenen zu gewähren, rief er Kommissionen ins Leben und machte sich für ein freiwilliges bürgerliches Engagement auf lokaler Ebene zur Unterstützung der Arbeitslosen stark. So blieben die Betroffenen auf die Mildtätigkeit ihrer Mitmenschen angewiesen – und in vielen Fällen auf sich allein gestellt.

Als Massen arbeitslos gewordener Menschen ihre Kredite nicht mehr bedienen konnten, Aktien wertlos wurden, Bundesstaaten und Kommunen die Tilgung ihrer Schulden aussetzten und Firmen pleitegingen, gerieten auch zahlreiche amerikanische Banken in Schieflage. Besonders Banken in ländlichen Regionen standen vor dem Aus, denn ihre Kundschaft, die vorwiegend aus Farmern bestand, war besonders hart von der Krise betroffen. Amerikas Bauern hatten die Überproduktionskrise der frühen 1920er Jahre niemals wirklich überwunden, doch der erneute Preisverfall bei Agrargütern, der in den frühen 1930er Jahren einsetzte, stellte alles zuvor Dagewesene in den Schatten. Zwangsversteigerungen waren an der Tagesordnung, aber selbst zu Niedrigstpreisen waren Farmen und Farmgerätschaften schwer verkäuflich und erlösten bestenfalls einen Bruchteil der ausstehenden Kredite. So schlitterten Farmer und ihre Banken gemeinsam in den Bankrott. Doch Hoover glaubte nicht, dass die Bundesregierung dazu berufen sei, Banken oder Farmer vor dem Zusammenbruch zu bewahren, und setzte stattdessen auf koordinierte Stützungen im Bankensektor durch Zusammenschlüsse der Banken selbst und eine freiwillige Kooperation der Bauern zur gemeinsamen Vermarktung ihrer Agrargüter und zur Durchsetzung selbst auferlegter Produktionsbeschränkungen. Die Krise der Banken und Bauern konnte er dadurch jedoch nicht beenden. Starke Banken weigerten sich, zur Stützung von in Not geratenen Konkurrenten Risiken einzugehen. Bauern weigerten sich, ihre Produktion zurückzufahren.

Auch die Entscheidungsträger in der *Federal Reserve* zögerten, in Bedrängnis geratene Banken mit frischem Geld zu versorgen oder über Leitzinssenkungen oder Offenmarktgeschäfte frisches Kapital in den Wirtschaftskreislauf zu pumpen. Die *Federal Reserve* war gesetzlich dazu verpflichtet, eine bestimmte Mindestdeckung der Währung durch Gold nicht zu unterschreiten. Ihre Goldreserven waren jedoch begrenzt und sie fürchtete ein Abfließen von Gold ins Ausland, falls sie frisch gedruckte Dollars in Umlauf bringen würde. Bei einer Ausweitung der Geldmenge musste die *Federal Reserve* schnell an die gesetzlich vorgeschriebene Deckungsgrenze geraten. Ein Abfluss von Gold drohte einen Abschied vom Goldstandard zu erzwingen – und diese Option galt sowohl für Hoover als auch für die Mitglieder des *Federal Reserve Boards* als schlichtweg undenkbar. Hoover glaubte daher nicht, dass eine Lockerung der gesetzlich festgelegten Golddeckung hilfreich wäre – und so blieb die amerikanische Zentralbank in ihrer Geldpolitik äußerst konservativ und sah zu, wie eine Bank nach der anderen ihre Schalter schloss.

Die beiden Wirtschaftshistoriker Milton Friedman und Anna Schwartz sehen in dieser Welle an Bankpleiten den eigentlichen

Grund, warum sich die Krise von 1929 zu einer lang anhaltenden Weltwirtschaftskrise auswuchs. In ihrem epochemachenden Buch «A Monetary History of the United States» verzichten die beiden Autoren auf den Begriff der «Großen Depression» und reden stattdessen von einer «Großen Kontraktion». Damit meinen sie die durch das Bankensterben ausgelöste Kontraktion der Geldmenge in den Jahren zwischen 1929 und 1933. Banken gewähren der Wirtschaft Kredite und erleichtern somit Investitionen und Konsum. Kommt es zu einer Pleitewelle unter den Banken oder vergeben die Banken keine Kredite mehr, weil sie die damit verbundenen Risiken scheuen, geht die Menge des in Umlauf befindlichen Geldes zurück und der Wirtschaftskreislauf kommt zum Erliegen. Wenn zu wenig Geld in Umlauf ist, werden Bürger und Unternehmen davor zurückschrecken, Geld auszugeben. Ein Anwachsen der Geldmenge beschleunigt dagegen den Wirtschaftskreislauf. Billiges Geld und eine freizügige Kreditvergabe führen zu neuen Investitionen und Kaufentscheidungen der Konsumenten.

Friedman und Schwartz errechnen für die Jahre 1929–1933 einen Rückgang der umlaufenden Geldmenge um ca. ein Drittel – und führen die schwere und lange anhaltende wirtschaftliche Talfahrt der 1930er Jahre darauf zurück. Die Hauptverantwortung dafür geben sie der *Federal Reserve*. Sie hätte der Verknappung der Geldmenge durch eine rasche Leitzinssenkung, aggressive Offenmarktpolitik und direkte Kredite an von der Pleite bedrohte Banken entgegenwirken müssen. Bei einer offensiven Expansionspolitik der *Federal Reserve*, so glauben Friedman und Schwartz, wäre dem Crash von 1929 nur eine kurze und leichte Rezession gefolgt. Ihre Theorie, konjunkturelle Zyklen ließen sich über die Geldpolitik der Zentralbank(en) steuern und durch ein langfristiges moderates Wachstum der Geldmenge im Gleichschritt mit dem Wachstum realwirtschaftlicher Produktivität ließen sich konjunkturelle Einbrüche verhindern, firmiert heute unter dem Begriff Monetarismus und gehört zu den wirkmächtigsten wirtschaftswissenschaftlichen Innovationen des 20. Jahrhunderts.

Doch Herbert Hoover standen diese theoretischen Erkenntnisse nicht zur Verfügung und er maß der umlaufenden Geldmenge keine besondere Bedeutung zu. Zudem glaubte er nicht, dass es ihm als Präsident anstünde, auf die Entscheidungen der *Federal Reserve* Einfluss zu nehmen.

Neben all den Dingen, an die Herbert Hoover nicht glaubte, gab es auch einige Glaubenssätze, an denen er sich festklammerte und die er für unantastbar hielt. Hoover glaubte an ausgeglichene Staatshaushalte – auch und gerade in Zeiten der Krise. Ein sparsames Haushalten des Staates, so war er überzeugt, sei notwendig, um das Vertrauen der Wirtschaft in die Solidität des Landes zurückzugewinnen. Defizite assoziierte er mit unsolidem Wirtschaften und ökonomischem Niedergang. Als aufgrund der wirtschaftlichen Talfahrt die Steuereinnahmen der Bundesregierung zurückgingen, sah er sich vor harte Entscheidungen gestellt. Gerade hatte er die Bundesstaaten noch zu einer Steigerung der öffentlichen Ausgaben aufgerufen und neue Infrastrukturprojekte angeregt. Zu Zuschüssen der Bundesregierung war er aufgrund der angespannten Haushaltslage jedoch nicht bereit und die wenigen bestehenden bundesstaatlichen Programme fuhr er, wo möglich, zurück. Auch wenn Hoover ein Defizit der Staatsfinanzen ab 1930 nicht verhindern konnte, so drängte er doch darauf, Ausgaben zu kürzen, um das Defizit nicht aus dem Ruder laufen zu lassen. Dass er der Wirtschaft damit Kaufkraft entzog, nahm er billigend in Kauf. In einer Phase, in der die Nachfrage der Privathaushalte und der Unternehmen am Boden lag, schränkte er die Nachfrage des öffentlichen Sektors zusätzlich ein.

Hoover glaubte an die heilbringende Wirkung von Schutzzöllen – eine Forderung, die seine Republikanische Partei seit den 1850er Jahren immer wieder vertreten hatte. Vor allem den amerikanischen Farmern wollte er damit Hilfe zukommen lassen. Wenn ein weltweites Überangebot an Agrarprodukten zu einem Verfall der Agrarpreise führte und amerikanische Bauern in den Ruin trieb, dann musste dieses Überangebot eben durch Schutzzölle vom amerikanischen Markt ferngehalten werden. Vor der Billigkonkurrenz aus dem Ausland abgeschirmt, könnten amerikanische Landwirte dann höhere Preise erzielen – so glaubte Hoover und so glaubte es eine große Mehrheit seiner Parteifreunde.

Doch unglücklicherweise folgte die Zollgesetzgebung im amerikanischen Kongress ihren eigenen Gesetzen. Denn wollte ein Abgeordneter einen Schutzzoll für ein Produkt durchsetzen, das für seinen Wahlkreis wichtig war, so brauchte er Verbündete. Die einfachste Möglichkeit, Verbündete zu gewinnen, war die, die Schutzzollforderungen des Abgeordneten aus dem Nachbarwahlkreis für ein Produkt, das in diesem Wahlkreis große wirtschaftliche Bedeutung besaß, ebenfalls zu unterstützen. So kam eine als *log rolling* bezeichnete Dynamik in Gang, in der Schutzzollforderungen auf immer neue Produkte ausgeweitet und immer weiter in die Höhe getrieben wurden. Eine von Hoover angeregte Initiative zum Schutz der Farmer geriet so schnell zum protektionistischen Rundumschlag. Das 1930 verabschiedete Smoot-Hawley-Zollgesetz (benannt nach Senator Reed Smoot und dem Repräsentanten Willis Hawley, die es auf den Weg brachten) erhöhte durch die Bank hinweg alle Einfuhrzölle drastisch. Hoover selbst war alles andere als glücklich über diese Entwicklung, doch auch eine öffentliche Petition von 1028 amerikanischen Wirtschaftswissenschaftlern gegen Zollerhöhungen und persönliche Gespräche mit Wirtschaftsführern wie Henry Ford, der das Gesetz als «wirtschaftspolitische Dummheit»[12] geißelte, konnte ihn nicht davon abhalten, kein Veto dagegen einzulegen und es zu unterschreiben.

Den Landwirten nutzte das neue Zollgesetz herzlich wenig. Wie schnell deutlich wurde, war ihre Überproduktionskrise hausgemacht. Auch ohne zusätzliche Einfuhren aus dem Ausland gab es in Amerika mehr Weizen, Mais, Baumwolle und Schweinefleisch, als Amerikaner verbrauchen konnten. Die Preise blieben folglich am Boden und die Smoot-Hawley-Zölle wirkungslos. Doch in nahezu allen anderen Bereichen der amerikanischen Wirtschaft richtete das Gesetz erheblichen Schaden an. Denn die Vereinigten Staaten waren eine Exportnation, und als die europäischen Staaten ihrerseits mit drastischen Zollerhöhungen auf das Smoot-Hawley-Zollgesetz reagierten, blieben amerikanische Produzenten auf ihren für den Export hergestellten Erzeugnissen sitzen. Für den Welthandel hatte Hoovers Zollpolitik verheerende Konsequenzen.

Auch auf die europäischen Staaten hatte das Smoot-Hawley-Zollgesetz deutlich negative Auswirkungen. Sie alle waren noch aus den Zeiten des Ersten Weltkriegs bei amerikanischen Gläubigern verschuldet und benötigten Dollars, um diese Schulden bedienen zu können. In der Vergangenheit hatten sie zumindest einen Teil dieser Dollars durch Exporte in die USA erwirtschaftet. Da solche Exporte aufgrund der hohen amerikanischen Schutzzölle unmöglich wurden und das alte Spiel, bestehende Kredite mit neuen abzulösen, aufgrund der in den USA einsetzenden Bankenkrise nicht mehr funktionierte, gerieten auch die europäischen Staaten in Zahlungsschwierigkeiten. Als im Mai 1931 mit der österreichischen Creditanstalt eine bedeutende europäische Bank zusammenbrach und schon bald darauf auch große deutsche Banken vor dem Bankrott standen, sah sich Hoover dazu gezwungen, eine Aussetzung der internationalen Zahlungsverpflichtungen (einschließlich der deutschen Reparationszahlungen und der Rückzahlung der interalliierten Kriegsschulden) für ein Jahr vorzuschlagen, um einem weiteren Abgleiten der Weltwirtschaft in die Depression entgegenzuwirken. Hoover war auch hier ein von den Ereignissen Getriebener: *De facto* hätte ein großer Teil der Schuldner ohnehin nicht zahlen können. Auch wenn das sogenannte «Hoover-Moratorium» ursprünglich nur für ein Jahr gelten sollte, waren die meisten europäischen Staaten auch nach diesem Zeitraum nicht zur Schuldentilgung in der Lage und langfristig mussten die amerikanischen Gläubiger einen Großteil ihrer Kredite abschreiben.

Historiker der Nachkriegszeit haben Hoover als weitgehend passiven Präsidenten beschrieben, der sich im Angesicht der Krise nicht zum Handeln durchringen konnte. Man warf ihm vor, er habe geglaubt, die Depression durch ständige Appelle an alle Beteiligten, durch das Anregen freiwilliger Kooperationen und durch das Anmahnen bürgerlichen Engagements überwinden zu können – und sein Volk damit im Stich gelassen. Seit den 1960er Jahren hat die historische Forschung diese Sichtweise ein

Stück weit zurechtgerückt. Denn auch wenn Hoover im direkten Vergleich mit seinem Nachfolger Franklin D. Roosevelt als passiv gelten muss – verglichen mit seinen Vorgängern und angesichts der damals verbreiteten Auffassung über die Rolle des Staates in der Wirtschaft war er durchaus aktiv und betrieb eine (eingeschränkt) progressive Wirtschaftspolitik. Gegen Ende seiner Amtszeit begann Hoover sich ein wenig aus dem überkommenen Gedankengebäude ökonomischer Orthodoxie zu befreien, das seine Handlungsfreiheit so weit einschränkte. Er handelte, doch – gemessen an der Herausforderung – handelte er zu spät, zu zaghaft und relativ kraftlos.

Im Februar 1931 begann er, dem Problem der Arbeitslosigkeit entschlossener entgegenzutreten. Das neu ins Leben gerufene *Federal Employment Stabilization Board* diente der Koordinierung und Planung öffentlicher Bautätigkeit, die kontrazyklisch zu konjunkturellen Schwankungen erfolgen sollte, um in Zeiten der Depression durch erhöhte Bautätigkeit für Arbeitsplätze zu sorgen. Da diese Behörde jedoch kein zusätzliches Geld für unmittelbar in Angriff zu nehmende Projekte erhielt, blieb sie in der damals aktuellen Krise weitgehend wirkungslos.

1932 schuf er mit den *Federal Home Loan Banks* und der *Reconstruction Finance Corporation* Bundesbehörden, die Banken, Versicherungen und Eisenbahngesellschaften, aber auch Bundesstaaten und Kommunen günstige Kredite zur Verfügung stellten. Diese beiden Institutionen stattete er mit umfangreichen Mitteln aus. Allein die *Reconstruction Finance Corporation* erhielt 500 Millionen Dollar sowie das Recht, Anleihen im Wert von 1,5 Milliarden Dollar herauszugeben, um frisches Geld zu beschaffen. Hierdurch sollten weitere Bankpleiten verhindert und die Wirtschaft als Ganzes stabilisiert werden. Durch eine Zuweisung der Bundesregierung von 125 Millionen Dollar an das seit 1916 bestehende *Federal Land Bank System* versuchte Hoover indirekt auch den Farmern Kredite zukommen zu lassen und weitere Zwangsversteigerungen zu verhindern.

Ab Juli 1932 hielt die *Reconstruction Finance Corporation* erstmals auch 300 Millionen Dollar als Kredite für Bundesstaaten und Kommunen für die Unterstützung von Arbeitslosen bereit. Doch diese indirekte Hilfe für arbeitslose Amerikaner war bürokratisch und musste von Gemeinden und Bundesstaaten zurückgezahlt werden. Sie wurde daher selten angenommen und blieb ohne durchschlagenden Erfolg. Zu direkter Hilfe für die unmittelbar Betroffenen der Krise konnte Hoover sich niemals durchringen. Banken und Versicherungen erhielten Unterstützung, doch der «vergessene Mann»[13] am Fuße der Wirtschaftspyramide – ein Ausdruck, den Franklin D. Roosevelt in einer seiner Wahlkampfreden prägte – fühlte sich von Hoover alleingelassen.

Im Sommer 1932 machte sich daher eine ganze Armee dieser vergessenen Männer auf den Weg nach Washington, um den Präsidenten an seine moralische Verantwortung zu erinnern. Diese sogenannte «Bonus-Armee» bestand aus Veteranen des Ersten Weltkriegs, denen für ihren Dienst am Vaterland eine im Jahr 1945 von der Bundesregierung auszubezahlende Bonuszahlung versprochen worden war. Viele der Männer waren mit Beginn der Krise arbeitslos geworden, hatten ihre Ersparnisse aufgebraucht und waren nun vollkommen mittellos. Da lag es nahe, auf eine vorzeitige Auszahlung des Veteranenbonus zu hoffen. Immerhin waren sie ihrem Vaterland in der Stunde der Not ohne langes Zögern zu Hilfe geeilt. War es fair, fragten sie sich, dass die Regierung dieses Landes sie in ihrer Stunde der Not im Regen stehen und 13 weitere Jahre warten ließ?

Während vor allem demokratische Kongressabgeordnete starke Sympathien für eine vorzeitige Auszahlung der Veteranen hegten, schlossen Hoover und die meisten republikanischen Abgeordneten ein Vorziehen der Bonuszahlung kategorisch aus. Ein solcher Schritt hätte Hoovers Bemühungen um einen ausgeglichenen Staatshaushalt endgültig scheitern lassen und das abstrakte Ziel solider Staatsfinanzen war Hoover wichtiger als die konkrete Not ehemaliger Frontsoldaten. Um den politischen Druck auf die Entscheidungsträger zu erhöhen, waren die Veteranen daher nach Washington gezogen. Während der Kongress die Frage einer vorzeitigen Auszahlung debattierte, lagerte die ca. 25 000 Mann starke Bonus-Armee nur wenige Kilometer entfernt am gegenüberliegenden Ufer des Anacostia-Flusses.

Bedrohlich wirkte diese Lumpenarmee kaum – und die Männer kamen als Bittsteller, die ein Anliegen vorzutragen hatten, nicht um den Politikern zu drohen. In ihrem *Hooverville* am Anacostia-Ufer sorgten sie mit militärischem Ordnungssinn für Disziplin. Kommunisten, Aufrührer und Umstürzler entfernten sie aus ihren Reihen, um ihre Loyalität gegenüber den Institutionen des Landes unter Beweis zu stellen und kein falsches Bild in der Öffentlichkeit aufkommen zu lassen. Zu keinem Zeitpunkt leisteten sie den staatlichen Ordnungskräften Widerstand.

Als das Repräsentantenhaus der vorgezogenen Auszahlung am 15. Juni zustimmte, kam unter den Veteranen Hoffnung auf, doch am 17. Juni scheiterte das betreffende Gesetz am republikanisch dominierten Senat. Damit war auch die Mission der Bonus-Armee gescheitert und die Auszahlung der Boni wieder in weite Ferne gerückt. Trotzdem entschlossen sich viele der Veteranen, in Washington zu bleiben. Wohin hätten sie auch gehen sollen?

Dem Präsidenten waren die Veteranen jedoch ein Dorn im Auge. Er hielt sie für eine kommunistisch infiltrierte Keimzelle des Aufruhrs und befürchtete über kurz oder lang einen Umsturzversuch. In den letzten Tagen des Juli 1932 schickte er Polizeitruppen, um das *Hooverville* am Anacostia-Ufer zu räumen. Als im Zuge dieser Aktion bei Auseinandersetzungen zwei Veteranen von Polizisten erschossen wurden, nahm Hoover dies zum Anlass, die US-Armee gegen die Veteranen vorgehen zu lassen. Mit sechs Kampfpanzern, Kavallerie, Tränengas und aufgesteckten Bajonetten trieben Truppen unter dem Befehl von General Douglas MacArthur die Lumpenarmee auseinander und setzten die Elendssiedlung der fliehenden Veteranen in Brand. Zahlreiche Menschen wurden verletzt, die Frau eines Veteranen erlitt eine Fehlgeburt, ein krankes Kind starb, nachdem es Tränengas eingeatmet hatte.

Hoovers Militäraktion gegen die Bonus-Armee wäre vielleicht eine Randnotiz der Geschichte der Großen Depression geblieben, hätte sie nicht vor den Augen einer breiten und höchst kritischen

Öffentlichkeit stattgefunden und wäre sie nicht von der Presse aufgegriffen worden. Denn Millionen von Amerikanern erkannten sich selbst in den Veteranen wieder. Eine ganze Generation, die für Amerika gekämpft und die Amerika aufgebaut hatte, war in einer ähnlichen Lage – und fühlte sich vom Präsidenten im Stich gelassen und betrogen. Hoover hätte die Präsidentschaftswahlen, die im November 1932 anstanden, vermutlich so oder so verloren. Doch sein herzloses Vorgehen gegen Menschen, denen Amerika so viel zu verdanken hatte, wurde zum letzten Sargnagel seiner politischen Karriere.

Hoovers Herausforderer Franklin D. Roosevelt brachte die Stimmung seiner Landsleute auf den Punkt, als er seinen Rivalen, der in der Presse einst als «effizienter Administrator» und «großer Ingenieur»[14] betitelt worden war, angriff und ihm die Eignung für das höchste Staatsamt absprach: «Das Präsidentenamt ist kein bloßes Verwaltungsamt. Administrationsaufgaben sind der kleinste Teil. Es ist mehr als ein Ingenieursjob, gleichgültig ob er effizient oder ineffizient erfüllt wird. Das Präsidentenamt ist an allererster Stelle eine Position moralischer Führerschaft.»[15] In moralischer Hinsicht – da war sich Roosevelt mit einem Großteil der Amerikaner einig – hatte Hoover versagt.

5. Der New Deal

Ein Ingenieur wie Herbert Hoover orientierte sich an einem Plan, einem System fester Überzeugungen in Bezug auf Strukturen und Wirkmechanismen des zugrunde liegenden Problems, wenn er daran ging, eine zum Stillstand gekommene Maschine zu reparieren und wieder in Gang zu setzen. Dreieinhalb Jahre lang war Hoover seinem Plan für die amerikanische Wirtschaft gefolgt, hatte mit äußerster Vorsicht und Zurückhaltung an einigen wenigen Stellschrauben gedreht, um sie neu zu justieren, doch die Maschine war nicht wieder angelaufen. Erst gegen Ende seiner Präsidentschaft dämmerte Hoover, dass Teile seines Planes nicht mit der Wirklichkeit übereinstimmen konnten.

Franklin D. Roosevelt besaß keinen festen, in sich geschlossenen Plan, als er daran ging, die amerikanische Wirtschaft zu reparieren. Dass die Erklärungen und Handlungsanweisungen der klassischen Nationalökonomie, denen Hoover gefolgt war, nicht funktionierten, stand ihm klar vor Augen. Doch einen alternativen Plan im Sinne einer neuen volkswirtschaftlichen Theorie gab es zur damaligen Zeit noch nicht. Statt eines festen Plans besaß Roosevelt lediglich eine feste Absicht. Einmal an den Hebeln der Macht angekommen, würde er sich nicht mit dem vorsichtigen Feinjustieren einiger Stellschrauben zufriedengeben. Er würde diese Hebel – die gesamte Machtfülle der amerikanischen Bundesregierung – in Bewegung setzen und gegen die Krise zum Einsatz bringen. Vor allem würde er – anders als Hoover – die Wirtschaft des Landes von «unten nach oben»[16] neu aufbauen. Wo Hoover Geld für Banken, Eisenbahngesellschaften und Versicherungen ausgegeben hatte, plante Roosevelt Programme, die den Menschen direkt zugute kommen sollten. Er würde in einem (zu Friedenszeiten) nie dagewesenen Ausmaß in die Wirtschaft eingreifen, dem vergessenen Mann am Fuße der Wirtschaftspyramide Hilfe bereitstellen und Hoffnung geben. Er würde energisch und mit einer Fülle von Einzelmaßnahmen voranschreiten, wo Hoover gezögert hatte. So erklärte er bereits in einer Rede an der Oglethorpe University am 22. Mai 1932:

> Das Land braucht und – wenn ich die Stimmung nicht gänzlich falsch einschätze – fordert entschlossenes und ausdauerndes Experimentieren. Es entspricht dem gesunden Menschenverstand, eine Methode auszuwählen und auszuprobieren. Scheitert sie, dann sage es frei heraus und probiere eine andere. Aber vor allem: versuche irgendetwas. Die Millionen, die Not leiden, werden nicht auf ewig ruhig sein, während die Dinge, die sie brauchen, um ihrer Not Abhilfe zu schaffen, in unmittelbarer Reichweite sind. Wir benötigen Enthusiasmus, Vorstellungskraft und die Fähigkeit, den Tatsachen mutig ins Auge zu blicken – auch den unangenehmen Tatsachen. Wir müssen die Fehler in unserem Wirtschaftssystem, unter denen wir leiden, korrigieren – wenn nötig mit drastischen Mitteln.[17]

Auch wenn Roosevelt kein fertiges Rezept zur Überwindung der Krise besaß, so handelte er nicht ohne wissenschaftlichen Sachverstand. Noch während des Wahlkampfs hatte er eine illustre Runde führender wirtschaftlicher Denker – den sogenannten *Brain Trust* – um sich versammelt, auf deren Rat er zählen konnte. Dass diese klugen Köpfe sich häufig untereinander ganz und gar nicht einig waren und widersprüchliche Empfehlungen aussprachen, störte ihn nicht im Geringsten, gab es ihm doch die Möglichkeit, frei zwischen den verschiedenen Optionen entscheiden zu können. Allzu viele Fehlgriffe – das wusste Roosevelt – konnte er sich nicht leisten. Als er sein Amt antrat, hatte die Krise Ausmaße angenommen, die den gesellschaftlichen Zusammenhalt und die institutionelle Ordnung der Vereinigten Staaten in Frage stellten. Die Wirtschaftsleistung (BIP) der Vereinigten Staaten betrug nur noch 56 Prozent des Vorkrisenniveaus. Die Arbeitslosenquote war auf 23,6 Prozent angewachsen und viele Millionen derer, die Arbeit hatten, mussten Teilzeit arbeiten und sich mit deutlich gekürzten Gehältern zufriedengeben. Der *Dow Jones Industrial Average Index*, der die Börsenkurse der größten amerikanischen Industrieunternehmen widerspiegelt, war seit 1929 um nahezu

90 Prozent gefallen. Nach einer nicht verbürgten, aber häufig zitierten Anekdote soll ein Gast Roosevelt am Vorabend seiner Amtseinführung mit Vorschusslorbeeren bedacht haben: «Wenn Sie Erfolg haben», so der Gast, «werden Sie der größte Präsident in der Geschichte der USA sein.» Roosevelts lapidare Antwort lässt tief blicken: «Und wenn ich scheitere, der letzte.»[18]

Wer war dieser Mann, der Hoover bei den Wahlen am 8. November 1932 mit einem Erdrutschsieg aus dem Amt fegte, als einziger Präsident in der Geschichte der Vereinigten Staaten dreimal wiedergewählt wurde und das gesellschaftliche und wirtschaftspolitische Gefüge der Vereinigten Staaten noch Jahrzehnte über seinen Tod hinaus prägte? Franklin Delano Roosevelt wurde am 30. Januar 1882 in eine Familie alten Ostküsten-Geldadels geboren. Er besuchte die besten Schulen und Universitäten des Landes (Groton School und Harvard College) – wenn auch mit recht mittelmäßigen Ergebnissen. Gegen den heftigen Widerstand seiner Mutter heiratete er seine Cousine fünften Grades Eleanor Roosevelt, mit der er in ein prächtiges Haus in Hyde Park, New York zog. Zu der Entscheidung, eine politische Karriere einzuschlagen, mag er angesichts der Präsidentschaft seines nahen Verwandten Theodore Roosevelt gekommen sein, den der junge Franklin verehrte und dessen erste Karriereschritte er imitierte. 1910 gewann er – dank des Geldes und des Prestiges seiner Familie – einen Sitz im Senat des Staates New York (Theodore Roosevelt hatte seine politische Karriere im Abgeordnetenhaus von New York begonnen). Während des Ersten Weltkrieges hielt er einen Posten als *Assistant Secretary of the Navy* (Theodore Roosevelt hatte diese Position 1897–1898 innegehabt), kandidierte 1920 an der Seite von James M. Cox vergeblich als Vizepräsident der Vereinigten Staaten und gewann 1929 die Gouverneurswahlen im Staat New York.

Es hätte eine unbeschwerte Existenz auf der Sonnenseite des Lebens sein können, wäre Roosevelt nicht im August 1921 an Polio erkrankt. Durch die Infektion blieb er von der Hüfte abwärts gelähmt. Trotz zahlreicher Aufenthalte in Sanatorien und seinem lebenslangen Kampf, die Kontrolle über seinen Körper zurückzuerlangen, war er bis an sein Lebensende an den Rollstuhl gefesselt und konnte nur mit Hilfe schwerer Metallschienen an seinen Beinen stehen und maximal einige Schritte laufen. Roosevelt verstand es, seine Behinderung bei öffentlichen Auftritten geschickt zu verbergen, so dass sie nie ins Bewusstsein der amerikanischen Öffentlichkeit drang. Seine Wahlkampfteams waren beständig damit beschäftigt, Rampen zu bauen, über die er die Rednertribüne erreichen konnte, und die Presse respektierte seinen Wunsch, niemals im Rollstuhl oder an Krücken fotografiert zu werden. Aber möglicherweise sensibilisierte ihn die Krankheit, die ihn so plötzlich aus der Bahn warf und nachhaltig schwächte, für die Not derjenigen, die von der Depression ihrer Stärke beraubt und aus der Bahn geworfen wurden. Roosevelt gehörte dem Großbürgertum an und kannte wirtschaftliche Not nur vom Hörensagen. Umso mehr erstaunt sein entschlossener Einsatz für die in Not geratenen «kleinen Leute», zu deren Anwalt er sich aufschwang.

Im Rahmen einer Rede, die Roosevelt anlässlich seiner Nominierung als Präsidentschaftskandidat der Demokratischen Partei am 2. Juli 1932 in Chicago hielt, benutzte er erstmals den Begriff des «New Deal» – wörtlich: eine Neuverteilung der Karten:

> Ich verpflichte Euch, ich verpflichte mich auf einen New Deal für das amerikanische Volk. Lasst uns, die wir hier versammelt sind, Propheten einer neuen Ordnung der Tüchtigkeit und des Wagemuts sein. Dies ist mehr als eine politische Kampagne. Es ist ein Ruf zu den Waffen. Helft mir, und helft mir nicht nur Stimmen zu gewinnen, sondern einen Kreuzzug zu einem siegreichen Ende zu führen, um Amerika seinem eigenen Volk zurückzugeben.[19]

Der Begriff des New Deal erwies sich als populär und Roosevelt beschloss, ihn beizubehalten. Schon bald bildete er den Rahmen für Roosevelts gesamtes wirtschaftspolitisches Programm und gab einer ganzen Epoche ihren Namen.

Zwischen Roosevelts Wahlerfolg im November 1932 und seinem Amtsantritt am 4. März 1933 lagen vier lange Monate, während denen sich der neue Präsident weigerte, in irgendeiner Weise mit der Hoover-Regierung zusammenzuarbeiten oder sich politisch durch seinen Vorgänger festlegen zu lassen. Während dieser Zeit war das Land politisch gelähmt. So war es sicherlich auch teilweise Roosevelts Schuld, dass die schon seit Jahren schwelende Bankenkrise im Februar 1933 deutlich an Schärfe gewann und im Augenblick seiner Amtseinführung kurz davor stand, sich zu einem alles vernichtenden Flächenbrand auszuweiten. Im Laufe des Februars hatten Bankpleiten dramatisch zugenommen und immer mehr Bundesstaaten waren dazu übergegangen, sogenannte «Bankfeiertage» zu erklären und die Bankschalter per Gesetz für einige Tage oder Wochen zwangsweise zu schließen. Am Tag vor Roosevelts Amtseinführung spitzte sich die Situation schließlich zu einer Bankenpanik zu.

Was versteht man unter einer Bankenpanik und warum ist eine solche Panik so gefährlich? Banken sammeln das Geld der Sparer ein und versprechen ihnen dafür Zinszahlungen sowie das Recht, das eingezahlte Geld wieder zurückzuverlangen. Um Zinsen zahlen zu können, muss die Bank das Geld der Sparer jedoch wirtschaftlich sinnvoll einsetzen. Geld, das nur in Tresorräumen herumliegt, ist ein Verlustgeschäft für alle Beteiligten. Also vergibt die Bank das Geld der Sparer als Kredit an Unternehmen, Konsumenten oder angehende Hausbesitzer.

In diesen Krediten ist das Geld jedoch in der Regel langfristig gebunden. Ein Darlehensvertrag zum Bau eines Hauses läuft oft über mehrere Jahrzehnte. Auch ein Kredit, den ein Unternehmer für eine Investition erhält, kann kaum kurzfristig zurückgefordert werden. Hieraus ergibt sich für die Bank ein Dilemma. Die wenigsten Sparer sind bereit, ihr Geld für Jahrzehnte fest bei der Bank anzulegen. Ein Großteil des eingesammelten Geldes kann von den Sparern sehr kurzfristig zurückgefordert werden. Doch wie kann die Bank dieses Geld kurzfristig zurückzahlen, wenn sie es selbst als langfristigen Kredit verliehen hat? Banken verlassen sich darauf, dass eine Situation, in der viele Sparer ihr Geld gleichzeitig zurückfordern, sehr unwahrscheinlich ist. Sie halten gewisse Reserven vor, um einzelne Sparer auszahlen zu können, doch alle Sparer gleichzeitig auszuzahlen, ist nicht möglich.

Was aber geschieht, wenn eine Bank unsolide gewirtschaftet oder sich verspekuliert hat – und sich dies herumspricht? Was geschieht, wenn die Sparer den Eindruck haben, dass viele von der Bank vergebene Kredite nicht zurückgezahlt werden können und abgeschrieben werden müssen? Da es in den 1930er Jahren noch keine gesetzliche Einlagenversicherung gab, mussten die Kunden dieser Bank davon ausgehen, im Falle einer Bankpleite ihr Erspartes zu verlieren.

Um dem zuvorzukommen, stürmten die Sparer in Massen die Bankschalter und verlangten ihr Geld zurück. Entsteht eine solche Situation, dann ist es vollkommen unerheblich, ob die Bank tatsächlich in wirtschaftlichen Problemen steckt oder ob es sich nur um ein Gerücht handelt und die Bank solide und gesund ist. Der Ansturm der Sparer wird selbst eine solide Bank innerhalb von kurzer Zeit um ihre Reserven bringen und sie dazu zwingen, ihre Zahlungsunfähigkeit zu erklären. Die einzige Hoffnung, eine Pleite abzuwehren, besteht in diesem Fall darin, dass die Bank von anderen Banken oder der Zentralbank einen kurzfristigen Kredit erhält, alle nervösen Sparer ausbezahlen kann, bis sich die Panik löst und die ersten Sparer ihr Geld wieder zurück zu den Bankschaltern tragen. Die Anfang 1933 in vielen amerikanischen Bundesstaaten erklärten Bankfeiertage dienten dazu, den Banken Luft zu verschaffen und das Aushandeln solcher Kredite zu ermöglichen.

Doch was geschieht, wenn die Sparer nicht nur einer einzelnen Bank, sondern dem gesamten Bankensystem misstrauen? Genau dies war Ende Februar 1933 der Fall. Bei einem Sturm der Sparer auf die Schalter vieler verschiedener Banken gleichzeitig sind rettende Kredite schwer zu beschaffen und auch Bankfeiertage helfen nur bedingt. Eine Kernschmelze des gesamten Bankensektors droht. Da Banken aber einen Großteil des Zahlungsverkehrs einer modernen Volkswirtschaft abwickeln, gleicht ein Massensterben der Banken einer Vollbremsung der Volkswirtschaft. Die Folgen wären verheerend.

Angesichts der sich abzeichnenden Bankenpanik handelte Roosevelt schnell und entschlossen. Bereits zwei Tage nach seinem Amtsantritt schloss er landesweit alle Banken, wobei er sich eines obskuren Gesetzes aus den Zeiten des Ersten Weltkriegs – des *Trading with the Enemy Act* – bediente, und ließ ihre Bücher von staatlichen Experten prüfen. Nur solche Banken, deren wirtschaftliches Fundament solide war, durften am 13. März wieder öffnen. Andere wurden restrukturiert, durch Aktienkäufe der noch von Hoover gegründeten *Reconstruction Finance Corporation* (die nun deutlich erweiterte Kompetenzen erhielt) oder Kredite der *Federal Reserve* rekapitalisiert und durften ihr Geschäft nur unter Auflagen wieder aufnehmen. Ca. 1000 Banken blieben dauerhaft geschlossen und wurden liquidiert.

In seiner Antrittsrede hatte Roosevelt erklärt, dass alles, was Amerika zu fürchten habe, die Furcht selbst sei, und ein machtvolles und rücksichtsloses Vorgehen angekündigt:

> Ich werde vom Kongress das letzte verbliebene Instrument einfordern, um der Krise entgegenzutreten – breite exekutive Machtbefugnisse, um Krieg gegen die Notlage zu führen. So große Machtbefugnisse, wie man sie mir geben würde, wenn wir tatsächlich von einem äußeren Feind angegriffen würden.[20]

Roosevelts Umgang mit den Banken machte deutlich, was er damit meinte. Die Verfassungsmäßigkeit von Roosevelts Vorgehen in der Bankenkrise ist häufig angezweifelt worden. Der Erfolg seines Vorgehens ist dagegen unumstritten. Als die landesweiten Bankfeiertage ein Ende fanden und die Schalter der Kreditinstitute wieder öffneten, war von Panik nichts mehr zu spüren. Mit seinem entschlossenen Eingreifen hatte Roosevelt die Angst besiegt, das Vertrauen der Sparer gewonnen und die Banken gerettet.

Die Überwindung der Bankenkrise bildete den Auftakt zu Roosevelts Programm der «ersten 100 Tage», einer Phase beispielloser gesetzgeberischer Aktivität, während der er Schlüsselelemente des New Deals im Rekordtempo durch den demokratisch dominierten Kongress peitschte. Die Abgeordneten des Kongresses hatte Roosevelt bereits am 9. März zu einer außerordentlichen Sitzungsperiode nach Washington bestellt und von ihnen noch am

Tag ihres Zusammentretens die Zustimmung zu einem von seinen Beratern ausgearbeiteten Gesetz zur Bankenrettung erhalten, das die Befugnisse des Präsidenten deutlich über den *Trading with the Enemy Act* hinaus ausweitete. Doch Roosevelt war mit den Banken noch keineswegs fertig. Auch wenn er die unmittelbar bevorstehende Pleitewelle abgewendet hatte, so existierten doch nach wie vor Missstände an den Finanzmärkten, die langfristig erneut Krisen auszulösen vermochten. So wurde eine tiefgreifende Reform der Banken und Börsen zu einem seiner Schwerpunkte während der ersten 100 Tage – und weit darüber hinaus.

Der am 27. Mai verabschiedete *Securities Act* zwang Gesellschaften bei Börsengängen zur Veröffentlichung relevanter Informationen (wie Jahresgewinn, Verschuldungsgrad, offene Rechtsstreitigkeiten etc.), um potentiellen Aktionären ein objektives Bild der wirtschaftlichen Lage des betreffenden Unternehmens zu geben. Zudem unterstellte er die Erstausgabe von Aktien der Aufsicht der *Federal Trade Commission* und verstärkte die Haftungspflicht der Unternehmensführer. 1934 wurde das Gesetz ausgeweitet, so dass Unternehmen auch nach einem Börsengang zur Veröffentlichung von Informationen verpflichtet blieben. Darüber hinaus wurde eine eigenständige Börsenaufsicht – die *Securities and Exchange Commission (SEC)* – ins Leben gerufen. Praktiken wie der in Kapitel 3 beschriebene Insiderhandel oder die bis 1929 üblichen Zusammenschlüsse zu Investment Trusts wurden nun illegal und die Geschäfte an der Wall Street ein Stück weit transparenter. Die schlimmsten Missstände an den Börsen ließen sich mit diesen Gesetzen eindämmen, doch ein Großteil der Menschen sorgte sich weniger um die strukturellen Mängel des Finanzsystems als um die eigenen Ersparnisse. Wie konnten diese langfristig gesichert werden?

Der *Glass-Steagall Act* (der auf Senator Carter Glass und den Abgeordneten des Repräsentantenhauses Henry Steagall zurückgeht und zu dem Roosevelt nur relativ wenig beitrug) passierte den Kongress am 16. Juni 1933 und zwang Banken zu einer strikten Trennung zwischen dem Einlagengeschäft (der Annahme von Spareinlagen und der Ausgabe von Krediten) einerseits und dem

Investment-Banking (dem Spekulieren mit Wertpapieren durch Banken) andererseits. Er stellte somit sicher, dass eine Bank die Spareinlagen ihrer Kunden nicht durch Spekulationsgeschäfte verlieren konnte. Gegen den Willen Roosevelts, der eine Kostenlawine fürchtete, verankerte der Kongress in diesem Gesetz auch eine staatliche Einlagensicherung für Bankguthaben. Sollten alle Stricke reißen und Banken trotz aller Vorsichtsmaßnahmen insolvent werden, garantierte nun der Staat die Ersparnisse der Bankkunden bis zu einer Gesamtsumme von 10 000 Dollar pro Person. Während die Börsengesetzgebung Anlegern neues Vertrauen gab und Investitionen ermöglichte, sorgte die Einlagensicherung bei Millionen von Kleinsparern für Zuversicht und die Bereitschaft, Geld im Bankensystem zu belassen, statt es unter dem Kopfkissen zu horten.

Das Arbeitslosenproblem ging Roosevelt mit einer verwirrenden Vielzahl von Programmen und neu geschaffenen Bundesbehörden an, die zu einem Großteil staatlicher Arbeitsbeschaffung dienten, aber zum Teil auch direkte Beihilfe an Arbeitslose bereitstellten. Im *Civilian Conservation Corps* (CCC), für das die Bundesregierung eine halbe Milliarde Dollar an Mitteln zur Verfügung stellte, fanden junge, unverheiratete Arbeitslose zwischen 18 und 35 Jahren Beschäftigung beim Straßen- und Brückenbau, dem Ausbau der Infrastruktur von Nationalparks sowie bei Aufforstungs- und Landschaftsschutzprojekten. Die Mitglieder des CCC arbeiteten in vom Verteidigungsministerium geführten Camps, die sich allesamt in ländlichen Regionen befanden. Durch das Programm sollten sie nicht nur mit einem Einkommen versorgt werden, um ihre Familien unterstützen zu können. Durch militärische Disziplin und körperliche Arbeit an der frischen Luft fernab des korrumpierenden Einflusses der großen Städte sollte eine entwurzelte Generation die Gelegenheit erhalten, Ordnung in ihr Leben zu bringen, einen geregelten Tagesablauf zu erleben und zurück in die Gesellschaft zu finden.

Doch auch für diejenigen, die beim CCC keine Arbeit fanden, stellte die Bundesregierung nun Unterstützung bereit. Im Mai verabschiedete der Kongress den *Federal Emergency Relief Act* und schuf eine neue Bundesbehörde – die *Federal Emergency Relief Administration* (FERA). Auch die FERA verließ sich auf die administrativen Strukturen der Bundesstaaten, um Arbeitslosenhilfe auszubezahlen. Doch die dafür zur Verfügung gestellten Gelder – 500 Millionen Dollar – wurden nun als Beihilfe gewährt und mussten, anders als unter Hoover, nicht mehr zurückgezahlt werden. Je mehr ein Staat an eigenen Mitteln für die Arbeitslosenunterstützung aufwandte, umso mehr Geld erhielt er zusätzlich von der FERA. Zahlreiche der von der Depression Entwurzelten erreichte nun erstmals wirksame Hilfe.

Da die von der FERA ausgezahlten 500 Millionen Dollar aber keineswegs ausreichten, um allen Arbeitslosen Hilfe zu bringen, regten Roosevelts Mitarbeiter die Schaffung der *Public Works Administration* (PWA) sowie der *Civil Works Administration* (CWA) an. Mit der PWA griff die Roosevelt-Administration Herbert Hoovers Idee kontrazyklischer öffentlicher Bautätigkeit auf, wobei die Regierung nun erstmals auch die entsprechenden Gelder zur Verfügung stellte. 3,3 Milliarden Dollar – mehr als fünf Prozent des damaligen Bruttoinlandsprodukts der Vereinigten Staaten – bewilligte der Kongress, um Bau- und Infrastrukturprojekte zu finanzieren. Die PWA schloss Verträge mit privaten Bauunternehmungen, die die Arbeiten ausführten und dafür Menschen einstellten. Brücken, Hafenanlagen, Rollfelder, Dämme, Schulen, Krankenhäuser und öffentliche Gebäude – die Ergebnisse der PWA sind noch heute in vielen amerikanischen Städten sichtbar.

Doch dem Bau eines Großprojekts geht zwangsläufig langwierige Planungsarbeit voraus und im Sommer und Herbst 1933 lagen nicht genug fertig geplante Projekte vor, um große Menschenmengen unmittelbar beschäftigen zu können. In diese Lücke stieß die eher kurzfristig ausgerichtete CWA. Während des harten Winters 1933/34 gab sie ca. vier Millionen Menschen Arbeit – meist in Kleinprojekten, die wenig Planung erforderten, wie dem Bau von Spielplätzen, der Instandsetzung von Gebäuden, Brücken und Straßen oder der Pflege von Parks und öffentlichen Anlagen. Bereits im Frühjahr 1934 wurde die CWA einge-

Mit militärischer Disziplin machen sich Mitglieder des Civilian Conservation Corps an die Arbeit.

stellt – Roosevelt fürchtete, die Kosten würden aus dem Ruder laufen – und ein erheblicher Teil der vier Millionen CWA-Angestellten wurde erneut arbeitslos.

Da die Krise jedoch weiter anhielt, sah sich die Roosevelt-Administration 1935 erneut gezwungen, ein Programm öffentlicher Arbeitsbeschaffung und Arbeitslosenhilfe aufzulegen. Die *Works Progress Administration* (WPA) unter der Leitung von Roosevelts Berater Harry Hopkins orientierte sich an der CWA und ersetzte zudem die als zu bürokratisch empfundene FERA. Abermals erhielten Millionen von Amerikanern eine direkte Anstellung durch die Bundesregierung sowie erstmals eine direkte bundesstaatliche Arbeitslosenunterstützung, die nicht durch die Behörden auf Staats- und Kommunalebene, sondern von einer Bundesbehörde ausgezahlt wurde. Auch wenn die WPA mit Kommunal- und Bundesstaatsregierungen zusammenarbeitete, so schuf die neue

Organisation im Gegensatz zu ihren Vorgängern eigene administrative Strukturen und setzte sich über die bisher übliche föderale Aufgabenteilung hinweg. Auch wurde diesmal nicht nur Bautätigkeit gefördert, denn die WPA war deutlich breiter angelegt, als ihre Vorgängerorganisationen. Künstler, Schriftsteller und Theaterschauspieler erhielten Anstellung in einzelnen Unterprogrammen der WPA. So erstellten beispielsweise arbeitslose Autoren im Rahmen des *Federal Writers' Project* regionalgeschichtliche Abhandlungen, schrieben Kinderbücher, führten Zeitzeugeninterviews oder sammelten Volkslieder und Volksmärchen. Eine Sammlung von 48 Reiseführern zu einzelnen amerikanischen Bundesstaaten zählt zu den herausragendsten und bekanntesten Leistungen der *Federal Writers*.

Die Arbeitsbeschaffungsprogramme des New Deal sahen sich durchaus öffentlicher Kritik ausgesetzt. Viele hielten sie für eine Verschwendung von Steuergeldern, die, so die Kritiker, in Projekten mit bestenfalls marginalem Nutzen versickerten. Auch die Ausweitung der Kompetenzen der Bundesregierung sowie die durch die Mittelvergabe entstandenen Patronagemöglichkeiten der neuen Bundesbehörden wurden kritisiert. Ganz von der Hand weisen lässt sich diese Kritik nicht. Selbstverständlich waren Angestellte der betreffenden Bundesbehörden versucht, den Geldsegen, den sie zu verteilen hatten, in politischen Einfluss umzumünzen. Selbstverständlich waren viele der Publikationen des *Federal Writers' Projects* politisch aufgeladen und ergriffen Partei für den New Deal und gegen die republikanische Opposition. Und selbstverständlich gab es zahlreiche Projekte mit zweifelhaftem Nutzen. Dies lag teilweise in der Natur der Sache. Hätte die Bundesregierung nur die Maßnahmen gefördert, die ohnehin unverzichtbar waren, wären keine neuen Arbeitsplätze entstanden. Um Menschen in Arbeit zu bringen, mussten zusätzliche (und weniger unverzichtbare) Projekte initiiert werden, denn keinesfalls wollte man der Privatwirtschaft Konkurrenz machen oder reguläre Arbeitsplätze durch staatlich geschaffene verdrängen.

Trotzdem gehören die Arbeitsbeschaffungsprogramme und die Arbeitslosenhilfe der Roosevelt-Administration zu den erfolgreicheren Experimenten des New Deal. Auch wenn sie die Massenarbeitslosigkeit nicht beendeten, so linderten sie doch ihre schlimmsten Auswirkungen und gaben Millionen von Menschen Brot, Würde und Hoffnung.

Andere Teile des New Deal waren weit stärker umstritten und weit weniger erfolgreich. Aufeinander abgestimmt waren die Programme meist nicht, gelegentlich arbeiteten sie gegeneinander und hoben sich in ihrer Wirkung gegenseitig auf. So wirkt es paradox, dass Roosevelt im gleichen Moment, in dem er durch Arbeitsbeschaffung und Arbeitslosenhilfe Kaufkraft schuf, sie an anderer Stelle durch Sparmaßnahmen wieder vernichtete. Nicht nur Hoover, sondern auch Roosevelt hatte panische Angst vor unausgeglichenen Haushalten und einer aus dem Ruder laufenden Staatsverschuldung – denn eine wissenschaftliche Theorie der antizyklischen Fiskalpolitik (siehe Kapitel 12) lag bei seinem Amtsantritt noch nicht vor. So entschloss sich der Präsident angesichts der hohen Kosten der Arbeitsbeschaffungsprogramme, das Geld an anderer Stelle wieder einzusparen. Der am 20. März 1933 verabschiedete *Economy Act* erzwang Kürzungen bei den Gehältern öffentlicher Angestellter und bei Veteranenpensionen und führte zu Einsparungen von 243 Millionen Dollar. Aus heutiger Sicht könnte man sagen, dass Roosevelt einerseits mit seinen Arbeitsbeschaffungsprogrammen das Gaspedal des amerikanischen Konjunkturmotors durchtrat, während er andererseits mit seinen Sparmaßnahmen gleichzeitig auf die Bremse stieg.

Zu seiner Zeit hoch umstritten (Roosevelts Haushaltsdirektor Lewis Douglas sah darin «das Ende der westlichen Zivilisation»[21]), doch im Rückblick überaus erfolgreich war Roosevelts Neuorientierung der Geldpolitik. Im vorangehenden Kapitel ist auf die Bedeutung einer schrumpfenden Geldmenge hingewiesen worden – und darauf, dass die *Federal Reserve* durch gesetzliche Regelungen und die Mechanismen des Goldstandards daran gehindert war, der Kontraktion der Geldmenge entgegenzuwirken. Schließlich war das Gold in ihren Tresorräumen begrenzt und bei einer gesetzlich festgelegten Golddeckung des Dollars von mindestens 40 Prozent war es nicht möglich, neue Dollars in Umlauf zu bringen, ohne diese Deckungsgrenze zu unterschreiten. Während Hoover fest an den Goldstandard – und ein fixes Tauschverhältnis zwischen Gold und Dollar – glaubte, war Roosevelt bereit, neue, unorthodoxe Wege zu gehen, um den Geldkreislauf in Gang zu bringen. Im April 1933 verbot Roosevelt durch ein präsidentielles Dekret den privaten Besitz von Gold (mit Ausnahme kleiner Mengen, z. B. als Schmuckgold) und zwang die Besitzer von Goldbeständen, diese bei der FED gegen Dollar zu tauschen. Diese Maßnahme stellte einen erheblichen Eingriff in das Eigentumsrecht amerikanischer Bürger dar, doch sie wirkte wie ein gigantisches Offenmarktgeschäft (siehe Kapitel 3). Die FED konnte ihre Goldreserven deutlich ausbauen und im Gegenzug Geld drucken, um die Besitzer der Goldbestände auszubezahlen, ohne die gesetzliche Deckungsgrenze zu übertreten. Damit kam neues Geld in Umlauf. Und während Gold bis zu diesem Zeitpunkt als Reserve für noch schlechtere Zeiten in privaten Tresoren gehortet worden und das entsprechende Kapital dem Wirtschaftskreislauf entzogen geblieben war, wurden die neu ausbezahlten Dollars meist nicht gehortet, sondern auf Bankkonten eingezahlt. Das Kapital stand der Wirtschaft damit in Form von Bankkrediten zur Verfügung.

Nur wenige Wochen nach dem Verbot von privatem Goldbesitz legte Roosevelt zudem den Goldpreis in Dollar neu fest. Hatte bisher ein Tauschverhältnis von 20,67 Dollar pro Feinunze Gold gegolten, so zahlte die FED im Mai 1933 nun 30 Dollar pro Feinunze, ab Januar 1934 sogar 35 Dollar pro Feinunze Gold. Warum war der Goldpreis von solcher Bedeutung? Im System des internationalen Goldstandards kam eine Erhöhung des Goldpreises in einer bestimmten Währung einer Abwertung dieser Währung gleich. Der Dollar wurde nicht nur gegenüber Gold billiger, sondern auch gegenüber allen anderen goldgebundenen Währungen. Amerikanische Exporte verbilligten sich daher im Ausland (siehe Kapitel 2). Vor allem wurde es nun auch für ausländische Besitzer von Gold attraktiv, ihre Bestände an die FED zu verkaufen. Sie bekamen deutlich mehr Dollars dafür als noch wenige Monate zuvor, doch die Warenmenge, die mit einer bestimmten

Menge Dollars gekauft werden konnte, blieb unverändert hoch. So floss schon bald Gold aus Übersee in die Vereinigten Staaten. Die FED gab für dieses Gold neue Geldscheine aus und brachte damit den Wirtschaftskreislauf in den USA in Schwung. Folgt man der Argumentation von Milton Friedman und Anna Schwartz, so war die Manipulation der Goldreserven und die Ausweitung der Geldmenge durch die Roosevelt-Administration der entscheidende Schritt, um die Krise einzudämmen.

Die Episode um die Neufestsetzung des Goldpreises wirft aber auch ein Schlaglicht auf die Schattenseiten des New Deal – besonders in Bezug auf seine Rückwirkungen auf die Weltwirtschaft. Denn er war in erster Linie ein nationales Programm zur wirtschaftlichen Wiederbelebung der Vereinigten Staaten – wenn nötig auch auf Kosten anderer Länder oder internationaler Wirtschaftsbeziehungen. Der Zufluss von Gold aus Europa und seinen Kolonien in die USA mochte in Amerika zur einer wirtschaftlichen Belebung führen. Doch er ließ die Goldreserven der europäischen Staaten schwinden und verschlimmerte damit deren Probleme. Während die USA mit dem neuen Gold aus Europa billige Kredite vergaben und neue Geldscheine druckten, musste beispielsweise Frankreich (und in einem geringeren Maß auch Großbritannien) seine umlaufende Geldmenge reduzieren, um den kleiner werdenden Goldbeständen Rechnung zu tragen, und seine Leitzinsen erhöhen, um einen weiteren Abfluss von Gold zu verhindern. Amerika sanierte sich ein Stück weit auf Kosten seiner europäischen Partner.

Im Rahmen einer (bereits unter Hoover verabredeten) internationalen Wirtschaftskonferenz in London im Juni 1933 versuchten daher vor allem Frankreich und Großbritannien, das internationale Währungssystem zu stabilisieren und zu verlässlichen und ausgeglichenen Wechselkursen zurückzufinden. Doch Roosevelt gab seinem nationalen Wirtschaftsprogramm absoluten Vorrang. Er torpedierte die Konferenz, als er in seiner sogenannten *bombshell message* die von den dort anwesenden Währungsexperten ausgearbeiteten Pläne für ein internationales Wechselkurssystem zurückwies. Mit der Londoner Konferenz starb der letzte Versuch, der globalen Krise durch einen international koordinierten Lösungsansatz zu begegnen. Die Fäden, die die Weltwirtschaft in politischer und ökonomischer Hinsicht zusammenhielten, waren durch die Krise schon an vielen Stellen aufgerieben worden und in Auflösung begriffen. Im Juni 1933 zerrissen sie endgültig. Von nun an rangen alle Beteiligten um rein nationale Lösungen für ein Problem, das die Sphäre des Nationalen transzendierte.

Nationale Lösungen strebte Roosevelt auch hinsichtlich der Krise der amerikanischen Landwirtschaft und Industrie an. Die Probleme, unter denen Amerikas Farmen und Fabriken litten, brachte die Roosevelt-Administration auf einen gemeinsamen Nenner: Überproduktion und Unterkonsumtion, ein Missverhältnis zwischen Angebot und Nachfrage, das einen Verfall der Preise nach sich zog. War eine Ausweitung der Nachfrage nicht möglich, so hielten die Berater des Präsidenten eine Einschränkung des Angebots für angezeigt – und dies konnte nur in Abschottung vom Weltmarkt gelingen. Produktions- und Anbaubeschränkungen konnten nur dann zu einer Stabilisierung der Preise führen, wenn der Zustrom ausländischer Waren auf den amerikanischen Markt unterbunden blieb. Roosevelt hatte während des Wahlkampfes gegen das Smoot-Hawley-Zollgesetz und die Handelspolitik der Hoover-Regierung polemisiert. Grundsätzlich glaubte er an Freihandel und den Abbau von Zollbarrieren. Doch getreu seines Mottos, den ersten Schritt vor dem zweiten zu tun, favorisierte er zunächst eine Wiederbelebung der amerikanischen Wirtschaft in Abschottung vom Weltmarkt und behielt die hohen Schutzzölle der Hoover-Jahre bei. Erst wenn der nationale Notstand überwunden war, so glaubte er, könne man sich an die Wiederbelebung der internationalen Wirtschaftsbeziehungen machen. Auch in diesem Fall nahm er negative Auswirkungen seiner Politik auf den Rest der Welt bewusst in Kauf.

Den dringendsten Handlungsbedarf sahen die Architekten des New Deal im Bereich der amerikanischen Landwirtschaft, denn der Verfall der Agrarpreise infolge der Depression sowie das Wetterphänomen der sogenannten *Dust Bowl* hatten den Farmern übel zugesetzt.

Die *Dust Bowl* betraf in erster Linie die Landwirte des Mittleren Westens – und auch wenn kein innerer Zusammenhang zwischen der Wirtschaftskrise im eigentlichen Sinne und der klimatisch bedingten Katastrophe der *Dust Bowl* besteht, sind beide Phänomene in der amerikanischen Erinnerungskultur untrennbar miteinander verbunden. Bis in die Mitte des 19. Jahrhunderts hatte eine Besiedelung der Prärien der *Great Plains* – einer Graslandschaft, die sich östlich der Rocky Mountains von Kanada bis hinunter nach Texas erstreckt – als unmöglich gegolten, da in diesen waldlosen Gebieten keinerlei Holz als Bau- oder Brennmaterial zur Verfügung stand. Erst die Erschließung des weiten Graslandes durch die Eisenbahn beseitigte das Problem. Nun konnte Bau- und Brennholz leicht herangeschafft werden und landhungrige Farmer begannen, den Prärieboden unterzupflügen.

Ohne jeglichen Baumbestand war dieser Boden den Elementen jedoch schutzlos ausgesetzt. Nur wenn ausreichend Regen fiel, war er fruchtbar. Regnete es über längere Zeit nicht, so trocknete die Sonne den Boden aus und der Wind trug ihn davon. Die Jahrzehnte nach der Erschließung der *Great Plains* waren ausgesprochen regenreich. Unter den Farmern verbreitete sich daher die Theorie, dass «der Regen dem Pflug folgt»[22]. Sie glaubten, ihre kultivatorische Arbeit hätte eine Klimaveränderung zum Besseren bewirkt. Immer neue Mais- und Weizenfelder entstanden, wo früher eine dichte Grasnarbe dem Boden Halt gegeben hatte.

Doch zu Beginn der 1930er Jahre endete die Phase der regenreichen Jahre und die Trockenheit begann. Farmer erlitten Missernten. Schlimmer noch: Stürme, die über die baumlosen, trockenen Ebenen fegten, trieben riesige Staubwolken vor sich her, die Pflanzungen, teure Farmgeräte und mitunter ganze Farmgebäude unter sich begruben und fruchtbaren Boden wegrissen. Nach solchen Stürmen berichteten die Passagiere auf Ozeandampfern tausende von Kilometern entfernt von einem braunen Regen, der über dem Atlantik niederging. Für die ohnehin schwer gebeutelten Farmer war die *Dust Bowl* (wörtlich: Staubschüssel) ein Schlag, von dem sich die meisten von ihnen nicht mehr erholten. In nur wenigen Stunden konnte ein Staubsturm die Arbeit eines

Lebens zunichtemachen und einer Familie ihr Zuhause nehmen. Zu Zehntausenden verließen von Klima und Wirtschaftskrise entwurzelte Farmer ihre Höfe und zogen auf der Suche nach einer besseren Zukunft Richtung Westen. In den Obst- und Gemüseplantagen Kaliforniens fanden die meisten dieser sogenannten *Okies* nur schlecht bezahlte Jobs und neues Elend. Die New-Deal-Fotografin Dorothea Lange hat die Not dieser Menschen 1936 auf ihrem Bild *Migrant Mother* mit der Kamera eingefangen. Der zeitweise vom *Federal Writers' Project* beschäftigte Schriftsteller John Steinbeck hat ihnen mit seinem Buch «Früchte des Zorns»[23] ein literarisches Denkmal gesetzt.

Roosevelt maß der Krise unter den Farmern höchste Priorität bei. Am 12. Mai 1933 verabschiedete der Kongress den *Agricultural Adjustment Act* (AAA), um dem ruinösen Wettbewerb der Landwirte untereinander ein Ende zu bereiten und die Preise von Farmerzeugnissen zu stabilisieren. Das Gesetz griff einen Teil der Forderungen auf, die bereits seit einem Jahrzehnt in der Öffentlichkeit diskutiert worden waren, denn die Not der Farmer war ja kein vollkommen neues Phänomen. Bereits Hoover hatte die Farmer dazu aufgefordert, ihre Anbauflächen zu reduzieren und sich in Erzeugergemeinschaften zusammenzuschließen. Doch Hoover hatte es bei Aufforderungen belassen – und die individualistisch eingestellten amerikanischen Farmer waren ihnen nicht gefolgt. Roosevelt setzte dagegen auf staatliche Ausgleichszahlungen für die Stilllegung von Anbauflächen und staatliche Kontrolle, um sicherzustellen, dass als brachliegend deklarierte Felder auch wirklich unbepflanzt blieben. Roosevelts Berater Rexford Tugwell, der für den AAA verantwortlich zeichnete, hoffte durch eine Verknappung der Anbauflächen die Überproduktion an Nahrungsmitteln in den Griff zu bekommen und so die Preise von Agrargütern auf ein vernünftiges Maß anheben zu können. Die Mittel, aus denen die Ausgleichszahlungen geleistet wurden, stammten aus einer neuen Steuer, die der lebensmittelverarbeitenden Industrie (z. B. den Getreidemühlen) auferlegt wurde.

Erst durch diese Ausgleichszahlungen und das Wissen um eine strenge Kontrollinstanz ließen sich die Landwirte davon überzeugen, nicht nur allgemein Flächenstilllegungen zu fordern, sondern sie auch selbst im eigenen Betrieb umzusetzen. Zudem befreite der AAA die Farmer von den sogenannten Anti-Trust-Gesetzen, durch die bisher Preisabsprachen zwischen Landwirten untersagt gewesen waren. Erst durch diese Neuregelung wurden Erzeugergemeinschaften attraktiv. Nun konnten die Farmer einer Region Mindestpreise beschließen, unterhalb derer sie nicht zum Verkauf bereit waren. Das gegenseitige Unterbieten beim Verkauf von Agrargütern fand ein Ende.

Gemessen am Ziel der Stabilisierung der Agrarpreise war der AAA ein voller Erfolg. Die Preise stiegen rasch an und erreichten schon bald ein nachhaltiges Niveau, so dass die Landwirte wieder von ihrer Arbeit leben konnten. Doch es gab auch eine ganze Reihe von Problemen. In der Öffentlichkeit stand der AAA von Anfang an in der Kritik. Dies hing in erster Linie damit zusammen, dass zum Zeitpunkt seines Inkrafttretens die meisten Felder schon eingesät waren. Nun mussten die frischen Pflanzungen noch vor der Ernte untergepflügt werden. Auch hatten Amerikas Farmer viel zu viele Ferkel in ihren Ställen und um einem absehbaren Preisverfall bei Schweinefleisch vorzubeugen, hielten Mitarbeiter der neugeschaffenen *Agricultural Adjustment Administration* Massenschlachtungen für notwendig, bevor die Ferkel herangewachsen waren. Hungerleidenden Menschen in den Städten war diese Vernichtung von Lebensmitteln nur schwer zu vermitteln. Auch die steigenden Preise für Lebensmittel wirkten negativ auf die Bedürftigen zurück und die neue Steuer, die die lebensmittelverarbeiteten Betriebe zu entrichten hatten, wurde von den Unternehmern auf die Konsumenten umgelegt. So blieb der AAA ein (in den Städten) höchst unpopuläres Programm. Auch auf dem Land war es nicht unumstritten, profitierten doch in erster Linie die großen Farmbetriebe. In den Südstaaten der USA war vielerorts noch die Naturalpacht (*sharecropping*) üblich – ein System, bei dem der Pächter den Landbesitzer mit einem festgelegten Anteil seiner Ernte ausbezahlt. Hier kam es zu Problemen, wenn sich Landbesitzer entschlossen, lieber die Ausgleichszahlungen der Bundesregierung einzustreichen, und die Pächter vom Land jagten.

So erschien über den AAA hinaus eine Reihe von Begleitmaßnahmen notwendig, um das ländliche Amerika aus der Krise zu führen. Auch hier wirkte eine verwirrende Vielzahl an Programmen und Behörden nebeneinander. Die *Rural Electrification Administration* (REA) brachte nun auch die Bewohner entlegener Gebiete in den Genuss von elektrischem Licht. Die *Resettlement Administration* (RA) nahm sich dem Schicksal der *Oakies* und vom Land vertriebener *Sharecropper* an, bis sie 1937 durch die *Farm Security Administration* (FSA) ersetzt wurde. Mit der *Tennessee Valley Authority* (TVA) schuf die Bundesregierung eine Behörde zur wirtschaftlichen Entwicklung und Modernisierung einer der ärmsten und am weitesten zurückgebliebenen Regionen der Vereinigten Staaten. Im Tal des Tennesseeflusses, das sich über mehrere Bundesstaaten erstreckt, entstand ein ganzes System von Staudämmen, die Elektrizität lieferten, Überschwemmungen verhinderten und der Bevölkerung Arbeitsplätze verschafften.

Nur wenn Amerikas Farmer wieder auf die Beine kämen – davon war Roosevelt überzeugt –, konnte Amerika als Ganzes die Krise hinter sich lassen. Schließlich war die Kaufkraft der Farmer notwendig, damit die Produkte der amerikanischen Industrie wieder Absatz fanden. Roosevelt wusste jedoch auch, dass mehr als die Hälfte der Amerikaner in Städten lebten und dass mehr von Nöten sein würde als Programme mit landwirtschaftlichem Fokus, um die Gesundung der Industrie herbeizuführen.

So entschied er sich auch im industriellen Bereich für weitreichende Eingriffe, um Überproduktion und einen ruinösen Wettbewerb der Produzenten untereinander zu verhindern. Am 16. Juni 1933 verabschiedete der Kongress den *National Industrial Recovery Act* (NIRA), der der Bundesregierung tiefgreifende Kompetenzen zur Restrukturierung der Industriebetriebe einräumte. Abermals wurde eine neue Bundesbehörde, die *National Recovery Administration* (NRA) geschaffen, um eine Neuausrichtung und Wiederbelebung der amerikanischen Industrie in die Wege zu leiten.

Auch wenn die Industriebetriebe in Bezug auf Überproduktion und Preisverfall unter ähnlichen Problemen litten wie die

Farmer, gab es doch entscheidende Unterschiede zwischen der landwirtschaftlichen und der industriellen Sphäre. Während Farmen meist als Familienbetriebe geführt wurden, existierte im industriellen Bereich ein Antagonismus zwischen Unternehmern und Arbeiterschaft, den die Roosevelt-Administration berücksichtigen musste. Und während die im Rahmen des AAA gestatteten Preisabsprachen zwischen vielen Millionen von amerikanischen Farmern immer prekär blieben und sich zwangsläufig an den Produktionskosten in der Landwirtschaft orientierten (bei zu hohen Preisen gab es immer einige, die bereit waren, Absprachen zu unterlaufen, und sie damit aushebelten), sah dies in der Industrie ganz anders aus. Hier dominierte in vielen Produktkategorien nur eine Handvoll von Betrieben den gesamten Markt und die Möglichkeiten zum Missbrauch von Preisabsprachen zum Schaden der Konsumenten waren ungleich größer. Zwischen diesen drei Gruppen – Unternehmern, Arbeitern und Konsumenten – musste die *National Recovery Administration* also ausgleichen und faire Kompromisse finden. Denn nur wenn alle drei Interessengruppen ihre legitimen Interessen gewahrt sahen, konnte es gelingen, die Fließbänder wieder unter Volllast laufen zu lassen. Unternehmer verlangten verlässliche Profitaussichten, bevor sie neue Investitionen in die Wege leiteten. Arbeiter verlangten faire Löhne und Arbeitsbedingungen sowie faire Preise und ein Mindestmaß an Arbeitsplatzsicherheit, bevor sie bereit waren, als Konsumenten aufzutreten und für Nachfrage zu sorgen. Die Roosevelt-Administration regte daher für jeden einzelnen Industriezweig die Bildung von Kommissionen an, in denen Vertreter aller drei Gruppierungen, aber auch Regierungsmitarbeiter, an einem Tisch sitzen sollten. Ziel dieser Gremien war die Ausarbeitung von sogenannten Fairnessvereinbarungen *(codes of fair competition)*, die z. B. Absprachen bezüglich Mindestlöhnen, Höchstarbeitszeiten und Mindestpreisen enthielten und die der Präsident innerhalb eines bestimmten Industriezweigs für allgemeinverbindlich erklären konnte. In Fällen, in denen es diesen Gremien nicht gelang, sich auf eine Fairnessvereinbarung zu verständigen, hatte der Präsident das Recht, eine solche Vereinbarung zu verordnen. Industrieübergreifend wurde Kinderarbeit verboten und die Wochenarbeitszeit auf höchstens 35 Stunden für Arbeiter und höchstens 40 Stunden für Angestellte reduziert. Um die Hand der Arbeitnehmer zu stärken, erhielten Gewerkschaften unter dem NIRA erstmals das Recht, sich betrieblich und überbetrieblich zu organisieren und ihre Interessen mittels Streiks durchzusetzen. Betrieben, die einer NRA-konformen Fairnessvereinbarung folgten, war es gestattet, dies durch die Verwendung des NRA-Logos – einem blauen Adler mit einem Zahnrad in der einen und einem Bündel Blitze in der anderen Klaue – zu zeigen. Hierdurch wurde öffentlicher Druck erzeugt. Wer den blauen Adler nicht auf seinen Produkten abgedruckt oder im Verkaufsraum hängen hatte, riskierte, von den Käufern boykottiert zu werden.

Die NRA war mit ihrem blauen Adler eine der sichtbarsten und bekanntesten New-Deal-Behörden und sie wurde anfangs sowohl von Arbeitnehmer- als auch von Unternehmerseite enthusiastisch begrüßt. Doch auch hier verflog die Begeisterung schnell und Probleme wurden sichtbar. Die NRA-Fairnessvereinbarungen verursachten einen erheblichen bürokratischen Aufwand, unter dem vor allem kleinere Betriebe litten. Die Möglichkeit zu Preisabsprachen wurde von Großunternehmen häufig missbraucht, und obwohl dies verboten war, gab es nicht genug NRA-Personal, um solche Verstöße wirksam zu verfolgen. Auch hier waren – neben den Konsumenten – kleine Betriebe die Hauptleidtragenden, denn sie wurden durch Mindestpreise gebunden, die hauptsächlich durch ihre großen Konkurrenten ausgehandelt worden waren. Auch wenn sie günstiger produzieren konnten, war es ihnen nicht erlaubt, sich preislich von den großen Unternehmen abzuheben. Unmut gab es auch auf Arbeitnehmerseite. Zum einen wurde die Arbeiterschaft bei der Aushandlung von Fairnessvereinbarungen immer wieder durch die Unternehmerschaft an den Rand gedrängt. Auch wenn es anders geplant gewesen war: Häufig saßen *de facto* nur Vertreter des Managements und Regierungsangestellte am Tisch, wenn über diese so wichtigen Vereinbarungen entschieden wurde. Zum anderen erlaubte der NIRA der Arbeiterschaft zwar, sich gewerkschaftlich zu organisieren, doch die NRA tat nichts, um die faktische Einforderung dieses Rechtsanspruchs zu erleichtern. Folglich steuerten die Unternehmer gegen und versuchten das Gesetz zu umgehen. So kam es zu zahlreichen Arbeitskämpfen, in denen es meist darum ging, ob eine Unternehmensführung eine Gewerkschaft als Tarifpartner anerkannte. Aber auch die Großunternehmer waren zunehmend unzufrieden. Obwohl ihnen durch das Aussetzen der Anti-Trust-Gesetze und die Legalisierung von Preisabsprachen stabile Preise und relativ sichere Profite winkten und sich die wirtschaftliche Lage in den Industriebetrieben rasch verbesserte, störten sie sich doch an den gewerkschaftsfreundlichen Passagen des NIRA und den Eingriffen des Staates in ihre unternehmerische Freiheit. Schon bald begannen sie den New Deal als sozialistisches Machwerk zu verteufeln. Konservative Unternehmer gründeten die *American Liberty League*, die gegen Roosevelt mobil machte und ihm diktatorische Tendenzen vorwarf. Dabei übersahen diese konservativen Kritiker, dass auch Roosevelts Programm, wo immer möglich, auf freiwillige Kooperation (z. B. bei der Aushandlung der Fairnessvereinbarungen) und Anreizstrukturen (z. B. bei der Reduzierung von landwirtschaftlichen Anbauflächen) setzte, statt zu verordnen und zu befehlen.

Auch von einer neuen populistischen Linken wurde Roosevelt angegriffen – und einige seiner Kritiker auf dieser Seite hatten in der Tat totalitäre Tendenzen. Der katholische Pfarrer Father Coughlin gewann in den frühen 1930er Jahren über seine Radioansprachen, in denen er die sozialen Verhältnisse in den USA scharf kritisierte, eine Massenanhängerschaft. Anfangs unterstützte er Roosevelt, doch ab 1934 wandte er sich von ihm ab und entwickelte sich zu einem seiner schärfsten Kritiker. Mit populistischen Parolen und einer religiös durchsetzten Rhetorik attackierte er den Präsidenten als «Werkzeug der Wall Street»[24] und der «jüdischen» Banker. Während der zweiten Hälfte der 1930er Jahre verlor sich Coughlin immer tiefer in antisemitischen Parolen und bekundete Sympathien für die Faschisten in Deutschland und Italien. Seit Ende 1934 unterstütze der Radiopriester auch die politischen Ambitionen des Senators Huey P. Long aus Louisiana, der ebenfalls mit volksnahen Parolen und unerfüllbaren Versprechen um sich warf und in seinem Heimatstaat eine persönliche Machtbasis aufgebaut hatte, die durchaus totalitäre Züge trug. Long wurde durch seinen *Share our Wealth*-Plan (zu Deutsch: «Teilt unseren Wohlstand») bekannt, in dem er Obergrenzen für persönlichen Besitz und Jahreseinkommen forderte und jeder amerikanischen Familie ein Haus und ein Mindesteinkommen von 2000 Dollar versprach. Long bereitete sich darauf vor, in den 1936er Präsidentschaftswahlen anzutreten. Eine realistische Chance hätte er dabei gegen Roosevelt, der ebenfalls virtuos mit dem Medium Radio umzugehen verstand, nicht gehabt. Aber wäre Long nicht 1935 ermordet worden, so hätte er Roosevelt möglicherweise entscheidende Stimmen weggenommen und somit einem republikanischen Kandidaten zur Wahl verholfen.

Am heftigsten wehte der Roosevelt-Administration der Wind jedoch von einer ganz anderen Seite entgegen. Konservative Denker saßen nicht nur in den Vorständen der großen Unternehmen, sondern auch im Obersten Gerichtshof der USA. Als dieser zwischen Januar 1935 und Mai 1936 elf der wichtigsten New-Deal-Gesetze, darunter den NIRA und den AAA, für verfassungswidrig erklärte, geriet Roosevelt in schwieriges Fahrwasser. Weite Teile seines Wirtschaftsprogramms waren nun per Gerichtsbeschluss hinfällig. Wollte Roosevelt die Präsidentschaftswahlen, die im Herbst 1936 anstanden, trotzdem gewinnen, so musste er die entstandenen Lücken durch neue Gesetzesinitiativen füllen und seine Strategie neu ausrichten.

Nach einer kurzen Phase des Zögerns machte sich der Präsident ab Mitte 1935 entschlossen an die Arbeit. Während des sogenannten «ersten New Deal», d. h. während der Phase von März 1933 bis Juni 1935, war Roosevelt auf einen Ausgleich gesellschaftlicher Interessen bedacht gewesen und hatte eine Strategie verfolgt, die Detlef Junker in seiner Roosevelt-Biografie als «Politik der Diagonale»[25] bezeichnet hat. In Anbetracht des Hasses, der ihm in zunehmendem Maß aus den Reihen der Oberschicht entgegenschlug, und der Obstruktionsbemühungen durch die konservativen Bundesrichter musste der Präsident nun erkennen, dass diese Politik gescheitert war. Ein neuer Kurs war notwendig – und Roosevelt entschloss sich, nach links zu steuern.

In einer als die «zweiten hundert Tage» bekannt gewordenen Phase intensiver gesetzgeberischer Aktivität legte der Präsident den Grundstein für einen «zweiten New Deal», der ganz im Zeichen der Förderung von Gewerkschafts- und Arbeitnehmerrechten stand. Den Auftakt bildete der *National Labour Relations Act* (auch als *Wagner Act* bekannt), ein von Senator Robert F. Wagner ausgearbeitetes Gesetz, das den Gewerkschaften ihr Koalitions- und Streikrecht nicht nur zusicherte, sondern endlich auch durchsetzte. Das Gesetz schuf eine Schiedsstelle, die in der Lage war, Unternehmer in ihre Schranken zu weisen und die Anerkennung einer Gewerkschaft als Tarifpartner zu erzwingen. Roosevelt hatte sich diesem Gesetzentwurf gegenüber zunächst indifferent gezeigt, doch nachdem der Oberste Gerichtshof den NIRA für verfassungswidrig erklärt hatte, unterstützte er ihn und trug maßgeblich dazu bei, dass das Gesetz am 5. August 1935 vom Kongress verabschiedet wurde.

Der *Social Security Act*, der in den USA erstmals eine Arbeitslosen- und Rentenversicherung einführte, passierte den Kongress nur wenige Tage später am 14. August 1935. Auch wenn Roosevelts Sozialversicherung hinter europäischen Vorbildern zurückblieb, viele Ausnahmen bestanden und die (zunächst nur sehr geringen) Zahlungen aus diesen Versicherungen erst einige Jahre nach Verabschiedung des Gesetzes geleistet wurden: Amerikas Arbeitnehmer erhielten nun zum ersten Mal ein Recht auf Unterstützungsleistungen aus eigenen Versicherungsbeiträgen und waren nicht mehr auf private oder öffentliche Wohltätigkeit angewiesen.

Auch in der Steuerpolitik schlug Roosevelt nun eine neue Richtung ein – nicht zuletzt aus wahltaktischen Erwägungen. Dass er den Spitzensteuersatz der Einkommensteuer von 63 Prozent auf 75 Prozent erhöhte, führte zwar kaum zu höheren Steuereinahmen, denn dieser Steuersatz wurde erst ab einem Jahreseinkommen von einer Million Dollar fällig. Doch die Maßnahme half, Kritiker am linken Rand in ihre Schranken zu weisen und populistischen Forderungen wie denen der *Share our Wealth*-Bewegung den Wind aus den Segeln zu nehmen. Deutlich stärker ins Gewicht fiel eine gestaffelte Körperschaftsteuer sowie Steuern auf unausgeschüttete Gewinne von Aktiengesellschaften. Auch wenn Unternehmer sich heftig wehrten und Roosevelt in wohlhabenderen Kreisen als Verräter seiner Klasse beschimpft und gehasst wurde: Breitere Schultern mussten nun schwerere Lasten tragen. Während des «ersten New Deal» waren Amerikas Reiche noch weitgehend verschont geblieben und zusätzliche Steuereinnahmen waren meist durch Verbrauchsteuern (oder Steuern, die sich leicht auf Verbraucher abwälzen ließen) aufgebracht worden, die vor allem die kleinen Einkommen belasteten.

Auch wenn konservative und wirtschaftsnahe Gruppen wie die *American Liberty League* nicht mit Geld und scharfer Polemik geizten, um Roosevelts Wiederwahl zu verhindern: Der «zweite New Deal» sicherte dem Präsidenten im November 1936 einen erneuten Triumph an den Wahlurnen und eine zweite Amtszeit. Und tatsächlich konnte Roosevelt einiges vorweisen, um seine Qualifikation für das höchste Staatsamt zu unterstreichen. Die Wirtschaftsleistung (BIP) der Vereinigten Staaten war, nachdem sie 1933 ihren Tiefpunkt erreicht hatte, seit Roosevelts Amtsübernahme um jährlich ca. 14 Prozent gewachsen und die Arbeitslosigkeit war von einem Höchststand von ca. 25 Prozent auf etwa 16 Prozent zurückgegangen. Damit war die Depression noch keineswegs überwunden. Insbesondere die Arbeitslosigkeit blieb nach wie vor erschreckend hoch. Doch verglichen mit den Hoover-Jahren war die Bilanz der Roosevelt-Administration uneingeschränkt positiv.

Durch einen überzeugenden Vertrauensbeweis der Wähler an den Urnen gestärkt (Roosevelt hatte 27 Millionen Stimmen gewonnen, sein republikanischer Herausforderer Alfred L. Landon nur 16 Millionen) und mit einem demokratisch dominierten Kongress im Rücken machte sich Roosevelt daran, das Programm des New Deal weiter auszubauen und fein zu justieren. Während er im ersten New Deal Preisabsprachen der Industrieunternehmen noch ausdrücklich gefördert hatte, um einer Verschärfung der

Deflation vorzubeugen, ging er nun hart gegen kartell- und monopolartige Strukturen des *Big Business* vor und trieb den Ausbau von Arbeitnehmerrechten weiter voran.

Doch Roosevelts zweite Amtszeit war auch von Problemen und Rückschlägen gekennzeichnet. In seiner Auseinandersetzung mit dem Obersten Gerichtshof zog er den Kürzeren. Es ist bereits dargestellt worden, wie die ausgesprochen konservativen Richter dieses Gremiums ab 1934 wichtige Bestandteile des New Deal für verfassungswidrig erklärten und damit aufhoben. Das gleiche Schicksal drohte selbstverständlich auch allen neu erlassenen Gesetzen und neu gegründeten Bundesbehörden des zweiten New Deal. Dieser Gefahr versuchte Roosevelt mit seinem sogenannten *court packing plan* zu begegnen. Der Kern dieses Plans, den er im Februar 1937 dem Kongress vorlegte, bestand darin, dem Präsidenten die Ernennung eines zusätzlichen Bundesrichters für jeden Richter über 70 Jahren, der nicht freiwillig in Ruhestand ging, zu gestatten. Bundesrichter sind auf Lebenszeit ernannt und der Präsident kann nur nach dem Tod oder freiwilligem Rücktritt eines Richters einen neuen Richter in das Gremium einführen. Durch die Ernennung zusätzlicher, progressiver Bundesrichter hoffte Roosevelt, das Kräftegleichgewicht innerhalb des *Supreme Courts* verschieben und die dritte Gewalt für den New Deal gewinnen zu können.

Doch der Präsident hatte seine Position falsch eingeschätzt. Aus dem Kongress schlug ihm überall Widerstand entgegen, so dass er seinen Plan letztendlich aufgeben musste. Zu seinem Glück fiel diese Niederlage mit einem Umschwung in den Entscheidungen des Gerichts selbst zusammen, das im Laufe des Jahres 1937 verschiedene wichtige New-Deal-Gesetze wie beispielsweise den *Wagner Act* für verfassungskonform erklärte. So blieb Roosevelts Wirtschaftsprogramm trotz des Scheiterns des *court packing plans* intakt.

Ein erneuter konjunktureller Einbruch im Herbst 1937, der gemeinhin als *Roosevelt Depression* bezeichnet wird, wog da schon deutlich schwerer. Erneut stieg die Arbeitslosigkeit auf knapp 20 Prozent an und die Industrieproduktion stürzte auf das

Am Vorabend der Roosevelt Depression warten schwarze Amerikaner, die ihr Zuhause in einer Flutkatastrophe verloren haben, in einer Brotschlange. Über ihnen preist ein Werbeplakat den hohen amerikanischen Lebensstandard. Auch der New Deal konnte den Anspruch des amerikanischen Traumes nicht überall mit der Realität des Lebens in Amerika versöhnen.

Niveau von 1934 ab. Für Roosevelts Kritiker aus dem konservativen Lager war diese Entwicklung eine Steilvorlage, um den New Deal als wirkungslos – oder schlimmer noch – als Ursache der negativen wirtschaftlichen Entwicklung zu attackieren. Innerhalb der Roosevelt-Administration herrschte zunächst Ratlosigkeit und Unsicherheit bezüglich der Ursachen des erneuten Einbruchs. Eine Fraktion um Finanzminister Henry Morgenthau glaubte, die unternehmerfeindliche Politik des zweiten New Deal habe bei Investoren Verunsicherung ausgelöst. Aus Angst vor Steuererhöhungen und aufkommender Inflation hätten diese Investitionen zurückgestellt und damit die Krise verursacht. Roosevelt selbst glaubte an eine Verschwörung des *Big Business*, um die Wahlaussichten der Demokraten bei den Kongresswahlen 1938 zu torpedieren, und ließ das FBI in dieser Richtung ermitteln. Eine dritte Fraktion innerhalb der Regierung um Handelsminister Harry Hopkins hatte sich mit der Wirtschaftstheorie von John Maynard Keynes auseinandergesetzt und betrachtete die *Roosevelt Depression* aus dieser Perspektive. Demnach war das relativ plötzliche Zurückfahren der Staatsausgaben ab 1937 schuld an der Krise, denn die private Nachfrage war zu diesem Zeitpunkt noch nicht stark genug, um die Wirtschaft alleine zu tragen.

Auch wenn Roosevelt sich niemals als «Keynesianer» verstand und der Theorie des *deficit spending* (siehe Kapitel 12) bis an sein Lebensende skeptisch gegenüberstand, folgte er angesichts des neuen wirtschaftlichen Einbruchs seinen keynesianisch gestimmten Beratern. Auch wenn Finanzminister Henry Morgenthau heftig protestierte – die Staatsausgaben wurden wieder deutlich angehoben und die Krise so überwunden. Nach 13 Monaten war der Spuk vorbei und Amerikas Wirtschaft wuchs wieder. Von diesem Zeitpunkt an folgte der New Deal zumindest implizit dem keynesianischen Theoriemodell.

Roosevelts New Deal und insbesondere die Episode um die *Roosevelt Depression* von 1937/38 sind bis zum heutigen Tag höchst umstritten. Der wissenschaftliche Mainstream betont nach wie vor die positiven Wirkungen des New Deal und seiner progressiven Sozialgesetzgebung, ohne dabei über die inneren Widersprüche und einzelne Fehlentwicklungen hinwegzugehen. Aber Kritik an dieser Interpretation hat es schon immer gegeben – und in letzter Zeit wird sie wieder lauter geäußert. Vor allem Autoren, die der amerikanischen Rechten nahestehen, halten den New Deal für fehlgeleitet. Teils wird er als wirkungslos verdammt, teils als «eigentliche» Ursache der lange anhaltenden Massenarbeitslosigkeit gewertet. Doch diese Beiträge sind weit weniger einer objektiven Geschichtsschreibung verpflichtet als Teil einer aktuellen politischen Debatte über das Erbe des New Deal und der Lehren, die sich für die aktuelle Krise daraus ziehen lassen. Diese Debatte soll in Kapitel 13 nochmals explizit betrachtet werden.

6. Frankreich und Großbritannien während der Krise der 1930er Jahre

Die Auswirkungen der Großen Depression in Großbritannien und Frankreich hätten unterschiedlicher nicht sein können. Während Großbritannien von Anfang an unmittelbar von der Krise betroffen war und sich erst gegen 1931 langsam aus ihr lösen konnte, blieb Frankreich von der frühen Phase der weltwirtschaftlichen Kontraktion weitgehend verschont, um ab 1931–32 umso heftiger abzustürzen. In beiden Ländern hatte der Einbruch erhebliche soziale und politische Konsequenzen. In London führte er zum Sturz der Labour-Regierung unter Ramsay MacDonald und zu konservativen Mehrheiten während der 1930er Jahre. In Paris brachte er eine kurzlebige Volksfront-Regierung (eine Koalition von linksliberalen Radikalsozialisten, Sozialisten und Kommunisten) unter Léon Blum an die Macht, die sich an sozialen Reformen versuchte, aber das Land nicht stabilisieren konnte. Während in Großbritannien Rüstungsanstrengungen gegen Ende der Dekade zu einer konjunkturellen Belebung beitrugen und das Land militärisch in die Lage versetzten, Hitlers Armeen zu widerstehen, startete Frankreich politisch, wirtschaftlich und militärisch schwach und demoralisiert in die 1940er Jahre.

Betrachten wir zunächst die Entwicklung in Großbritannien, das, wie in Kapitel 2 gezeigt wurde, schon vor 1929 wirtschaftlich schwierige Zeiten durchlebte. Die Schuld an dieser Entwicklung trug die Rückkehr des Pfund Sterling zum Goldstandard zu einem überhöhten Wechselkurs, der eine deflationäre Politik erzwang. Der Aktienboom in den Vereinigten Staaten verschärfte die Lage gegen Ende der 1920er Jahre zusätzlich, da große Mengen von Kapital (in Form von Gold) aus Großbritannien abflossen, um an der Wall Street investiert zu werden. In Großbritannien fehlte dieses Kapital. Auch die hohen Zinsen, die die Regierung festschrieb, um Anleger davon abzuhalten, ihr Geld nach

New York oder Paris zu transferieren, behinderten Investitionen und Konsum. Zinsen, Deflation und Kapitalabfluss hatten direkte Auswirkungen auf die britische Wirtschaft. Die Arbeitslosigkeit fiel während der 1920er Jahre zu keinem Zeitpunkt unter die psychologisch wichtige Marke von einer Million.

Daher war die englische Regierung zunächst eher erleichtert, als die Nachricht vom Wall Street Crash in London eintraf. Zwar traf das Ende des spekulativen Booms in New York auch das britische Handels- und Finanzzentrum mit voller Wucht. Auch hier purzelten die Kurse auf breiter Front. Doch zumindest musste man sich nun keine Sorgen mehr über einen weiteren Abfluss von britischem Gold auf den amerikanischen Aktienmarkt machen. Endlich gewann Großbritannien Handlungsfreiheit, um seine Zinsen zu senken, ohne dass britische Anleger die Bankschalter stürmten, um ihre Ersparnisse auf höher verzinsliche amerikanische Konten zu überweisen. Für die britische Wirtschaft ergaben sich aus dem Crash jenseits des Atlantiks also durchaus Chancen. Als die Leitzinsen zwischen September 1929 und Mai 1931 deutlich sanken, war es für viele Unternehmen erstmals seit langem wieder möglich, Kredite zu erträglichen Konditionen zu erhalten. Auch für Konsumenten wurde das Leben aufgrund der niedrigen Zinsen leichter.

Trotzdem gerieten die britischen Inseln bald in den Sog der weltweiten Krise, die in Großbritannien als *Great Slump* ins kollektive Gedächtnis eingegangen ist. Anders als in Deutschland war es dort aber nicht das Ausbleiben amerikanischer Kredite, sondern der Zusammenbruch des Welthandels, der die Wirtschaft in die Tiefe zog. Der Wert britischer Exporte fiel von 1929 bis 1931 um ca. 38 Prozent. Zum einen hatte die britische Exportwirtschaft nach wie vor unter der Überbewertung des Pfundes zu leiden, die noch immer nicht vollständig korrigiert war. Doch nun verschärfte sich die Lage, da sich die klassischen Abnehmerländer englischer Produkte keine Importe mehr leisten konnten, als der Wall Street Crash sie vom amerikanischen Kapitalmarkt abschnitt. Besonders die landwirtschaftlich dominierten Staaten der Peripherie (d. h. die Länder Afrikas, Asiens und Südamerikas) fielen als Käufer britischer Waren aus. Der mit der Großen Depression einhergehende Verfall der Agrarpreise ließ ihre Deviseneinnahmen aus Exporten von Weizen, Baumwolle, Kaffee und Südfrüchten zusammenbrechen. Aber Importe britischer Güter konnten von den Ländern der Peripherie nur durch Einnahmen aus eigenen Exporten oder durch Kredite finanziert werden. Amerikanische Investoren gewährten jedoch keine Kredite mehr und zogen ihre Gelder so weit wie möglich aus diesen Ländern ab. Damit verschärften sie die Situation. Hatten beispielsweise die Staaten Südamerikas vor 1929 zu Großbritanniens treuesten Kunden gehört, so waren sie infolge des Crashs nicht mehr in der Lage, englische Produkte zu bezahlen.

Zum anderen behinderten die Zollerhöhungen, mit denen Länder in aller Welt heimische Industrien zu schützen versuchten, den britischen Handel. Die Vereinigten Staaten waren die ersten, die mit dem Smoot-Hawley-Zollgesetz drastische Erhöhungen ihrer Importzölle durchsetzten, um ausländische Produzenten vom eigenen Markt auszusperren. Amerikanische Produzenten hatten diesen Schritt gefordert, da sie um ihren Absatz auf dem Heimatmarkt fürchteten. Doch innerhalb kürzester Zeit übten Länder, die von den amerikanischen Zöllen negativ betroffen wurden, Vergeltung, indem sie ihre eigenen Zölle ebenfalls erhöhten. Der Welthandel wurde durch diese Orgie an Zollerhöhungen abgewürgt. Auch wenn Großbritannien als Mutterland des Freihandels lange zögerte, bevor es selbst Zollmauern aufrichtete und letztendlich nur relativ moderate Zölle verhängte, so wurde es aufgrund seiner Abhängigkeit vom Welthandel doch besonders stark von den protektionistischen Maßnahmen der anderen getroffen.

Zudem hatte Großbritannien auch auf die falschen Industrien gesetzt. Während sich neue Industriezweige wie die Elektro-, Automobil- oder chemische Industrie in den 1920er und 1930er Jahren auf den britischen Inseln erst langsam entwickelten, waren diese noch stark von «alten» Industrien wie dem Kohlebergbau, dem Schiffbau, der Stahlverarbeitung und der Textilindustrie abhängig, die vor dem Krieg Großbritanniens wirtschaftlichen Erfolg begründet hatten. In diesen Bereichen herrschte jedoch ein

Ein Protestzug von Arbeitslosen in London 1930. Die britische Arbeiterschaft war zu einem großen Teil gewerkschaftlich organisiert.

weltweites Überangebot. Länder wie z. B. Japan traten nun in Konkurrenz zu Großbritanniens Werften und Fabriken. Die nicht besonders produktiven und relativ teuren englischen Produzenten bekamen dies schmerzlich zu spüren. Gerade bei langlebigen Investitionsgütern wie Handelsschiffen brach der Absatz dramatisch ein.

So verlief der *Great Slump* in Großbritannien auch regional höchst unterschiedlich. Besonders hart waren die Regionen im Norden Englands, in Schottland, Wales und Nordirland betroffen, in denen die «alten» Industrien dominierten. Hier kletterte die Arbeitslosigkeit teilweise auf deutlich über 50 Prozent. Im Süden Englands und den Midlands stellte sich die Situation ganz anders dar. Die Arbeitslosigkeit blieb hier auf einem niedrigen Niveau und von der Großen Depression war kaum etwas zu spüren.

Doch ganz Großbritannien spürte die politischen Folgen der Krise. Noch kurz vor Beginn des *Great Slump* war in London im Mai 1929 eine Labour-Regierung unter Ramsay MacDonald mit dem Versprechen an die Macht gekommen, die dauerhaft hohe Arbeitslosigkeit zu beenden. Dieses Wahlversprechen wurde jedoch schnell von den Ereignissen eingeholt. Statt zu sinken, stieg die Arbeitslosigkeit ab 1930 drastisch an und erreichte im Winter 1932/33 einen Spitzenwert von nur knapp unter drei Millionen. Die Kosten für Arbeitslosenunterstützung explodierten, während die Depression die Steuereinnahmen sinken ließ. Die Labour-Regierung stellte diese Situation vor schwierige Entscheidungen. Einerseits favorisierte sie eine relativ hohe Arbeitslosenunterstützung und Arbeitsbeschaffungsmaßnahmen, um das Elend in den Krisenregionen des Landes zu lindern und um ihre eigene Klientel zufriedenzustellen. Andererseits belasteten die hohen Kosten den Staatshaushalt, der ins Defizit abdriftete, sowie Arbeitgeber und Arbeitnehmer, die in die Arbeitslosenversicherung einzahlten. Eine hohe Belastung der Unternehmen aus der Arbeitslosenversicherung und ein defizitäres Budget drohten jedoch das Vertrauen der Wirtschaft in die Zukunftsfähigkeit des Landes zu untergraben und Investitionen und Neueinstellungen zu blockieren. Der Zielkonflikt verschärfte sich, als ein von der Regierung eingesetztes Komitee im Juli 1931 drastische staatliche Ausgabenkürzungen, Kürzungen der Arbeitslosenunterstützung und Lohnkürzungen im öffentlichen Dienst forderte, um den Staatshaushalt auszugleichen. Ein ausgeglichener Staatshaushalt erschien schon allein aufgrund des Goldstandards notwendig, da Haushaltsdefizite das Vertrauen der Anleger in das Pfund zu zerstören drohten und zu einem erneuten Abfluss von Gold geführt hätten. Unter dem Druck der Abgeordneten der liberalen Partei, auf deren Unterstützung die Labour-Regierung angewiesen war, ließ sich Premierminister MacDonald auf die Sparvorschläge ein, stieß dabei aber in seiner eigenen Partei und bei einem Teil seiner Minister auf unüberwindbaren Widerstand. Die sozialen Härten des Sparprogramms waren aus Sicht vieler Labour-Mitglieder und den der Partei nahestehenden Gewerkschaften nicht tragbar. Wegen dieser Streitigkeiten blockierte sich die Regierung selbst und begann, ihre Handlungsfähigkeit zu verlieren. Das Land glitt tiefer in die Krise. Erneut setzte Kapitalflucht ins Ausland ein.

Im August 1931 beendete MacDonald diese unhaltbare Situation, indem er sein Kabinett entließ und eine «Nationale Regierung» bildete, der auch Minister der konservativen und liberalen Partei angehörten und die von den Parlamentariern dieser beiden Parteien getragen wurde. MacDonald und seine Mitstreiter zahlten dafür einen hohen Preis. Aufgrund ihres «Verrats» wurden sie aus der Labour-Partei ausgeschlossen. Alte Weggefährten kündigten ihnen die Freundschaft auf. Als die neue Regierung im September 1931 damit begann, die harten Sparmaßnahmen durchzusetzen, kam es zu Krawallen und einer Meuterei in der britischen Marine, die die Öffentlichkeit und die Kapitalmärkte zusätzlich verunsicherten. Nach Neuwahlen im Oktober 1931, in denen Labour dramatisch schlecht abschnitt, blieb MacDonald zwar Premierminister, doch *de facto* musste er die Macht an die konservativen Minister seines Kabinetts abgeben, da nur sie für parlamentarische Mehrheiten sorgen konnten.

Aus Sicht der Zeitgenossen war MacDonalds größte Niederlage aber vermutlich die Aufgabe der Goldbindung des Pfunds am 21. September 1931. Den meisten Briten galt der Goldstandard als Symbol für Großbritanniens wirtschaftspolitische Seriosität, Stabilität und zukünftige Prosperität. Seit 1925 hatten sie erhebliche Opfer gebracht, um die Konvertibilität des Pfundes in Gold zu gewährleisten. Auch die Sparmaßnahmen des Jahres 1931 waren vor allem deshalb erzwungen worden, weil man sie für eine Aufrechterhaltung des Goldstandards für notwendig hielt. Doch gerade in dem Moment, als das Sparpaket gegen erheblichen Widerstand durchgesetzt werden konnte, brach die Goldbindung des Pfundes zusammen.

Die genauen Hintergründe von Großbritanniens Abschied vom Goldstandard sind bis zum heutigen Tag umstritten. Fest steht, dass es von Juli bis September 1931 zu einem erneuten Ansturm auf die Bank von England kam. In einer bisher ungekannten Größenordnung versuchten Besitzer von Pfund Sterling, ihre Guthaben in Gold oder Devisen umzutauschen. Diesmal waren es nicht nur private Anleger und Geschäftsbanken, die aus dem Pfund flüchteten. Auch die Zentralbanken mehrerer kleinerer europäischer Länder, die Pfund Sterling als Devisenreserve hielten, entschieden sich zum Verkauf. Anfangs versuchte die Bank von England, Kredite zu erhalten, um die Besitzer von Sterling-Guthaben auszuzahlen und den Markt zu beruhigen, doch die Aussichtslosigkeit dieses Unterfangens wurde schnell deutlich. Im Laufe des Frühsommers waren die Zinsen schon drastisch angehoben worden und bis auf sechs Prozent geklettert, doch weitere Leitzinserhöhungen wollte die Regierung der schwer angeschlagenen britischen Wirtschaft nicht zumuten. Sie hätten die Flucht aus dem Pfund vermutlich auch nicht mehr stoppen können. Auszahlungen in Gold wurden schließlich eingestellt. Der Wechselkurs des Pfundes gegenüber dem Dollar stürzte innerhalb weniger Tage um ca. 25 Prozent ab.

Die britische Presse beschuldigte in erster Linie die französische Zentralbank und gierige französische Banker, in unverantwortlicher Weise große Summen von Pfund Sterling verkauft und dadurch die Krise ausgelöst zu haben, doch wie Charles Kindleberger («Die Weltwirtschaftskrise, 1929–1939») überzeugend darlegt, war dies nicht der Fall. Dietmar Rothermund («Die Welt in der Wirtschaftskrise, 1929–1939») weist darauf hin, dass nach dem Abbrechen des amerikanischen Kreditstroms nach Europa britische Banken in die Bresche sprangen, indem sie kurzfristig in Großbritannien angelegtes Geld langfristig, aber zu deutlich höheren Zinsen nach Mittel- und Osteuropa verliehen. Dies war äußerst profitabel, doch auch hochriskant. Als diese kurzfristigen Kredite in der Krise von Juli bis September 1931 zurückgerufen wurden, war es kaum möglich, die Gläubiger auszuzahlen, da die Gelder in Ost- und Mitteleuropa festlagen. Die größte Bedeutung kam aber den Stützungsbemühungen der Bank von England gegenüber der österreichischen Creditanstalt und der Deutschen Reichsbank zu (siehe Kapitel 7). Als die österreichische Creditanstalt im Mai 1931 ihre Zahlungsunfähigkeit erklärte, mobilisierte die Bank von England erhebliche Mittel zu ihrer Sanierung, um eine gesamteuropäische Bankenkrise abzuwenden. Als kurz darauf auch die Deutsche Reichsbank in Zahlungsschwierigkeiten geriet, standen der Bank von England kaum noch Gold oder

Devisenreserven zur Verfügung, um auch hier noch stützend einzugreifen. Ein Stillhalteabkommen, das ausländische Gläubiger dazu verpflichtete, ihre Gelder in Deutschland zu belassen, konnte das Schlimmste verhindern. Durch diese Stützungsaktionen hatte sich die Bank von England selbst die Hände gebunden. Als der Ansturm auf ihre eigenen Schalter begann, lag ein Großteil ihrer Reserven in Österreich und Deutschland fest und konnte nicht zur Stabilisierung des Pfundes eingesetzt werden.

Wichtiger als die Gründe für die britische Abkehr vom Goldstandard sind jedoch die Konsequenzen dieses Schrittes. Während anfangs ein Abdriften Großbritanniens in die Inflation befürchtet wurde, stellte sich bald heraus, dass die Abwertung des Pfundes der britischen Wirtschaft deutlich mehr nützte als schadete. Endlich war der selbst auferlegte Zwang zur Deflation gebrochen. Endlich konnten die Zinsen nachhaltig gesenkt werden. Bis Juni 1932 fielen sie auf zwei Prozent und blieben bis zum Ausbruch des Krieges auf diesem Niveau. Durch die Abwertung des Pfundes gewann die britische Exportwirtschaft ihre Wettbewerbsfähigkeit zurück. Nun konnte Großbritannien seine Produkte wieder auf dem Weltmarkt verkaufen – wenn auch in einem deutlich geringeren Umfang als vor 1929, da im Ausland hohe Einfuhrzölle bestehen blieben und die traditionellen Abnehmerländer britischer Waren nach wie vor unter einem Devisenmangel litten. Von entscheidender Bedeutung waren die Möglichkeiten, die die Abwertung des Pfundes für die britische Binnenwirtschaft eröffneten. Eine Politik des billigen Geldes regte Konsum und Investitionen an. Die Bauwirtschaft nahm einen rasanten Aufschwung. Die Geldentwertung, vor der überall gewarnt worden war, blieb dagegen aus. Die Abkehr vom Goldstandard beendete die Wirtschaftskrise Großbritanniens zwar nicht von heute auf morgen und die Arbeitslosenzahlen blieben bis in die späten 1930er Jahre hoch, doch nach 1931 entwickelte sich Großbritannien deutlich besser als alle anderen großen Industrienationen. Bereits 1934 lag Großbritanniens Bruttoinlandsprodukt wieder über dem Wert von 1929. Die durch die «Nationale Regierung» gewährleistete politische Stabilität beförderte den langsamen, aber stetigen Aufschwung. In den späten 1930er Jahren beflügelte zudem die Aufrüstung der britischen Inseln angesichts einer neuen Bedrohung durch Deutschland die Wirtschaft.

Durch die Abkehr vom Gold konnte sich Großbritannien vor den gröbsten Auswirkungen der Bankpleiten schützen, die ab 1931 in den USA und in Kontinentaleuropa um sich griffen. Wäre das Pfund weiterhin an Gold gebunden geblieben, so hätten die Mechanismen des Goldstandards diese Deflation nach Großbritannien übertragen bzw. seine internationale Wettbewerbssituation weiter verschlechtert. Der unfreiwillige Abschied vom Gold war somit ein echter Glücksfall für die britischen Inseln.

Eine Reihe von Ländern folgte dem britischen Beispiel und löste ihre Währungen ebenfalls vom Gold. Zu diesem sogenannten Sterling-Block gehörten in erster Linie Länder, die enge Handelsbeziehungen mit Großbritannien unterhielten oder deren Devisenreserven zu einem großen Teil aus Pfund Sterling bestanden, d. h. die Länder des Commonwealths und die Dominions und Kolonien des Britischen Empires. Doch auch die skandinavischen Länder sowie einzelne Staaten in Süd- und Osteuropa folgten dem britischen Beispiel. Statt an Gold banden sie ihre Währungen nun an das Pfund Sterling.

Andere Länder hielten dagegen an der Goldbindung ihrer Währungen fest und formten den sogenannten Goldblock: die Schweiz, die Niederlande, doch allen voran Frankreich. Frankreich war zunächst kaum vom Zusammenbruch der Wall Street betroffen. Weder war es wie Deutschland von amerikanischen Krediten abhängig noch in einem ähnlich hohen Maß wie Großbritannien auf den Export ausgerichtet. Die kleinen und mittelständischen Unternehmen, die Frankreichs Wirtschaft prägten, hatten zwar während der Phase des unterbewerteten Franc ab 1926 kräftig an Ausfuhren verdient, doch der Großteil ihrer Kunden befand sich im Inland, so dass der Zusammenbruch des Welthandels ab 1930 keine gravierenden unmittelbaren Konsequenzen für sie hatte. Die Industrieproduktion blieb bis etwa 1931 unverändert hoch. Auch in der Landwirtschaft, die im Vergleich zu anderen Industriestaaten von großer gesamtwirtschaftlicher Bedeutung war, kam keine Krisenstimmung auf. Die hohen Zölle, mit denen Frankreich seinen Agrarmarkt schützte, verhinderten zunächst, dass der Verfall der Agrarpreise auf den Weltmärkten auf die französischen Bauern durchschlug. Frankreichs Finanzwesen und seine Börsen waren vergleichsweise unterentwickelt, so dass der Crash ohne große Auswirkungen auf die Realwirtschaft blieb. Der unterbewertete Franc schützte das Land vor den währungspolitischen Krisen, die Anfang der 1930er Jahre überall aufflammten. Die Zentralbank musste keine überhöhten Zinssätze festlegen, um einen Abfluss von Kapital zu verhindern. Trotz verhältnismäßig niedriger Renditen flüchteten verunsicherte Anleger aus europäischen Nachbarländern mit ihren Vermögen in den als stabil geltenden Franc und stärkten damit die französische Wirtschaft, der weiterhin günstige Kredite zur Verfügung standen. Auch wenn Frankreich einen Großteil der Goldzuflüsse aus dem Ausland in den Tresorräumen seiner Zentralbank wegschloss und damit sterilisierte, durchlebte es eine moderate Inflation, statt der Deflation, unter der die Nachbarländer litten. Die Arbeitslosigkeit blieb auf einem ausgesprochen niedrigen Niveau. So erschien Frankreich bis etwa 1931 als eine sichere Insel inmitten eines von wirtschaftlichen Stürmen aufgepeitschten Ozeans.

Doch schon gegen Ende des Jahres 1930 wurde immer deutlicher, dass Frankreichs wirtschaftliche Sonderstellung und seine unterbewertete Währung zwar als Puffer gegen die Krise wirkten, das Land aber letztendlich nicht gegen die Auswirkungen des weltweiten Zusammenbruchs immunisieren konnten. Auch wenn der Export für Frankreich von eher geringer Bedeutung war, baute sich durch den Einbruch der französischen Ausfuhren doch langsam Deflationsdruck auf. Hersteller senkten die Preise, da sie Güter, die zuvor ins Ausland geliefert worden waren, nun im Inland absetzen mussten, obwohl der Markt bereits gesättigt war. Als Großbritannien im Herbst 1931 vom Goldstandard abging, brach der Damm, der die französische Wirtschaft bis dahin vor einem vollständigen Übergreifen der Krise bewahrt hatte. Der Vorteil einer unterbewerteten Währung wurde durch die Abwertung des Pfunds und der anderen Währungen des Sterling-Blocks zunichtegemacht. Plötzlich erschienen eher der Franc und die anderen Währungen des Goldblocks überbewertet. Frankreich begann unter den gleichen Problemen zu leiden, die zuvor Großbritannien geplagt hatten. Die Exporte brachen noch weiter ein – wodurch sich auch die Abwärtstendenz bei den Preisen verstärkte. Auch die Landwirtschaft begann zu leiden. Durch die hohen Agrarzölle war für Frankreichs Bauern ein Anreiz geschaffen worden, die Produktion auszuweiten, doch die Nachfrage stagnierte oder ging sogar zurück. Nun fielen auch die französischen Agrarpreise um 30 bis 40 Prozent, weil sich die landwirtschaftliche Überproduktion weder im Inland noch im Ausland verkaufen ließ. Die Landwirte waren somit die ersten und am schwersten betroffenen Opfer der Krise.

Zwar stiegen die Arbeitslosenzahlen nicht so dramatisch wie in Deutschland oder Großbritannien und die Kosten für Arbeitslosenunterstützung blieben im Rahmen. Die Arbeitslosenquote überschritt selbst auf dem Höhepunkt der Krise niemals die Fünf-Prozent-Marke. Trotzdem geriet der französische Staatshaushalt ab 1931 in eine Schieflage. Durch den Young-Plan und das Hoover-Moratorium (siehe Kapitel 4 und 7) fielen die deutschen Reparationszahlungen weg, an die sich die französische Politik seit langem gewöhnt hatte. Die Regierung musste plötzlich sparen, um das Vertrauen in die Goldbindung des Franc aufrechtzuerhalten. Wie wenige Jahre zuvor die englische Regierung, weigerte sich nun die französische Politik, auch nur an Abwertung zu denken. Stattdessen zwang sie Frankreich immer weiter in die Deflation. Wie zuvor in Großbritannien wurden Staatsausgaben zurückgefahren und die Gehälter im öffentlichen Dienst gekürzt. Selbst als die Vereinigten Staaten 1933 den Goldstandard aufgaben und ihre Währung abwerteten, hielt Frankreich eisern am Gold fest. Durch die Abwertung des Dollars verlor Frankreich jedoch drastisch an Wettbewerbsfähigkeit. Das französische Preisniveau lag 1935 ca. 20 Prozent über dem des Weltmarktes. Depression und Deflation verfestigten sich.

Die Weltwirtschaftskrise war in Frankreich jedoch vor allem eine politische Krise. Während die wirtschaftlichen Probleme in Großbritannien die Parteien dazu veranlassten, zu kooperieren und eine «Nationale Regierung» zu bilden, lief in Frankreich ein gegenläufiger Prozess ab. Die Dritte Republik war unter einer Regierung der «Nationalen Union» in das Jahr 1929 gestartet, die jedoch schon bald zerfiel. Was folgte war eine Phase ständig wechselnder Regierungen und großer politischer Instabilität. Regiert wurde meist per Dekret und nicht auf der Basis parlamentarischer Mehrheiten. Extreme Gruppierungen von beiden Polen des politischen Spektrums forderten die politische Ordnung der Dritten Republik heraus. Bei Demonstrationen der rechtsradikalen *Action française* und der *Parti communiste français* kam es 1934 zu Ausschreitungen mit Todesopfern. Die wirtschaftliche Krise war zwar nicht die primäre Ursache der politischen Probleme, doch sie verschärfte die schon zuvor bestehenden Auseinandersetzungen und schuf zusätzliche Verteilungskonflikte, die die Regierbarkeit des Landes weiter untergruben. Wer war am Niedergang schuld und wer musste welche Opfer bringen, um die Depression zu überwinden? Das Großbürgertum schimpfte über faule und gierige Arbeiter und forderte weitere Lohnsenkungen. Die Arbeiterschaft kritisierte die Geldpolitik des Staates, die Deflation und den wirtschaftlichen und politischen Einfluss der Großaktionäre der *Banque de France*. Beide Gruppen beschwerten sich über die Ineffizienz und hohen Kosten des öffentlichen Dienstes. Die traditionelle Stütze der Dritten Republik – die Mittelschicht – wurde am stärksten vom wirtschaftlichen Niedergang getroffen und radikalisiert. Die politische Landschaft polarisierte sich und Entscheidungen wurden immer stärker von Partikularinteressen einzelner gesellschaftlicher Gruppen bestimmt. An den Rändern des politischen Spektrums erhielten faschistische und linksextremistische Gruppen Zulauf. Der gesellschaftliche Gesamtkonsens blieb auf der Strecke.

Nachdem ständig wechselnde Mitte-rechts-Regierungen mit ihrer orthodoxen und deflationistischen Wirtschaftspolitik weder die politische noch die wirtschaftliche Krise überwinden konnten, versuchte sich ab Juni 1935 ein Mitte-links-Bündnis, die sogenannte Volksfront, an dieser Aufgabe. Die Volksfront war eine stark heterogene Allianz aus Kommunisten, eher linksliberal eingestellten Radikalsozialisten und Sozialisten, die unter Führung von Léon Blum im Mai 1936 die französischen Parlamentswahlen gewann. Die Interessen der beteiligten Parteien klafften jedoch weit auseinander. Die Radikalsozialisten hatten bis 1936 verschiedene rechte Regierungen gestützt und sich im Wesentlichen aus Furcht vor einem faschistischen Umsturz oder einer autoritären Umgestaltung der Gesellschaft durch konservative Kräfte zum Bündnis mit den Sozialisten bereit gefunden. Sie waren eher bürgerlich orientiert und setzten sich für eine Stabilisierung der gesellschaftlichen Verhältnisse ein. Die Kommunisten forderten dagegen eine radikale Umgestaltung der Gesellschaft (die, wie sie selbst einsahen, kurzfristig nicht zu erreichen war) und weigerten sich, selbst Regierungsverantwortung zu übernehmen. Stattdessen sicherten sie Léon Blum ihre parlamentarische Unterstützung zu. Zwischen diesen beiden Polen befanden sich Blums Sozialisten, die radikalen Wandel ablehnten und soziale Reformen anstrebten. In Anbetracht der wirtschaftlichen Krise, der Erwartungshaltung der Arbeiterschaft und der gegensätzlichen Interessen der beiden anderen Parteien, auf deren Unterstützung sie angewiesen waren, erschien ihre Reformagenda mehr als nur ambitioniert. Ein konkretes wirtschaftliches Programm hatte die Volksfront nicht.

Noch bevor Léon Blum die Amtsgeschäfte übernehmen konnte, waren es seine eigenen Anhänger, die ihn in Bedrängnis brachten. Nach dem Wahlsieg der Volksfront brach eine Streikwelle über Frankreich herein. Die Arbeiterschaft feierte ihren politischen Triumph und versuchte, ihn in konkrete Lohnerhöhungen und Arbeitserleichterungen in den Betrieben umzumünzen. Als Blums Regierung ihre Arbeit begann, hatte nahezu ganz Frankreich die Arbeit niedergelegt und die Wirtschaft war zum Stillstand gekommen. Unter Blums Vermittlung konnte ein Großteil der Streiks beendet werden. Die Arbeiter erhielten Lohnerhöhungen zwischen sieben und 15 Prozent, Gewerkschaftsvertreter wurden in den Betrieben anerkannt und Flächentarifverträge wurden verbindlich. Zudem verabschiedete die Volksfront Gesetze, die die wöchentliche Arbeitszeit von 48 auf 40 Stunden reduzierten und den Arbeitern erstmals 15 Tage bezahlten Jahresurlaub zugestanden.

Doch bei der Umsetzung dieser Maßnahmen zeichneten sich bald Probleme ab. Während des Streiks hatten die Arbeitgeber die Vermittlung Blums zwar begrüßt, doch nachdem der Ausstand beendet war, torpedierten sie seine Sozialreformen. Statt zu investieren, zogen sie ihr Kapital ins Ausland ab. Die ehemals so imposanten Goldreserven der *Banque de France* begannen zu schwinden und der Franc geriet unter Druck.

Auch in den Reihen der Arbeiterschaft gärte es. Vielerorts hatte man sich von einer sozialistischen Regierung mehr versprochen. Da der Franc nun deutlich überbewertet war, führten die Lohnerhöhungen nicht zum Aufleben der Wirtschaft, wie sich die Sozialisten erhofft hatten, sondern ließen lediglich die Importe und die Inflation ansteigen. Schon bald hatte die Preisentwicklung die Lohnzuwächse aufgefressen. Die soziale Misere fand kein Ende und vielerorts flackerten erneut Streiks auf.

So stand nun auch Léon Blum vor schwierigen Entscheidungen. Sollte er die sozialen Reformen fortführen, um die Arbeiter zufriedenzustellen? In diesem Fall drohte eine weitere Blockade der Arbeitgeber, eine Verlängerung des wirtschaftlichen Stillstands und ein Verlust der parlamentarischen Unterstützung durch die Radikalsozialisten. Oder sollte er zu einer orthodoxen Finanz- und Wirtschaftspolitik zurückkehren? Dies würde ihm unter Umständen die Stabilisierung der Währung und die Mobilisierung wirtschaftlicher Potentiale ermöglichen, aber das Vertrauen der Arbeiterschaft und die Unterstützung der Kommunisten kosten. Zudem stand auch in Frankreich die Frage im Raum, die alle Staaten in den 1930er Jahren umtrieb: Sollte Frankreich seine Währung vom Gold lösen und abwerten? Vor dem Hintergrund eines beschleunigten Kapitalabflusses und der durch die Lohnerhöhungen nochmals verringerten Konkurrenzfähigkeit der französischen Wirtschaft wäre eine Abwertung dringend geboten gewesen. Doch die Kommunisten stellten sich gegen diese Maßnahme, da eine Abwertung auch die Kaufkraft der Arbeiterschaft reduziert hätte. Das Bürgertum opponierte dagegen, weil eine Abwertung mit Vermögensverlusten einhergegangen wäre.

Blum setzte auf die Karte orthodoxer Wirtschaftspolitik und verlor. Er versuchte zu sparen, doch er konnte den Haushalt nicht ausgleichen. Die Unternehmer gaben ihren Widerstand nicht auf und untergruben seine Politik weiterhin. Zwar wurde der Franc im September 1936 abgewertet, doch nicht weit genug. Er blieb überbewertet und wurde nicht vom Gold gelöst. Besitzer von Francs erhielten von einem Tag auf den anderen weniger Gold für ihre Geldscheine, aber Frankreich überließ den Kurs seiner Währung nicht dem Markt, sondern setzte ihn auf einem neuen (und immer noch zu hohen) Niveau fest. Der Abfluss von Kapital aus Frankreich konnte damit nicht gestoppt werden. Neuer Abwertungsdruck baute sich auf. Auch die 40-Stunden-Woche erwies sich als verhängnisvoll, da Frankreichs Konkurrent Deutschland seine Arbeitszeiten etwa zum gleichen Zeitpunkt auf bis zu 54 Stunden erhöhte. Die Wettbewerbsfähigkeit der französischen Industrie wurde dadurch untergraben.

Als im Juni 1937 Frankreichs Goldreserven praktisch erschöpft waren und das Parlament Blum die notwendigen Kompetenzen zur Stabilisierung der Währung verweigerte, trat Léon Blum zurück. Zwar bestand die Volksfront noch einige Monate über den Rücktritt hinaus, und Blum gelang es 1938 sogar, nochmals eine kurzlebige Regierung unter seiner Führung zu bilden, doch der Niedergang des linken Bündnisses war nun unaufhaltbar. Die Stabilisierung der Dritten Republik war gescheitert. Weitere Abwertungen des Franc folgten und schwache, konservativ dominierte Regierungen lösten einander im Amt ab, die ein Großteil der sozialen Errungenschaften der Volksfront-Zeit zurücknahmen.

Die Jahre der Depression bedeuteten für Frankreich in jeder Beziehung einen Niedergang. Als die Krise 1929 begann, befand sich Frankreich auf dem Höhepunkt seiner Macht. Es verfügte über die stärkste Armee der Welt, stabile politische Verhältnisse und seine Wirtschaft hatte in Europa eine hegemoniale Stellung. Zehn Jahre darauf bot sich ein vollkommen anderes Bild. Trotz einer zaghaften Stabilisierung ab 1939 war Frankreich wirtschaftlich schwach und politisch zerrüttet. Auch militärisch hatte es dem neu erstarkten Erbfeind Deutschland nur wenig entgegenzusetzen. Ein Großteil der immer knapper werdenden Mittel für das französische Militär war ab 1930 in den kostspieligen Ausbau eines gigantischen Bunker- und Festungssystems an der Grenze zu Deutschland – der sogenannten Maginot-Linie – geflossen. Zusätzliches Geld für den Aufbau einer modernen Luftwaffe und von Panzerverbänden war nicht vorhanden. Die an der Erfahrung des Stellungskrieges ab 1914 orientierte statische französische Verteidigungsstrategie versagte jedoch angesichts des von Deutschland geführten Blitzkrieges. Moderne, schnelle Panzerverbände umgingen die Verteidigungsanlagen und überrannten die schlecht vorbereitete und schlecht ausgestattete französische Armee. Die militärische Niederlage Frankreichs 1940 war hauptsächlich die Folge einer verfehlten militärischen Strategie, doch sie kann auch als Folge einer verfehlten Wirtschaftspolitik während der 1930er Jahre verstanden werden, die eine adäquate Ausrüstung der französischen Truppen unmöglich machte.

Für Historiker der Großen Depression ist die Geschichte Frankreichs und Großbritanniens während der 1920er und 1930er Jahre von großem Interesse, da sie ein Paradebeispiel für die Folgen eines Festhaltens am Goldstandard um jeden Preis bietet. Barry Eichengreen («Golden Fetters»[26]) hat darauf hingewiesen, wie der Goldstandard dazu beitrug, die Krise von einem Land auf das nächste zu übertragen. Länder, deren Währungen überbewertet waren, litten unter der Inflexibilität der Wechselkurse. Ihre Exportindustrien verloren an Wettbewerbsfähigkeit und kollabierten. Die wegen des Goldstandards notwendige Deflationspolitik lähmte die Nachfrage im Inland. Hohe Zinsen und ein Zurückfahren der Staatsausgaben verschärften die wirtschaftlichen Probleme. Erst ein Abgehen vom Goldstandard schuf Freiräume für eine effektive Bekämpfung der Krise.

7. Die Weltwirtschaftskrise in Deutschland bis zur Machtergreifung Hitlers

Der «Zündholzkönig» Ivar Kreuger galt in den späten 1920er Jahren als einer der angesehensten, reichsten und am besten vernetzten Männer Europas. Filmstars wie Mary Pickford, Douglas Fairbanks und Greta Garbo besuchten ihn auf seiner luxuriösen Motorjacht «Loris». Zeitungen berichteten über seine häufig wechselnden Liebschaften. In den Hallen der Macht war er ein gern gesehener Gast. Man empfing ihn im Weißen Haus, im Elysée-Palast und in der Berliner Reichskanzlei. Überall schätzte man seinen Rat. Selbst die «Wall Street schaute in Kreugers hypnotisierende, eisblaue Augen und merkte, dass sie diesem Charmeur nicht widerstehen konnte»[27], wie in einer zeitgenössischen Ausgabe des Time Magazines zu lesen war.

Dabei hatte Kreugers Karriere relativ bescheiden in der schwedischen Provinz begonnen. Der Sohn eines kleinen schwedischen Zündholzfabrikanten studierte Ingenieurwissenschaften in Stockholm, reiste 1902 nach Mexiko und in die USA, wo er als Brückenbauer tätig war, und zog schließlich nach Südafrika weiter. Sein steiler Aufstieg begann erst nach seiner Rückkehr nach Schweden im Jahr 1907. Zunächst leitete er dort eine Baufirma, aber schon bald regten die väterlichen Streichholzfabriken seine Phantasie an. Nach zähen Verhandlungen gelang es ihm, das Unternehmen seines Vaters mit sieben kleineren Zündholzherstellern unter seiner Führung zusammenzuschließen. Gegen Ende des Ersten Weltkriegs kontrollierte der von ihm geschmiedete Konzern bereits den schwedischen Zündholzmarkt.

Die wirtschaftlichen Verwerfungen in den europäischen Staaten nach Kriegsende begriff Kreuger weniger als Hindernis, denn als Chance. Europas Regierungen, das wusste er, benötigten dringend Geld, konnten aber aufgrund ihrer schlechten Bonität nur schwerlich Kredite auf dem freien Kapitalmarkt aufnehmen.

Auch verschiedene südamerikanische Staaten hungerten nach liquiden Mitteln, die ihnen niemand leihen wollte. Sein Zündholzimperium galt dagegen als uneingeschränkt kreditwürdig – und was lag daher näher, als den klammen Staaten auszuhelfen?

Die ersten seiner Anleihen vergab er noch aus den liquiden Reserven seiner Firma. So lieh er beispielsweise Ecuador drei Millionen Dollar. Auch Polen, Spanien und Griechenland erhielten Millionenbeträge aus seiner Tasche. Um größere Summen für Staaten wie Deutschland und Frankreich aufzubringen, nahm Kreuger dagegen selbst Kredite auf und gab neue Aktien und Anleihen seiner Firma aus. Amerikanische Banken waren nur zu gerne bereit, dem Zündholzkönig Gelder vorzustrecken, denn Streichhölzer galten als absolut krisensicheres Geschäft. Selbst im Falle eines schweren wirtschaftlichen Einbruchs benötigte man sie, um Öfen, Lampen und Zigaretten anzuzünden. So vergab Kreuger schließlich Anleihen in einem geschätzten Gesamtwert von 387 Millionen Dollar. Den mit Abstand größten Posten stellte dabei ein 1929 gewährter 125-Millionen-Dollar-Kredit an die Weimarer Republik dar, die damals kurz vor der Zahlungsunfähigkeit stand.

Die Gegenleistung, die der gewiefte Finanzier den von ihm unterstützten Regierungen abverlangte, war recht simpel: Er sicherte sich in den betreffenden Ländern ein gesetzliches Monopol auf den Verkauf von Zündhölzern für seine Firma. Auf diese Weise gelang es ihm bis Anfang der 1930er Jahre, ca. drei Viertel des globalen Streichholzmarkts unter seine Kontrolle zu bringen. Sein Konzern, der rasch in andere Geschäftsfelder ausgegriffen hatte, kontrollierte zu diesem Zeitpunkt etwa 400 verschiedene Firmen, darunter die Deutsche Unionsbank, die französische Union de Banques à Paris sowie zahlreiche Minen und Immobiliengesellschaften. Der Zündholzkönig befand sich auf dem Höhepunkt seiner Macht – und stand doch im selben Augenblick kurz vor dem Abgrund.

Am 12. März 1932 fand man Kreuger tot in seiner Pariser Wohnung. Er hatte sich mit einer Pistole durch das Herz geschossen. Während des letzten Jahres vor seiner Selbsttötung waren Kreugers amerikanische Geldgeber zunehmend unruhig geworden.

Noch kurz zuvor hatten ihnen der gute Name des Zündholzkönigs und dreißigprozentige Dividendenausschüttungen seiner Aktiengesellschaft genügt, um jegliche Zweifel an der Solidität des Finanzjongleurs zu zerstreuen. Doch nun standen zahlreiche europäische Staaten vor der Zahlungsunfähigkeit und somit wollten die amerikanischen Investoren Geld sehen, statt neues nachzuschießen. Sollte etwa der Mann, den der Finanzjournalist T. G. Barman gerade noch als «größtes und konstruktivstes Finanzgenie unserer Generation»[28] bezeichnet hatte, nicht mehr in der Lage sein, seine Verbindlichkeiten zu begleichen? In der Tat war es dem Zündholzkönig nach dem Wall Street Crash im Oktober 1929 zunehmend schwer gefallen, neue Käufer für die von ihm herausgegebenen Anleihen und Aktienemissionen zu finden. Durch eine kreative Rechnungslegung und Verschiebegeschäfte innerhalb seines undurchsichtigen Firmenimperiums gelang es ihm vorerst, den schönen Schein aufrechtzuerhalten. Auch der Vorwurf, er habe eigenhändig Anleihen gefälscht und Investoren betrogen, stand im Raum. Als er im März 1932 schließlich trotz zäher Verhandlungen keine neuen Geldgeber finden konnte und daher nicht mehr in der Lage war, eine fällige Zahlung zu leisten, nahm er sich das Leben. Die Nachricht seines Todes wurde zwölf Stunden lang geheim gehalten, doch als sie durchsickerte, stürzte sein Zündholzimperium wie ein Kartenhaus in sich zusammen und die ohnehin schwer gebeutelten Börsen brachen weltweit ein. Kreuger hatte bei der Vergabe großzügiger Kredite an klamme Staaten mit dem Feuer gespielt und sich dabei verbrannt. Der sagenhafte Reichtum des Zündholzkönigs war über Nacht in Rauch aufgegangen.

Die Person Ivar Kreugers ist und bleibt in Geschichtsschreibung und Öffentlichkeit hoch umstritten. Für die einen ist er einer der größten Betrüger aller Zeiten. Andere halten ihn für das Opfer eines Komplotts, glauben, sein Streichholzimperium sei im Kern solide gewesen, und behaupten, er habe nicht Selbstmord begangen, sondern sei ermordet worden. So kontrovers sein Tod auch sein mag, die Ursache seines jähen Sturzes erscheint heute klar. So erklärte der Börsenguru und Spekulant André Kostolany, der Kreugers Untergang in Paris seinerzeit hautnah miterlebte, schon 1961 in der «Zeit»:

> Die Angelegenheit [Kreugers Geschäftsmodell der Kreditvermittlung an europäische Staaten, F. P.] erschien vernünftig und durchführbar. Sie hätte es sein können, wenn die Schuldnerländer solvent geblieben wären. Der wahre Grund für den Zusammenbruch war sicherlich nicht eine von Ivar Kreuger begangene Unanständigkeit, sondern einfach die politischen Ereignisse, die sich auf Mitteleuropa auswirkten. Kreuger beurteilte die finanzielle Struktur und die wirtschaftliche Zukunft dieser Länder falsch. [...] Deutschland, Rumänien, Ungarn und die anderen Schuldner stellten eines Tages die Zahlung der Zinsen und der Amortisationsbeträge ein. [...] Die amerikanische Krise war auf dem Höhepunkt. Es bestand auch für eine Besserung der politischen Lage in Mitteleuropa keine Hoffnung mehr. Infolgedessen waren die Kapitalisten nicht sehr begierig, ihr Geld in Kreuger-Obligationen anzulegen.[29]

Der Zusammenbruch von Kreugers Streichholzimperium verschärfte die Krise ohne Zweifel, doch Kreuger war in erster Linie Opfer und nicht Auslöser der Großen Depression in Mitteleuropa.

Diese Rolle teilte er mit seinem größten Schuldner, Deutschland, dessen Zahlungsausfall maßgeblich zu seinem Bankrott beitrug. Anfangs schienen der Crash an der Wall Street weder Kreuger noch Deutschland allzu hart zu treffen. Doch genau wie der Zündholzkönig war die Weimarer Republik von amerikanischen Krediten abhängig und geriet in ernsthafte Schwierigkeiten, als diese ausblieben. So wie er geliehenes Geld in Staatsanleihen steckte, die er infolge des weltweiten wirtschaftlichen Einbruchs abschreiben musste, hatte auch Deutschland einen Großteil der Gelder aus dem Dawes-Plan in Projekte investiert, die keine Rendite abwarfen, und konnte nun seine Schulden nicht mehr bedienen. In gewisser Weise saßen der Zündholzkönig und die erste deutsche Republik also in ein und demselben Boot – einem Boot, das nach 1929 in schwere Seenot geriet und schließlich zu Beginn der 1930er Jahre kenterte. Als die globale Depression Kreuger in den wirtschaftlichen Ruin und Suizid trieb, war auch die junge deutsche Demokratie nach Jahren der Selbstzerfleischung politisch bankrott und wenig später nur noch Erinnerung.

Nach der Krise des Jahres 1923 schien sich Deutschland politisch und wirtschaftlich gefangen zu haben und in ein ruhigeres Fahrwasser zu geraten, doch wie Kreugers Zündholzimperium war auch die deutsche Wirtschaft der späten 1920er Jahre nur scheinbar gesund und stabil. Als sich im Sommer 1929 Gewitterwolken über der Wall Street zusammenzogen, war das Land denkbar schlecht dafür gerüstet, wirtschaftlichen Sturmböen von jenseits des Atlantiks widerstehen zu können. Seine Landwirtschaft befand sich (ähnlich wie die amerikanische) während der 1920er Jahre in einer chronischen Krise, die ab 1927/28 dramatische Züge annahm. Der Verfall der Preise für Agrargüter auf dem Weltmarkt trieb die großen ostdeutschen Güter in die Verschuldung und belastete die kleinteilige westdeutsche Landwirtschaft schwer. Anders als in den Vereinigten Staaten hatten Deutschlands Bauern ihre Betriebe aufgrund des Krieges und der Nachkriegswirren nicht oder nur unzureichend modernisieren und mechanisieren können. So waren sie bei sinkenden Preisen kaum in der Lage, ihre Einkommensverluste durch eine Ausweitung der Produktion zu kompensieren.

Auch die deutschen Banken kränkelten noch immer. Die Hyperinflation von 1923 hatte ihre Kapitalbasis aufgezehrt und zu Beginn der Weltwirtschaftskrise waren sie ausgesprochen schlecht kapitalisiert. War vor dem Krieg ein Verhältnis von Eigen- zu Fremdkapital von 1:4 und eine liquide Reserve in Höhe von ca. sieben Prozent der Verbindlichkeiten üblich gewesen, so waren nun Eigenkapitalquoten von 1:10 oder 1:15 und Barreserven von knapp unter vier Prozent die Regel. Das Geschäftsmodell vieler deutscher Banken ähnelte dem Ivar Kreugers. Auch sie vergaben kurzfristig bei ihnen deponierte ausländische (d.h. amerikanische) Gelder als langfristige Kredite an ihre deutschen Kunden. Ein Abzug dieser kurzfristigen Einlagen musste sie zwangsläufig in existenzielle Schwierigkeiten stürzen.

Im Vergleich zu Bauern und Banken ging es der deutschen Industrie relativ gut. Sie war nun produktiver als vor dem Krieg und expandierte vor allem in ihren jungen Zweigen – der Chemie- und Elektroindustrie. Doch die Reallöhne der Arbeiter erreichten erst 1928 wieder das Niveau von 1914, die Arbeitslosigkeit blieb selbst in guten Jahren mit ca. sieben Prozent relativ hoch und die Kaufkraft hinkte der Produktivität hinterher. Somit blieb der deutsche Binnenmarkt schwach, während die Exportwirtschaft in der zweiten Hälfte der 1920er Jahre unter ausländischen Schutzzöllen und der Segmentierung des Weltmarkts litt. Trotz der starken Exportorientierung blieb Deutschlands Handelsbilanz im Laufe der gesamten 1920er Jahre negativ. Letztlich steuerte Deutschland schon seit spätestens 1928 auf eine Rezession zu.

Die größte Belastung für die deutsche Wirtschaft stellten aber zweifellos die unsicheren politischen Verhältnisse und der Mangel an gesellschaftlichem Konsens in der Weimarer Republik dar. Während weiter Teile der 1920er Jahre hatten die SPD, die katholische Zentrumspartei und die linksliberal orientierte Deutsche Demokratische Partei (DDP) – die Parteien der sogenannten Weimarer Koalition – die junge Republik in wechselnden Konstellationen getragen und geführt. Zeitweise war es auch gelungen, die nationalliberale Deutsche Volkspartei (DVP) unter Gustav Stresemann in Regierungskoalitionen zu integrieren. Aber diese Zweckbündnisse waren instabil und begannen schon vor 1929 auseinanderzubrechen. Das politische Gravitationszentrum Weimars verlagerte sich immer weiter nach rechts. Bereits 1925 hatte sich der betagte Generalfeldmarschall und Kriegsheld Paul von Hindenburg bei der Reichspräsidentenwahl gegen den Kandidaten der Weimarer Koalition, den Zentrumsabgeordneten Wilhelm Marx, durchgesetzt. Somit gelangte ein Mann in das höchste Staatsamt, der – in den Worten des späteren Bundespräsidenten Theodor Heuss – «in seiner seelischen Substanz ein Monarchist war»[30] und die Republik ablehnte, der er vorstand. Die Reichstagswahlen des Jahres 1928 brachten zwar noch ein letztes Mal eine große Koalition unter sozialdemokratischer Führung an die Macht, doch in den folgenden Monaten kam es zu einem deutlichen Rechtsruck der bürgerlichen Parteien, die die SPD zunehmend isolierten. Spätestens nach dem Tod des demokratisch gesinnten führenden DVP-Politikers Gustav Stresemann am 3. Oktober 1929 – also nur wenige Wochen vor dem Wall Street Crash – gewannen die zentrifugalen Kräfte im politischen Spektrum der Weimarer Republik endgültig die Überhand. In der DVP setzte sich nun der rechte und antirepublikanische Parteiflügel durch und auch die Zentrumspartei distanzierte sich immer weiter von der «sozialistischen» Politik ihres Koalitionspartners SPD. Just in dem Moment, als die Weltwirtschaftskrise über Deutschland hereinbrach, waren die gemeinsamen Interessen und der Kompromisswille der staatstragenden Parteien der Weimarer Republik aufgebraucht.

Das wurde an der Frage einer Reform der Arbeitslosenversicherung deutlich, die sich 1929/30 auf die Tagesordnung drängte. Diese Versicherung, in die Arbeitnehmer und Arbeitgeber paritätisch einzahlten, war erst 1927 eingeführt und damals auf eine maximale Arbeitslosenzahl von 800 000 Menschen zugeschnitten worden. Aber schon im Frühjahr 1929 – also noch vor dem Ausbruch der Krise – überstiegen die Erwerbslosenzahlen diesen Wert deutlich. Als die Arbeitslosigkeit dann infolge des Wall Street Crashs und des Abbruchs des Kreditstroms aus den USA im Winter 1929/30 weiter in die Höhe schnellte, wuchs sich die Problematik schnell zur Staatskrise aus. Für die Defizite der Arbeitslosenversicherung musste der Staatshaushalt aufkommen, der jedoch schon zuvor aufgrund des einbrechenden Steueraufkommens und der zu leistenden Reparationszahlungen tief in den roten Zahlen steckte. Die von Kreuger zum damaligen Zeitpunkt gewährte Anleihe von 125 Millionen Dollar konnte die Zahlungsunfähigkeit Deutschlands hinauszögern, doch sie löste das Problem nicht. Entweder musste die Reichsregierung die Beitragssätze für die Versicherung und die allgemeine Steuerlast erhöhen oder die Zahlungen der Arbeitslosenversicherung sowie weitere Sozialleistungen drastisch zurückfahren.

Diese Frage entwickelte sich zum politischen Sprengsatz, der die letzte auf eine parlamentarische Mehrheit gestützte Regierung der Weimarer Republik auseinandertrieb. Die Sozialdemokraten sperrten sich vehement gegen eine Kürzung der Sozialleistungen und gegen höhere Verbrauchsteuern, die ihre Klientel überdurchschnittlich belastet hätten, und forderten stattdessen eine Erhöhung der Beitragssätze zur Versicherung und der direkten Steuern. Die DVP und das Zentrum sprachen sich dagegen für geringere Sozialleistungen bei konstanten Versicherungssätzen aus, um die internationale Wettbewerbsfähigkeit der deutschen Unternehmen nicht zu gefährden, und waren bestenfalls für Erhöhungen der Verbrauchsteuern zu haben. Als trotz langer Verhandlungen und zahlreicher Kompromissvorschläge keine tragfähige Lösung für dieses Problem gefunden werden konnte, reichte Reichskanzler Hermann Müller am 27. März 1930 den Rücktritt seiner Regierung ein. Für viele Deutsche – allen voran für Reichspräsident Paul von Hindenburg – war damit nicht nur die große Koalition der demokratisch gesinnten Kräfte, sondern der Parlamentarismus an sich gescheitert.

Statt Parteiengezänk wünschte sich der greise Hindenburg eine handlungsfähige und antimarxistisch-konservative Regierung – eine Regierung, die ihre Agenda notfalls auch gegen den Willen des Parlaments mittels von ihm gezeichneter Notverordnungen durchsetzen würde. Diese eigentlich nur in Zeiten des Ausnahmezustands vorgesehenen und vom Reichspräsidenten zu erlassenden Notverordnungen hatten Gesetzeskraft. Sie waren in Artikel 48 der Weimarer Reichsverfassung verankert und ihre Instrumentalisierung zur Umgehung des Parlaments entsprach somit dem Wortlaut – wenn auch nicht dem Geist – des Gründungsdokuments der Weimarer Republik. Nur drei Tage nach dem Rücktritt der Regierung Müller beauftragte Hindenburg den Zentrumsabgeordneten Heinrich Brüning mit der Bildung einer neuen Regierung unter Ausschluss der SPD und machte deutlich, dass er diesem Kabinett ein Regieren mittels Notverordnungen ermöglichen würde.

Auf eine parlamentarische Mehrheit war der neue Reichskanzler Brüning also nicht unmittelbar angewiesen, doch wie groß sein Handlungsspielraum tatsächlich war, ist in der Forschung höchst umstritten. Ganz ohne das Parlament kam Brüning auch unter Rückgriff auf Artikel 48 nicht aus. Da der Reichstag Notverordnungen mit Mehrheitsentscheidung aufheben konnte, musste er zumindest dafür sorgen, dass eine Mehrheit seine Politik tolerierte. War dies nicht der Fall, so blieb ihm nur, den Reichspräsidenten, von dem er abhängig war und den er daher nicht verärgern durfte, um die Auflösung des Parlaments zu bitten. Vor allem aber waren es die äußeren Umstände, die Brünings Optionen einschränkten.

Während seiner Regierungszeit schlug die Weltwirtschaftskrise vollständig auf Deutschland durch, so dass der Kanzler nur reagieren, aber kaum eine eigene Agenda entwickeln konnte. Das Wegbrechen der transatlantischen Kreditströme, von denen die Weimarer Republik in einem so hohen Maß abhängig war, hatte dramatische Konsequenzen für die ohnehin schwache deutsche Wirtschaft. Die Industrieproduktion brach um 40–50 Prozent ein. Die offizielle Zahl der Arbeitslosen stieg 1932 auf bis über sechs (faktisch wohl eher sieben) Millionen Menschen an. Der Verlust des Arbeitsplatzes traf alle gesellschaftlichen Gruppen – Arbeiter wie Angestellte – und oft blieben die Betroffenen über Jahre ohne Beschäftigung. Weite Teile der Mittelschicht stürzten in Armut. Unter Kindern war Unterernährung weit verbreitet.

Vom Staat hatten die Betroffenen wenig Hilfe zu erwarten. Das schiere Ausmaß der Krise überforderte die staatlichen Sicherungssysteme. Aus Sicht der Zeitgenossen drohte die Verschuldung des Staatshaushalts unkontrollierbar zu werden und der politische und öffentliche Druck wuchs, das Budget der Reichsregierung um jeden Preis auszugleichen. Neue Kredite waren nicht zu beschaffen, da Weimar nun als ein höchst fragwürdiger Schuldner galt. Zudem hielten es die meisten Deutschen nach der Erfahrung der Hyperinflation von 1923, als Haushaltsdefizite ins Desaster geführt hatten, schlicht für inakzeptabel, der Krise durch eine Ausweitung der Staatsverschuldung oder das Drucken von neuem, ungedecktem Geld zu begegnen.

So sah Brüning nur einen Weg aus der Krise, den er entschlossen verfolgte. Deutschland musste sich gesundschrumpfen, eisern

Die Arbeitslosenversicherung war in der Krise hoffnungslos überlastet und die Menschen blieben auf sich alleine gestellt.

sparen und durch das Fegefeuer der Deflation gehen, um die Depression zu überwinden. Seine Regierung erhöhte direkte und indirekte Steuern, um höhere Einnahmen zu erzielen. Sie kürzte Sozialleistungen und die Gehälter der Beschäftigten im öffentlichen Dienst, um ihre Ausgaben zu reduzieren. Gleichzeitig erhöhte sie die Beitragssätze für die Arbeitslosenversicherung und reduzierte den Teil des Steueraufkommens, den die Reichsregierung an die Länder überwies. Mittels Notverordnung setzte Brüning Miet-, Lohn- und Preissenkungen durch, um die deutsche

Exportwirtschaft wettbewerbsfähiger zu machen. Im Vergleich zu den Vereinigten Staaten und den europäischen Nachbarländern verfolgte Deutschland damit das mit Abstand kompromissloseste Sparprogramm.

Doch all diese Maßnahmen verschärften die Not der von der Krise Betroffenen. Sie alle wirkten sich negativ auf die Kaufkraft der Konsumenten und die Investitionsbereitschaft der Betriebe aus und trieben Deutschland tiefer in die Depression. Schon bald war Brüning als «Hungerkanzler» verschrien. Trotzdem hielt er an seiner Austeritätspolitik fest und verschärfte sie sogar. Das Ziel einer stabilen Währung (das einen ausgeglichenen Haushalt voraussetzte) und einer Wiederbelebung der deutschen Exporte gewichtete er höher als das millionenfache Leid seiner Landsleute.

Zumindest öffentlich rechtfertigte er diese Politik auch mit dem Argument, so die Reparationen loswerden zu können, die Deutschland nach wie vor zu zahlen hatte. Die Gesamtsumme dieser Zahlungen sowie die Zahlungsmodalitäten der einzelnen Raten waren erst 1929/30 im sogenannten Young-Plan neu festgesetzt worden.

Der 1924 in Kraft getretene Dawes-Plan zur Regelung der deutschen Reparationen (siehe Kapitel 2) hatte dem Deutschen Reich mit seinen anfänglich sehr geringen jährlichen Zahlungen und den Kreditzuflüssen aus der Dawes-Anleihe eine Atempause verschafft und die Stabilisierung seiner wirtschaftlichen Verhältnisse ermöglicht. Doch als 1928 erstmals die volle Annuität der zu leistenden Reparationen von 2,5 Milliarden Goldmark fällig wurde, geriet die Weimarer Republik erneut an den Rand der Zahlungsfähigkeit. Eine Neuregelung des vereinbarten Zahlungsplans wurde unumgänglich.

Die Überarbeitung des Zahlungsplans übernahm ein Expertenausschuss unter Leitung des amerikanischen Finanzexperten Owen D. Young. Dieses Gremium setzte die Gesamtlast der Reparationen neu fest, die Deutschland bis 1988 in jährlichen Raten zahlen sollte, und senkte die unmittelbar zu leistenden Annuitäten auf 1,7 Milliarden Goldmark ab. Gleichzeitig erhielt Deutschland die Souveränität über Reichsbank und Reichsbahn zurück und konnte eine vorzeitige Räumung des Rheinlands durch die französischen Besatzungstruppen erreichen. Vor dem Hintergrund der über Deutschland hereinbrechenden Wirtschaftskrise war der Plan aber bereits 1932 nur noch Makulatur.

Doch Brüning argumentierte, nur durch eine gewissenhafte Einhaltung des Young-Plans bis an die Grenze der deutschen Zahlungs- und Leidensfähigkeit könne die Unmöglichkeit, die Reparationsforderungen der Alliierten zu erfüllen, bewiesen werden. Mit seiner Austeritätspolitik, so erklärte er, wolle er der Weltöffentlichkeit vor Augen führen, dass Deutschland keine weiteren Reparationen leisten könne und dass diese gestrichen oder nochmals deutlich gesenkt werden müssten. Die zumindest teilweise Aufhebung der Reparationsforderungen sei eine Voraussetzung für die Überwindung der Krise.

Inwieweit diese Argumentation von Brüning tatsächlich selbst geglaubt oder nur vorgeschoben wurde, um eine Wirtschaftspolitik zu rechtfertigen, die er für alternativlos hielt, ist in der Forschung umstritten. Letztendlich setzten die Alliierten angesichts der Krise ihre Reparationsforderungen gegenüber Deutschland im Juli 1931 im Rahmen des Hoover-Moratoriums aus und ließen sie schließlich im Juli 1932 gegen eine abschließende Zahlung von drei Milliarden Goldmark ganz fallen. Brüning jedoch konnte diesen Erfolg nicht mehr feiern. Das Hoover-Moratorium kam zu spät, um eine Reihe spektakulärer Bankenzusammenbrüche zu verhindern, die ab Mai 1931 ganz Mitteleuropa erschütterten und die zweite – und mit Abstand schlimmste – Phase der deutschen Wirtschaftskrise einleiteten. Als Frankreich und Großbritannien im Juli 1932 auf der Konferenz von Lausanne endlich auf ihre Reparationsforderungen verzichteten, war Brüning schon nicht mehr im Amt. Der Hungerkanzler glaubte sich nur «hundert Meter vor dem Ziel»[31] einer nachhaltigen Wende zum Besseren, als Hindenburg den glücklosen Kanzler fallen ließ. In seinem aussichtslosen Kampf, durch rücksichtsloses Sparen das Vertrauen internationaler Investoren in die deutsche Wirtschaft zurückzugewinnen, hatte Brüning Deutschland immer tiefer in die Krise getrieben, das Vertrauen der Deutschen in demokratische

Lösungen verspielt und schließlich selbst das des Reichspräsidenten verloren.

Nicht nur in Deutschland, sondern in ganz Mitteleuropa zählten die Banken zu den schwächsten Gliedern der Kette, von der das wirtschaftliche Wohl der Nationen abhing. Ihre geringe Eigenkapitalquote und ihre geringen Barreserven sind weiter oben bereits angesprochen worden. Die in den 1920er Jahren häufigen Zusammenschlüsse von Kredithäusern änderten wenig an dieser Situation. Statt zwei kleinen schwachen Banken stand am Ende einer solchen Fusion meist lediglich eine große schwache Bank mit doppelten Verbindlichkeiten und nur unwesentlich gestiegenen Reserven. Darüber hinaus belastete die enge Verflechtung der Banken mit der Großindustrie die Kreditwirtschaft. Als die Industriekonzerne aufgrund der internationalen Wirtschaftskrise in Schwierigkeiten gerieten, blieb dies nicht ohne Konsequenzen für die Banken, die einen Großteil ihres Kapitals in diesen Betrieben investiert hatten. Die Deflation der frühen 1930er Jahre ließ den nominellen Wert von Lagerbeständen und Produktionsanlagen der Unternehmen sinken und der Kursverfall an den Börsen entwertete ihre Aktien, während der Schuldenstand der Betriebe konstant blieb. Die Banken hatten diese Sachwerte und Aktien der Unternehmen jedoch als Sicherheiten für ausgegebene Kredite akzeptiert und sahen sich gezwungen, zusätzliche Sicherheiten zu verlangen, als sich der Wert von Maschinen, eingelagerten Gütern und Anteilsscheinen der Gesellschaften verringerte. Meist konnten die betroffenen Unternehmen keine neuen Sicherheiten liefern und oft mussten sie daher Konkurs anmelden. In solchen Fällen sahen auch die Banken nur einen Bruchteil ihrer Kredite wieder.

Am schwersten wog aber auch an dieser Stelle das Wegbrechen der transatlantischen Kreditzuflüsse, an die sich Mitteleuropas Finanzinstitute so gewöhnt hatten. Angesichts der allgemeinen wirtschaftlichen Unsicherheit, der Depression in den USA und der Wahlerfolge der NSDAP und der Kommunisten bei den Reichstagswahlen im September 1930 waren amerikanische Investoren trotz hoher Zinsen kaum noch bereit, ihr Geld bei mittel- und osteuropäischen – und insbesondere deutschen – Banken anzulegen. Ohne neues amerikanisches Kapital trockneten nationale Kreditmärkte, auf denen Unternehmen und Regierungen um dringend benötigte Gelder konkurrierten, schnell aus. Ein Phänomen griff um sich, das in den vergangenen Jahren unter der Bezeichnung *credit crunch* in den allgemeinen Sprachgebrauch eingegangen ist. Für mitteleuropäische Unternehmen waren – selbst wenn Sicherheiten vorhanden waren – Kredite zu akzeptablen Konditionen kaum noch zu bekommen.

Vor dem Hintergrund der allgemeinen Wirtschaftskrise, der schwachen Position der Banken und der nach der Erfahrung der Hyperinflation ausgesprochen misstrauischen Sparer lag die Gefahr einer Bankenpanik daher Anfang der 1930er Jahre förmlich in der Luft. Es fehlte nur noch ein Funke, um einen Flächenbrand unter den mitteleuropäischen Banken auszulösen. Diesen Funken generierte im Mai 1931 eine Meldung der größten österreichischen Bank – der Creditanstalt – über Verluste in Höhe von 140 Millionen Schilling. Der Ansturm der Sparer auf die Bankschalter begann augenblicklich – und er blieb nicht auf die Creditanstalt beschränkt. Auch andere österreichische Banken hatten mit massiven Kapitalabflüssen zu kämpfen. Um einen Zusammenbruch des gesamten österreichischen Bankensektors zu verhindern, der auch die Finanzinstitute weiterer europäischer Länder mit in die Tiefe gerissen hätte, sprang die österreichische Regierung in die Bresche und übernahm einen Großteil der Schulden der Creditanstalt, während internationale Geldgeber sich im Rahmen eines «Stillhalteabkommens» vertraglich dazu verpflichteten, keine weiteren Gelder aus der Bank abzuziehen. Im Oktober 1931 führte Österreich zudem Devisenkontrollen ein (d. h. es beschränkte das Recht, die Landeswährung in Fremdwährungen zu tauschen), um einer Flucht aus dem Schilling zu begegnen und seine Währung zu stabilisieren.

Die Creditanstalt war damit gerettet, doch nun gerieten die deutschen (und osteuropäischen) Kreditinstitute in den Fokus. Auch sie galten nun als Wackelkandidaten und sowohl inländische Sparer als auch ausländische Investoren begannen, Gelder abzuziehen. Kapital, das deutsche Banken in Österreich geparkt hatten, stand aufgrund des Stillhalteabkommens mit Österreich nicht zur Verfügung, um die Lücken zu stopfen, die sich jeden Tag aufs Neue auftaten. Schlechte Unternehmensnachrichten – Karstadt und der Versicherungskonzern Nordstern waren im Mai in eine finanzielle Schieflage geraten – beschleunigten den Kapitalabfluss. Als am 1. Juli 1931 die Nachricht über ein fehlgeschlagenes Spekulationsgeschäft des Nordwolle-Konzerns publik wurde, das von der Darmstädter und Nationalbank (DANAT-Bank) finanziert worden war und aus dem sich nun massive Verluste ergaben, brachen alle Dämme. Aus Angst, ein bevorstehender Zusammenbruch des führenden europäischen Wollherstellers Nordwolle könnte auch die DANAT-Bank sowie die ebenfalls beteiligte Dresdner Bank mit in den Abgrund reißen, stürmten Deutschlands Sparer die Bankschalter und ausländische Investoren holten ihre in Deutschland angelegten Gelder nach Hause.

Die deutschen Banken kämpften nun ums Überleben. Von der Reichsbank hatten sie wenig Hilfe zu erwarten. Diese war gesetzlich dazu verpflichtet, eine Golddeckung der Reichsmark von 40 Prozent aufrechtzuerhalten. Da aber ausländische Investoren immer größere Mengen an Gold aus dem Reich abzogen, kämpfte die Reichsbank an zwei Fronten. Ihre liquiden Mittel reichten nicht aus, um gleichzeitig die Reichsmark zu verteidigen und den in Bedrängnis geratenen Banken als Kreditgeber der letzten Instanz (*lender of last resort*) zur Verfügung zu stehen. In letzter Minute gewährte englische und französische Kredite waren zu knapp bemessen, um ihr ein entschlossenes Eingreifen gegen den sich ausbreitenden Flächenbrand zu ermöglichen. Vor harte Entscheidungen gestellt, gab die Zentralbank dem Verbleib der deutschen Währung im Goldstandard absolute Priorität. Deutschland hätte – wie Großbritannien wenig später, im September 1931 – den Goldstandard verlassen und den Banken mit neu gedrucktem, ungedecktem Geld aushelfen können, doch der Geist der Hyperinflation von 1923 ängstigte Deutschlands Banker und Bürger noch immer mehr als die 1931 realen Gegner Deflation und Bankenpanik.

Im Juli 1931 versuchen aufgebrachte Bankkunden ihre Konten bei der Städtischen Sparkasse in Berlin zu räumen. Die Banken sind dem Andrang nicht gewachsen.

So blieben die Geschäftsbanken auf sich alleine gestellt. Wo immer möglich riefen sie Kredite zurück, um ihre liquiden Reserven zu stärken. Selbst solide wirtschaftenden Unternehmen wurde damit der Teppich unter den Füßen weggezogen. Kredite mitten in der Krise zurückzuzahlen, war vielen von ihnen unmöglich und sie schlossen die Werkstore für immer.

Auch die Banken begannen ihre Schalter zu schließen. Die DANAT-Bank wurde am 13. Juli zahlungsunfähig und verschwand von der Bildfläche. Ihre Reste fusionierten mit der Dresdner Bank. Die Reichsregierung übernahm die Garantie der Einlagen. Am 14. und 15. Juli blieben alle deutschen Großbanken geschlossen. Als sie am 16. Juli wieder öffneten, waren per Notverordnung Beschränkungen des Zahlungsverkehrs in Kraft gesetzt worden. Ausbezahlt wurden nur noch Gehälter und Pensionen. Ein Abheben der Ersparnisse war bis auf weiteres nicht mehr möglich. Ausländische Kredite blieben im Rahmen eines neuen internationalen Stillhalteabkommens in Deutschland eingefroren. Ein Großteil der deutschen Bankenlandschaft war im Zuge von Kapitalerhöhungen *de facto* verstaatlicht worden. Auch wenn Deutschland *pro forma* am Goldstandard festhielt, so ermöglichten Devisenkontrollen und das Stillhalteabkommen die Ausgabe neuer Geldscheine und das stillschweigende Unterschreiten der Golddeckung von 40 Prozent. Nur so ließen sich die Mittel zur Bankenrettung beschaffen.

Die Bankenkrise des Sommers 1931 markiert den Tiefpunkt der Großen Depression in Deutschland. Der NS-Reichswirtschaftsminister Hjalmar Schacht beschrieb ihre Zusammenhänge und Auswirkungen 1938 wie folgt:

> Der Zusammenbruch der deutschen Wirtschaft [...] gipfelte in der Kreditkrise von 1931. Sie wurde ausgelöst durch den Run unserer Auslandsgläubiger, die am liebsten den gesamten Schuldenbetrag von nicht weniger als 25 Milliarden Reichsmark mit dreimonatiger Kündigung zurückgefordert hätten. Der Bruchteil, der tatsächlich transferiert wurde, war noch groß genug, um unsere Wirtschaft zu zerschlagen. Jeder Kreditverkehr hörte auf, der Zahlungsverkehr musste empfindlich eingeschränkt werden, sämtliche Großbanken erwiesen sich als sanierungsbedürftig, eine sogar als sanierungsunfähig, die Zinssätze erreichten eine irrsinnige Höhe, die Konkurse stiegen sprunghaft an. Jeder einzelne Zusammenbruch löste zwangsläufig eine Kette neuer Zahlungseinstellungen aus, und so standen bald ganze Wirtschaftszweige, unter ihnen vor allem die Landwirtschaft, vor dem Ruin. Die Lage der öffentlichen Finanzen wurde hoffnungslos, jede Steuererhöhung brachte nur einen Einnahmerückgang. Alle diese Zerfallserscheinungen in der Wirtschaft fanden ihren Niederschlag in einem beispiellosen sozialen Elend.[32]

Schachts düstere rückblickende Zustandsbeschreibung zielte zweifellos darauf ab, die späteren Erfolge der nationalsozialistischen Wirtschaftspolitik umso heller strahlen zu lassen – doch im Kern traf sie zu. Nach Firmen- und Bankenzusammenbrüchen, finanzpolitischem Chaos und allgemeinem Vertrauensverlust rückte die Hoffnung auf ein baldiges Ende der Krise 1931 in weite Ferne. Das Heer der «toten Hände und überflüssigen Hirne»[33], wie es in einer Arbeiterzeitschrift hieß, wuchs weiter an – die Arbeitslosigkeit erreichte neue Höchststände. Spektakuläre Stimmengewinne von NSDAP und KPD bei den Reichstagswahlen 1932 unterstrichen, wie sehr das Vertrauen der Wähler in die Handlungsfähigkeit der alten Eliten gelitten hatte.

Auf das Präsidialkabinett Brünings folgten die ebenfalls per Notverordnung regierenden Kabinette Franz von Papens und Kurt von Schleichers. Eine Neuausrichtung der Wirtschaftspolitik war mit diesen personellen Wechseln jedoch nicht verbunden. Im Großen und Ganzen blieb die deutsche Strategie zur Krisenbekämpfung an Deflation und Austerität orientiert. Die Einführung von Arbeitsbeschaffungsmaßnahmen blieb im Ansatz stecken. Die wenigen aufgelegten Programme wirkten angesichts der Masse der Arbeitslosen wie ein Tropfen auf dem heißen Stein. Erst mit der Machtübernahme der Nationalsozialisten erfolgte eine wirtschaftspolitische Kehrtwende.

8. Die Wirtschaftspolitik der Nationalsozialisten

In Adolf Hitlers politischem Denken hätte Wirtschaftspolitik im Allgemeinen und die Weltwirtschaftskrise im Besonderen eigentlich eine zentrale Rolle einnehmen müssen. Immerhin war die NSDAP nur dank der Großen Depression innerhalb weniger Jahre von einer belächelten Splitterpartei zur stärksten Kraft im Reichstag aufgestiegen. Hitlers Machtergreifung glückte nur angesichts der Ohnmacht seiner Vorgänger, dem Elend und der Armut Einhalt zu gebieten. Und obwohl die Nationalsozialisten sofort damit begannen, alle politischen und gesellschaftlichen Institutionen der Weimarer Politik gleichzuschalten und ihre Gegner gewaltsam zu unterdrücken, konnte ihre Herrschaft nur dann Bestand haben, wenn es ihnen gelang, die wirtschaftlichen Probleme zu lösen, an denen Brüning, Papen und Schleicher gescheitert waren.

Doch in Hitlers Weltbild spielten Fragen der Wirtschaftspolitik – jedenfalls nach unserem heutigen Verständnis des Begriffs – nur eine untergeordnete Rolle. Seine Überlegungen folgten weniger einer ökonomischen, als vielmehr einer kruden sozialdarwinistisch-biologistischen Logik. Den Ausgangspunkt seines Denkens bildete nicht der Wettbewerb der Wirtschaftssubjekte um knappe Ressourcen, sondern der Kampf der «Rassen» (gemeint sind Völker) um knappen Lebensraum. So schrieb er in «Mein Kampf»:

> [Der Staat ist] die Organisation einer Gemeinschaft physisch und seelisch gleicher Lebewesen zur besseren Ermöglichung der Forterhaltung ihrer Art sowie der Erreichung des dieser von der Vorsehung vorgezeichneten Zieles ihres Daseins. Dies und nichts anderes ist der Zweck und Sinn eines Staates. Die Wirtschaft ist dabei nur eines der vielen Hilfsmittel, die zur Er-

> reichung dieses Zieles eben erforderlich sind. Sie ist aber niemals Ursache oder Zweck eines Staates, sofern eben dieser nicht von vornherein auf falscher, weil unnatürlicher Grundlage beruht.[34]

Unter der «natürlichen Grundlage», auf deren Basis er die strategischen Ziele seines Staates definierte, verstand Hitler den darwinistischen Kampf ums Überleben mit allen Mitteln, in dem sich – nach seiner Vorstellung – die Stärksten, Mutigsten und Rücksichtslosesten durchsetzen, während die Schwachen, Zaghaften und pazifistisch-human Verblendeten zurückbleiben und untergehen müssen.

Die Grundannahme seiner Geschichtsauffassung war die einer ständig wachsenden Bevölkerung, die auf Basis einer nur begrenzt zur Verfügung stehenden Landfläche irgendwann nicht mehr ernährt werden könne. In «Mein Kampf» entwickelte er vier Szenarien, um diese Problematik für Deutschland zu lösen. Zunächst skizzierte er die Optionen der Geburtenkontrolle, um Überbevölkerung zu vermeiden, der «inneren Kolonisation»[35] (d. h. der Intensivierung der landwirtschaftlichen Nutzung), um eine wachsende Bevölkerung mit Lebensmitteln zu versorgen, und die Möglichkeit, «durch Industrie und Handel für fremden Bedarf zu schaffen, um vom Erlös das Leben zu bestreiten»[36]. Alle drei Optionen verwarf er. Stattdessen forderte er die «Erwerbung von neuem Grund und Boden zur Ansiedlung der überlaufenden Volkszahl»[37]. Dieses neue Land müsse in Osteuropa gewonnen werden – notfalls mit Gewalt, denn «was der Güte verweigert wird, hat eben die Faust sich zu nehmen.»[38] Für Hitler war dies

> die einzige Lösung, die eine Nation das tägliche Brot im inneren Kreislauf einer Wirtschaft finden läßt. Industrie und Handel treten von ihrer ungesunden führenden Stellung zurück und gliedern sich in den allgemeinen Rahmen einer nationalen Bedarfs- und Ausgleichswirtschaft ein. Beide sind damit nicht mehr die Grundlage der Ernährung der Nation, sondern ein

> Hilfsmittel derselben. [...] Ein solcher Entschluß erfordert dann freilich ungeteilte Hingabe. Es geht nicht an, mit halben Mitteln oder auch nur zögernd an eine Aufgabe heranzutreten, deren Durchführung nur unter Anspannung aber auch der letzten Energie möglich erscheint. Dann [muß] auch die gesamte politische Leitung des Reiches diesem ausschließlichen Zwecke huldigen [...].[39]

Hitlers Absichten waren also von Anfang an klar definiert, ein Angriffskrieg zur Eroberung Osteuropas von Anfang an geplant. Alles andere blieb diesem Ziel untergeordnet. Die Überwindung der Depression und den Aufbau einer florierenden Wirtschaft betrachtete Hitler nicht als Selbstzweck, sondern als ein Mittel, um Deutschland auf diesen Krieg vorzubereiten. In diesem Punkt unterscheidet sich die nationalsozialistische Wirtschaftspolitik radikal von allen anderen zu dieser Zeit verfolgten wirtschaftlichen Ansätzen. Ein in sich konsistentes Wirtschaftsprogramm hat die NSDAP niemals vorgelegt.

In der Forschung ist gelegentlich die «[e]ntfernte Verwandtschaft»[40] zwischen der wirtschaftlichen Agenda der Nationalsozialisten und dem New Deal Roosevelts diskutiert worden. Zweifellos gibt es gewisse Parallelen hinsichtlich der gewählten Formen und angewandten Strategien in Deutschland und den USA. Doch die Ziele der beiden Politiken hätten unterschiedlicher nicht sein können. Roosevelt löste die amerikanische Wirtschaft aus ihren globalen Verflechtungen heraus und orientierte den New Deal an nationalen Maßgaben, weil er darin die einzige Möglichkeit sah, seinen notleidenden Landsleuten schnelle Hilfe zukommen zu lassen. Doch er ließ niemals Zweifel daran aufkommen, dass er langfristig einen freien und prosperierenden Weltmarkt wünschte und anstrebte. Hitler dagegen wollte diesen Weltmarkt nicht. Er strebte nach einem «inneren Kreislauf einer Wirtschaft»,[41] einer sich selbst versorgenden Nation ohne Abhängigkeiten nach außen. Autarkie war eine notwendige Voraussetzung für das Führen eines Krieges und er sah in ihr den «natürlichen» Zustand eines Volkes. Internationaler Handel erschien den Nationalsozialisten nur bei solchen Produkten und Rohstoffen nützlich, die Deutschland selbst (noch) nicht im ausreichenden Maße herstellen konnte. Für Roosevelt waren Arbeitsbeschaffungsmaßnahmen ein Mittel, um dem Heer der Arbeitslosen Hoffnung und Brot sowie der Nation neue Flughäfen, Straßen und Schulen zu geben. Hitler nutzte sie, um Menschen fest an das nationalsozialistische System zu binden und militärische Infrastruktur zu schaffen. Roosevelt weitete staatliche Ausgaben und Machtbefugnisse aus, weil er darin die einzige Möglichkeit sah, einer Krise Herr zu werden, die aus seiner Sicht den Fortbestand der Demokratie in Amerika bedrohte. Doch auch wenn ihm Kritiker wahlweise sozialistische oder faschistische Subversion unterstellten: Sein Ziel war es, das bestehende System zu erhalten, Demokratie und Kapitalismus zu retten, nicht, sie zu zerstören. Hitler gab ebenfalls mehr Geld aus und zog Machtbefugnisse an sich. Aber im Gegensatz zu Roosevelt geschah dies nicht aus wirtschaftlichen Erwägungen, sondern diente der Aufrüstung der Wehrmacht und der Errichtung eines totalitären Staates. Die Nationalsozialisten wollten nicht in erster Linie die Wirtschaftskrise, sondern den pluralistischen Parteienstaat und die freie Marktwirtschaft überwinden.

Dass Hitlers Politik Deutschland aus der Depression führte, ist somit bis zu einem gewissen Punkt ein eher zufälliges Nebenprodukt seiner Eroberungspläne und seiner Strategie der Herrschaftskonsolidierung. Die massive Aufrüstung des Nazi-Staates kurbelte die deutsche Wirtschaft an, doch dies war nicht ihr Ziel. Die Arbeitsbeschaffungsmaßnahmen schufen Kaufkraft, aber Hitler wollte durch Maßnahmen wie den Autobahn- und Flugplatzbau nicht die Kaufkraft der Deutschen, sondern die Schlagkraft der Wehrmacht und seinen Rückhalt in der Bevölkerung stärken.

Die Zielperspektive nationalsozialistischer Wirtschaftspolitik erscheint somit klar. Doch welche konkreten wirtschaftspolitischen Maßnahmen schlugen Hitler und seine Mitstreiter vor, wie setzten sie diese Maßnahmen nach der Machtergreifung um und wie beschafften sie die finanziellen Mittel, die dafür notwendig waren?

Der eher links orientierte Reichsorganisationsleiter der NSDAP Gregor Strasser hatte schon im Mai 1932 im Reichstag die Deflationspolitik Brünings scharf angegriffen, da dieser mit dem «Kampfmittel der Notverordnung» den Deutschen nur «Not verordnen»[42] würde. Zugleich hatte er die «große antikapitalistische Sehnsucht»[43] des deutschen Volkes beschworen und massive Arbeitsbeschaffungsmaßnahmen im Umfang von zehn Milliarden Reichsmark gefordert. Hitler selbst erklärte am 31. Januar 1933 in seinem «Aufruf an das deutsche Volk», er werde die «Rettung des deutschen Bauern zur Erhaltung der Ernährungs- und damit Lebensgrundlage der Nation» sowie «des deutschen Arbeiters durch einen gewaltigen und umfassenden Angriff gegen die Arbeitslosigkeit»[44] in die Wege leiten. Mit zwei großen Vierjahresplänen werde er die Wirtschaft restrukturieren und Deutschlands Probleme lösen.

Dass Hitlers Vorgänger als Reichskanzler, Kurt von Schleicher, kurz vor der Machtübernahme noch Kredite für Arbeitsbeschaffungsmaßnahmen im Umfang von 500 Millionen Reichsmark mobilisiert hatte, die nun von den Nationalsozialisten ausgegeben werden konnten, kam Hitler dabei sehr gelegen. Im Rahmen des sogenannten ersten (und kurz darauf des zweiten) Reinhardt-Programms, das der Staatssekretär im Reichsministerium für Finanzen Fritz Reinhardt noch im Laufe des Jahres 1933 ausarbeitete, flossen insgesamt weitere 1,3 Milliarden Reichsmark in den Kampf gegen die Arbeitslosigkeit. Diese Gelder investierten die Nationalsozialisten in erster Linie in Wohnungs- und Straßenbauprojekte, in denen Erwerbslose Beschäftigung fanden. Der schon zu Zeiten der Weimarer Republik begonnene Bau von Reichsautobahnen wurde nun forciert. Jung Vermählte erhielten zinslose Ehestandsdarlehen, um sich in einer neuen Wohnung einrichten zu können – aber nur, wenn die Ehefrau sich aus dem Berufsleben zurückzog und sich ganz der Familie widmete. Auch landwirtschaftliche Siedlungsprojekte und die Schaffung von neuem Agrarland förderten die Nationalsozialisten. Doch diese Maßnahmen dienten nicht nur dem Kampf gegen die Arbeitslosigkeit. Viele der neuen Straßen hatten strategische Bedeutung, von neu geschlossenen Ehen erhoffte sich Hitler Kinder, die er für seine weiteren Pläne brauchen würde, und die neuen landwirtschaftlichen Flächen machten das Reich unabhängiger von Nahrungsmittelimporten.

Der tatsächliche Beitrag all dieser Programme zur Senkung der Arbeitslosigkeit ist bis heute umstritten. Sicher war er kleiner als von der nationalsozialistischen Propagandamaschinerie dargestellt. Bis 1935 floss nur etwa die Hälfte der von Strasser ursprünglich geforderten zehn Milliarden Reichsmark in Hitlers sogenannte «Arbeitsschlacht». Die Realität blieb deutlich hinter dem Anspruch zurück. So fanden beispielsweise beim Autobahnbau bis 1934 kaum 40 000 Menschen Arbeit, was Hitler nicht daran hinderte, die Reichsautobahnen als Aufbruch in eine neue Zukunft – das von ihm ausgerufene «Zeitalter der Autobahnen»[45] – zu feiern und als Erfolg für den Nationalsozialismus zu vereinnahmen.

Von deutlich größerer Bedeutung als der Autobahnbau und die Arbeitsbeschaffungsmaßnahmen des ersten und zweiten Reinhardt-Programms erscheinen aus heutiger Sicht vor allem drei Faktoren: Erstens lassen sich schon vor der Machtergreifung Erholungstendenzen in der deutschen Wirtschaft nachweisen. Die Arbeitslosenzahlen hatten bereits 1932 den höchsten Punkt überschritten und waren seitdem im Abflachen begriffen. Auch die ruinösen Reparationsforderungen waren 1932 fallen gelassen worden und belasteten Deutschland nicht mehr. Hitler hatte somit schlicht und ergreifend einen glücklichen Zeitpunkt abgepasst: Während Brüning, von Papen und von Schleicher die junge Republik durch die dunkelsten Stunden ihrer wirtschaftlichen Entwicklung steuern mussten, übernahm er das Ruder gerade in dem Moment, als sich das Gewitter langsam verzog und der Himmel sich ganz von selbst aufzuklären begann. Wenn es Hitler gelang, die Rekordarbeitslosigkeit des Jahres 1932 bis 1936 in Vollbeschäftigung zu überführen, so ist dies nicht nur auf seinen neuen Kurs und sicher nicht auf seine Qualitäten als Steuermann zurückzuführen, sondern auch auf ein insgesamt ruhigeres Fahrwasser und den sanften Rückenwind, den die Wirtschaft aus sich selbst heraus generierte.

Adolf Hitler beim ersten Spatenstich für die Autobahnstrecke Frankfurt–Darmstadt–Mannheim am 23. September 1933. Der Bau der Reichsautobahnen war nicht Hitlers Idee und nur wenige Arbeitslose fanden dort Beschäftigung.

Zweitens gelang es der nationalsozialistischen Propaganda, Optimismus zu verbreiten und eine psychologische Wende innerhalb der Bevölkerung herbeizuführen. Die triumphalen Nachrichten über die Erfolge des «Feldzug[s] gegen die Arbeitslosigkeit»[46] mochten maßlos übertrieben sein, doch sie gaben Millionen Menschen, die während der Hungerjahre jede Hoffnung verloren hatten, neue Zuversicht und schufen eine Aufbruchsstimmung, aus der neue Arbeitsplätze hervorgingen. Endlich handelte eine Reichsregierung entschlossen im Interesse der von der Wirtschaftskrise Gedemütigten und gab ihnen neues Selbstvertrauen. Die Propagandalügen der NS-Führung erwiesen sich so als selbsterfüllende Prophezeiungen. In einem als positiver bewerteten Umfeld brach sich aufgestaute Nachfrage Bahn, neue Investitionen wurden getätigt und Menschen, die es aufgegeben hatten, nach Arbeit zu suchen, bemühten sich erneut um Anstellung.

Schließlich verstärkten drittens die Rüstungsprogramme der Nationalsozialisten, denen die NS-Führung ab spätestens Ende 1934 absolute Priorität einräumte, den anfangs noch sanften wirtschaftlichen Rückenwind zu einer kräftigen Brise. Schon im Juni 1933 hatte die Nazi-Führung Rüstungsausgaben in Höhe von 35 Milliarden Reichsmark über einen Zeitraum von acht Jahren beschlossen – ein Betrag, der alle direkten arbeitsmarktpolitischen Maßnahmen bei weitem in den Schatten stellte. Welche Summen tatsächlich flossen, lässt sich im Nachhinein nur ansatzweise schätzen, denn Hitler versuchte, seine kriegerischen Absichten zu verbergen. Der Historiker Harold James geht davon aus, dass allein zwischen 1933 und 1935 ca. 10,4 Milliarden Reichsmark für Rüstung aufgewendet wurden – also in etwa doppelt so viel wie für Arbeitsbeschaffung. Bis zum Kriegsbeginn 1939 leiteten die Nationalsozialisten – je nachdem, welchem Autor man folgt – zwischen 60 und 90 Milliarden Reichsmark in die Aufrüstung der Wehrmacht. Diese gigantischen staatlichen Aufträge verliehen der Wirtschaft neuen Schwung, schufen Arbeitsplätze und sorgten für zusätzliche Kaufkraft. Bereits 1937 herrschte in Deutschland in zahlreichen Industriezweigen Arbeitskräfteknappheit und die Wirtschaftskrise war nur noch Erinnerung.

Ganz reibungslos ging der wirtschaftliche Wiederaufstieg Deutschlands jedoch nicht vonstatten. Sowohl die Finanzierung von Arbeitsbeschaffung und Aufrüstung als auch die wirtschaftlichen Nebenwirkungen der nationalsozialistischen Ausgabenprogramme erwiesen sich als enorm problematisch.

Die Weimarer Republik hatte sich über lange Jahre mittels ausländischer Kredite finanziert, doch diese waren während der Wirtschaftskrise weitgehend weggebrochen und mit der Machtergreifung Hitlers hatte Deutschland vorerst jegliche internationale Kreditwürdigkeit verspielt. Zwar waren durch den Wegfall der Reparationszahlungen gleichzeitig gewisse Freiräume entstanden, die die Nationalsozialisten für sich nutzen konnten. Aber die hohe kommerzielle Schuld des Reiches – zum größten Teil Kredite und Anleihen aus dem Umfeld des Dawes-Planes, die nun zurückgezahlt werden mussten und nicht durch neue Kredite refinanziert werden konnten – schränkte die Handlungsfreiheit der neuen Führung ein. Ressourcen, die in die Tilgung dieser Schulden flossen, standen für Arbeitsbeschaffung und Wiederaufrüstung nicht zur Verfügung. Zudem mussten die Verbindlichkeiten gegenüber ausländischen Gläubigern in Devisen – Dollar und Pfund Sterling – zurückgezahlt werden und diese waren im Dritten Reich ausgesprochen knapp.

Schon im Juni 1933 setzte Deutschland daher die Tilgung seiner kommerziellen Schulden in Devisen einseitig aus. Den Gläubigern wurde durchaus Geld angeboten, doch eben nur Reichsmark, die wiederum nur in Deutschland ausgegeben werden konnten, und keine Dollars, Pfund oder Francs, wie eigentlich vertraglich vereinbart. So sollten diese Gläubiger dazu gezwungen werden, entweder deutsche Produkte zu importieren oder – wenn sie auf eine Auszahlung in Devisen bestanden – auf die fristgerechte Rückzahlung der Kredite zu verzichten. Auf diese Weise wollte die NS-Führung ihre Ressourcen schonen und die deutsche Handels- und Zahlungsbilanz stabilisieren, denn diese war schon bald nach der Machtergreifung in eine gefährliche Schieflage geraten.

Deutschlands Zahlungsbilanzprobleme resultierten in erster Linie aus einer Flucht der Anleger aus der Reichsmark. Politisch Verfolgte und Juden versuchten ab März 1933 verzweifelt, ihr Vermögen aus Deutschland in Sicherheit zu bringen und auf ausländische Konten zu transferieren. Zudem erschien die Reichsmark durch die Abwertung des Dollars und des Pfund Sterlings im Sommer 1933 deutlich überbewertet und somit auch für Personen unattraktiv, die im Nationalsozialismus keine Verfolgung befürchten mussten. Lediglich die engmaschigen Devisenkontrollen (siehe Kapitel 11) des Reiches verhinderten, dass Anleger im großen Stil Reichsmark in Gold oder Fremdwährungen wechselten, aus Deutschland abzogen und im Ausland anlegten. Hitler hätte diese kritische Situation entschärfen können, indem er es Großbritannien und den USA gleichtat und die Reichsmark ebenfalls abwertete. Doch aus politischen und propagandistischen Gründen kam diese Option für ihn nicht in Frage.

Für den deutschen Außenhandel erwies sich Hitlers Festhalten an einer starken Währung jedoch als verheerend. Die überbewertete Reichsmark machte deutsche Produkte im Ausland unverhältnismäßig teuer. In Großbritannien, Frankreich und den USA waren die Konsumenten immer weniger bereit, Güter mit der Aufschrift *Made in Germany* zu kaufen und die deutschen Exporte brachen ein. Weniger Exporte bedeuteten aber auch geringere Deviseneinnahmen. Gleichzeitig benötigte die im Aufschwung befindliche deutsche Wirtschaft immer mehr Devisen, um Grundstoffe wie Kautschuk oder Erdöl importieren zu können. Woher sollten die dafür notwendigen Dollars und Pfund Sterling kommen, wenn Amerikaner und Briten deutsche Autos und Maschinen links liegen ließen?

Die oben angesprochene Weigerung des Reiches, seinen Schuldendienst in Devisen zu leisten, war keinesfalls geeignet, die strukturellen Probleme des deutschen Außenhandels und der negativen Zahlungsbilanz zu lösen. Von Monat zu Monat schmolzen die deutschen Devisenreserven dahin, bis sie im Juni 1934 fast aufgebraucht waren. Aber ohne Devisen konnte das Reich keine Rohstoffe importieren und ohne Rohstoffe musste das nationalsozialistische Wirtschaftswunder ein jähes und vorzeitiges Ende nehmen – denn noch war Deutschland alles andere als autark. Doch Hitler brauchte wirtschaftliche Erfolge. Ohne sie drohte auch dem nationalsozialistischen Regime eine Legitimitätskrise und – perspektivisch gesehen – der Machtverlust. In Washington und verschiedenen europäischen Hauptstädten hielt man dieses Szenario 1934 noch für ausgesprochen wahrscheinlich. Der wirtschaftliche Dilettant Hitler – so glaubte man – würde genauso scheitern wie seine Vorgänger und der nationalsozialistische Spuk würde bald zu Ende sein.

Dass es der Reichsregierung entgegen aller Erwartungen gelang, Außenhandel und Zahlungsbilanz zu stabilisieren und gleichzeitig die riesigen Summen zu beschaffen, die für die Aufrüstung der Wehrmacht benötigt wurden, ohne die Inflationsrate aus dem Ruder laufen zu lassen, verdankte Hitler vor allem einem Mann, der schon vor 1933 als «Magier des Geldes»[47] galt und uns an anderer Stelle bereits begegnet ist. «Wer hat die Rentenmark erdacht? Ein Demokrat: der Doktor Schacht»[48] – so lautete ein populärer Werbeslogan der von Hjalmar Schacht mitbegründeten linksliberalen Deutschen Demokratischen Partei (DDP) während der Reichstagswahlkämpfe des Jahres 1924. Aber wie so mancher einstige Demokrat scheute auch der ehemalige Reichsbankpräsident Schacht nicht davor zurück, in den Dienst eines Diktators zu treten, als sich die Zeiten wendeten. Heute ist seine durchaus umstrittene Rolle bei der Beendigung der Hyperinflation von 1923 fast vergessen und wir erinnern uns an ihn als «de[n] Mann, der Hitler finanzierte»[49]. Schon in den frühen 1930er Jahren hatte Schacht Kontakt mit der NSDAP aufgenommen und versucht, bei Hindenburg auf eine Ernennung Hitlers zum Reichskanzler hinzuwirken. Dieser revanchierte sich am 16. März 1933, als er Schacht erneut zum Reichsbankpräsidenten erhob.

Ins Zentrum der Macht gelangte der ehrgeizige Banker aber erst ein gutes Jahr später. Als Reichswirtschaftsminister Kurt Schmidt, ein Vertreter wirtschaftlicher Orthodoxie und ein Gegner kreditfinanzierter Rüstungsprogramme, im Juni 1934 bei einer Rede vor Erschöpfung zusammenbrach, war Schachts Stunde gekommen. Hitler machte ihn zum neuen Reichswirtschaftsminister – zum Herren über Geld, Rüstung, Handel und Arbeit. Bereits wenige Monate später – im September 1934 – präsentierte Schacht einen «Neuen Plan», der den ersten von den Nationalsozialisten nach der Machtergreifung ausgerufenen Vierjahresplan vorzeitig ablöste und die wirtschaftlichen Geschicke des Dritten Reiches maßgeblich bestimmte.

Unter «Wirtschaftsführer» Hjalmar Schacht wandelte sich Deutschland zu einer Kommandowirtschaft, in der der Staat zwar keine Planziele vorgab und die Produktionsmittel in privater Hand blieben, in der aber Kapitalbewegungen und Außenhandel (sowie Löhne und Preise) unter strikter staatlicher Kontrolle standen. Die akute Devisenkrise des Dritten Reiches im Sommer 1934 kann als Anlass für die Ausarbeitung des «Neuen Plans» gesehen werden, doch seine Wurzeln reichen tiefer. Letztendlich war er am nationalsozialistischen Endziel einer autarken Großraumwirtschaft und einem autoritären Führerstaat orientiert.

Unter dem «Neuen Plan» wurden die Einfuhren des Deutschen Reiches durch Überwachungsstellen aufs Genaueste reguliert. Importe ohne vorherige staatliche Genehmigung waren verboten. So sollten knappe Devisen nicht für Konsumgüter «verschwendet», sondern für Grundstoffe und rüstungstechnisch notwendige Güter aufgespart werden. Auch importierte Deutschland nun verstärkt aus Ländern (vor allem aus Süd- und Osteuropa), die im Kriegsfall leicht zu erreichen waren. Exporte wurden demgegenüber von staatlicher Seite gefördert. So erhielten beispielsweise Länder, die im großen Umfang deutsche Produkte importierten (oder Deutschland neue Kredite zur Verfügung stellten), eine bevorzugte Behandlung bei der Rückzahlung von Schulden – für sie galt das einseitig von Deutschland ausgerufene Schuldenmoratorium nicht. Auch drängte Schacht den kleineren und schwächeren Staaten an Deutschlands Peripherie bilaterale Verrechnungs- und Handelsabkommen auf und zwang sie in den wirtschaftlichen Orbit des Dritten Reiches. Deutschland akzeptierte Importe nur von solchen Staaten, die ihrerseits im mindestens gleichen Umfang deutsche Produkte importierten.

Unter dem «Neuen Plan» wurde also insbesondere die Handelspolitik Deutschlands vollkommen neu ausgerichtet, Einfuhren und Ausfuhren unter ein staatliches Außenhandelsmonopol gezwungen und ein System bilateraler Handelsverträge errichtet. Das Devisenproblem ließ sich somit zumindest teilweise lösen, denn im Rahmen der zweiseitigen Tauschabkommen waren keine Devisen mehr notwendig. Stattdessen wurden Warenmengen miteinander verrechnet: Das Reich exportierte so z. B. eine bestimmte Menge von Maschinen nach Bulgarien und erhielt im Gegenzug eine bestimmte Menge an Agrargütern. Bis 1938 schloss Deutschland derartige Verträge mit 22 Staaten, in erster Linie in Süd-, Ost- und Südosteuropa, die zunehmend von Deutschland abhängig wurden. Den Handel mit den Vereinigten Staaten (und verschiedenen westeuropäischen Ländern) diskriminierte Schacht dagegen. Dort hätte Deutschland mit Devisen zahlen müssen und ein staatlich verordneter Ausgleich von Handelsbilanzen wäre nicht möglich gewesen.

Mit Hilfe des «Neuen Plans» konnte Schacht die außenwirtschaftlichen Ungleichgewichte des NS-Staats ausbalancieren, doch die finanziellen Mittel zur Aufrüstung Deutschlands ließen sich mit ihm nicht beschaffen. Dies gelang dem Reichswirtschaftsminister durch die Weiterentwicklung eines Instruments, das in Ansätzen schon unter Papen und Schleicher genutzt worden war: den sogenannten «Sonderwechseln».

Bereits die ersten zaghaften Arbeitsbeschaffungsmaßnahmen unter Brüning, Papen und Schleicher waren durch verdeckte Geldschöpfung mittels Sonderwechseln finanziert worden, da Kredite auf dem freien Kapitalmarkt nicht zu bekommen waren. Schacht perfektionierte das System der Geldschöpfung, hob es 1934 durch die Einführung von Mefo-Wechseln auf eine neue Ebene und weitete es deutlich aus.

Zunächst veranlasste Schacht die Gründung einer Scheinfirma, der Metallurgischen Forschungsanstalt (Mefo). Dieses Joint Venture mehrerer großer deutscher Rüstungs- und Technologieunternehmen, vergab offiziell sämtliche Rüstungsaufträge des Reiches – es diente sozusagen als Strohmann für die Reichswehr. So ließ sich die unter dem Versailler Vertrag verbotene Wiederaufrüstung Deutschlands verbergen, denn das Reich trat bei der Auftragsvergabe nicht direkt in Erscheinung. Nennenswertes eigenes Kapital besaß die Mefo allerdings nicht und sie wäre niemals in der Lage gewesen, die Kosten für die Rüstungsgüter tatsächlich zu stemmen. Dass die von ihr vergebenen Aufträge trotzdem ausgeführt wurden, lag daran, dass das Reich für die Mefo bürgte.

Statt Panzer, Flugzeuge und Kanonen mit Geld zu bezahlen (das weder im Reichshaushalt noch bei der Mefo vorhanden war), wurde den Rüstungsunternehmen gestattet, sogenannte Mefo-Wechsel auszustellen. Diese können wir uns wie Rechnungen der Waffenproduzenten an die Mefo vorstellen, die innerhalb eines halben Jahres von der Mefo zu begleichen und bis dahin mit vier Prozent zu verzinsen waren. Die Mefo-Wechsel verblieben bis zu ihrer Fälligkeit bei den Unternehmen, es sei denn, die Unternehmen brauchten Bargeld und entschlossen sich, die Wechsel bei der Reichsbank rediskontieren zu lassen. In diesem Fall nahm die Reichsbank die als sicher bewerteten Papiere in ihre Tresorräume und zahlte den Unternehmen gegen einen geringen Abschlag (Diskont) und den Verzicht auf die vierprozentige Verzinsung den entsprechenden Betrag in Reichsmark aus. Somit blieben die Forderungen an die Mefo an der Reichsbank hängen, und neues, frisch gedrucktes Geld kam in Umlauf.

Allerdings wurde ein Großteil der Wechsel nicht rediskontiert – d. h. bei der Zentralbank in Bargeld gewechselt. Die vierprozentige Verzinsung erschien so attraktiv, dass die Unternehmen die Wechsel behielten und sich sogar freiwillig auf regelmäßige Verlängerungen der Zahlungsfrist einließen. Auch zahlten die Unternehmen bei Geschäften untereinander mit den Wechseln, die sich somit zu einer Art Ersatzwährung entwickelten.

Schachts geniale Finanzinnovation stellte eine verschleierte Form der Staatsverschuldung bzw. eine ungedeckte Ausweitung der Geldmenge dar. Als das Reich mit dem Ende des Krieges zahlungsunfähig wurde, wurden auch die Mefo-Wechsel wertlos.

Unter normalen Bedingungen hätten die wachsende Geldmenge und die künstlich geschaffene staatliche Nachfrage zu Inflation führen müssen – doch in der staatlich gelenkten Wirtschaft des Dritten Reiches galten die Regeln der klassischen Ökonomie nicht. Preise und Löhne wurden im Führerstaat nicht von Angebot und Nachfrage bestimmt, sondern von der Regierung festgesetzt und einen Großteil der Lohnsteigerungen schöpfte das Reich durch die relativ hohen Steuern ab. Die Gewerkschaften hatte Hitler schon im Zuge der Machtergreifung gleichschalten und auflösen lassen. An ihre Stelle trat die Deutsche Arbeitsfront (DAF), deren Aufgabe es jedoch nicht war, Lohnerhöhungen durchzusetzen, sondern die Industriearbeiterschaft zu orchestrieren und zu indoktrinieren. Das Streikrecht wurde abgeschafft, der Einzelne der «Volksgemeinschaft» untergeordnet.

Unter diesen Bedingungen ließ sich eine erneute Geldentwertung vermeiden oder zumindest in die Zukunft verschieben. Der NS-Staat schuf (zunächst) Arbeit und Brot, ohne das Schreckgespenst der Hyperinflation erneut heraufzubeschwören – doch gleichzeitig stahl er seinen Bürgern ihre persönliche, politische und wirtschaftliche Freiheit. Der 1935 gegründete Reichsarbeitsdienst (RAD) etablierte eine sechsmonatige Arbeitspflicht für Männer zwischen 19 und 24 Jahren in militärisch organisierten Lagern. Auch außerhalb dieser Lager verloren Deutschlands Arbeitnehmer ihre Freizügigkeit und Beschäftigungsfreiheit. Das Regime entschied, wer wo und wann zu arbeiten hatte. Die Politik des «Neuen Plans» machte den Erwerb ausländischer Güter und Geldtransfers ins Ausland faktisch unmöglich. Unternehmen mussten dem Regime gefällig sein, um die Rohstoffe (und ab 1936 auch die Arbeitskräfte) zugeteilt zu bekommen, die sie benötigten. Die massiven Aufwendungen für Rüstungszwecke schränkten die Verfügbarkeit von Konsumgütern spürbar ein. Die Landwirtschaft zwang man unter ein umfangreiches staatliches Kartell, das die Produktion und den Vertrieb von Agrargütern überwachte. Jüdisch geführte Geschäfte und Betriebe wurden zunächst boykottiert, später enteignet – jüdische Angestellte diskriminiert und aus ihrem Arbeitsumfeld herausgedrängt. Politische Gegner wanderten in Arbeitslager.

Wirtschaftsführer Hjalmar Schacht gingen viele dieser staatlichen Eingriffe zu weit. Nach zwei Jahren als Reichswirtschaftsminister schien der «Magier des Geldes» einerseits stolz auf das Geleistete zu sein, doch andererseits wirkte er wie der sprichwörtliche Zauberlehrling, der die Geister, die er rief, nicht mehr loswerden konnte. Sicher hatte er eine staatliche Lenkung von Löhnen und Preisen befürwortet, aber eine komplette Gleichschaltung des freien Unternehmertums erschien ihm als ein zu großes Opfer. Vor allem protestierte er gegen die immer schneller aufeinander folgenden und immer umfangreicher werdenden Rüstungsprojekte, die einen neuen Devisenengpass heraufbeschworen und das Reich erneut in eine schwere Wirtschaftskrise zu stürzen drohten. Mit Landwirtschaftsminister Walter Darré, der alle wirtschaftlichen Prinzipien über Bord warf, um Deutschland in Bezug auf Lebensmittel möglichst schnell autark zu machen, stritt er sich leidenschaftlich.

Bei Hitler stieß Schacht mit seinen mahnenden Worten jedoch auf taube Ohren. Dem «Führer» wurde der zaudernde und zweifelnde Reichswirtschaftsminister zunehmend lästig. Im Laufe des Jahres 1936 entwickelte sich der Reichsminister der Luftwaffe, Herrmann Göring, zu Hitlers neuem Mann für die Wirtschaft. Als Leiter des zweiten Vierjahresplanes oblag es ihm, das Reich wirtschaftlich und militärisch innerhalb von vier Jahren kriegsbereit zu machen. Immer größere Summen flossen in die Rüstung, immer größere Anstrengungen in die Erreichung wirtschaftlicher Autarkie. Neben Mefo-Wechseln nahmen kurzfristige Kredite und die Erlöse aus der Enteignung jüdischen Besitzes eine immer größere Rolle bei der Finanzierung der Kriegsvorbereitungen ein.

Schacht blieb Reichsminister, doch zu sagen hatte er ab 1937 kaum noch etwas. Vielleicht war dies sein Glück. In den Nürnberger Prozessen, in denen die alliierten Siegermächte über die Hauptkriegsverbrecher des Dritten Reiches richteten, wurde er als einziger NS-Minister freigesprochen.

Die Nationalsozialisten konnten mit ihrer Wirtschaftspolitik die Katastrophe der Großen Depression überwinden – doch nur, um Deutschland und die Welt in eine noch größere Katastrophe zu stürzen. In keinem Land ging der Wiederaufstieg aus den Tiefen der Depression so schnell wie im Deutschen Reich – doch die Verwüstung Deutschlands und Europas war in diesem Aufstieg bereits angelegt. Die Arbeitsbeschaffungsprogramme der Jahre 1933 und 1934 gaben den Hoffnungslosen Arbeit und ersparten ihnen das demütigende Abstempeln ihrer Meldekarten auf dem Arbeitsamt, aber schon 1939 mussten sich die Deutschen erneut an Lebensmittelkarten und Rationierungen gewöhnen. Das deutsche Wirtschaftswunder der 1930er Jahre faszinierte die Zeitgenossen und sogar John Maynard Keynes äußerte sich noch im September 1936 positiv über einzelne Aspekte der nationalsozialistischen Wirtschaft. Doch im Kern war diese Wirtschaft, wie der britische Historiker Adam Tooze zu Recht feststellt, eine «Ökonomie der Zerstörung»[50].

9. Die Peripherie in der Weltwirtschaftskrise

Die Erschütterungen infolge des Börsencrashs an der Wall Street betrafen nicht nur die industriellen Zentren in Europa und Nordamerika, die bisher betrachtet wurden, sondern auch einen Großteil der Länder, die wir aus heutiger Sicht als Entwicklungsländer und Schwellenländer bezeichnen würden und für die während der Zeit des Kalten Krieges die Bezeichnung «Dritte Welt» üblich war: die Staaten und Kolonien in Afrika, Asien und Lateinamerika. Die Begriffe «Entwicklungsländer» und «Dritte Welt» sind jedoch problematisch, wenn wir diese Weltregionen in den 1930er Jahren beschreiben möchten. Sie stammen aus einer späteren Zeit – den 1950er und 1960er Jahren –, als Entwicklung zum vorrangigen Ziel und Unterentwicklung zum Charakteristikum der Länder des Südens wurde. Wie im Folgenden gezeigt werden soll, ist das Entstehen der «Dritten Welt» zu einem erheblichen Teil selbst eine Folge der Großen Depression – in den 1930er Jahren existierte sie jedenfalls noch nicht. Daher soll an dieser Stelle der Begriff «Peripherie» verwendet werden, um Länder zu charakterisieren, die fernab der industriellen Zentren in einer weltwirtschaftlichen Randlage existierten.

Das Schicksal dieser gesamten Staatengruppe während der Weltwirtschaftskrise auf engem Raum zu beschreiben ist mehr als ambitioniert. Die Große Depression verlief in Ländern (und Kolonien) wie Indien, dem Kongo oder Costa Rica zu unterschiedlich, als dass an dieser Stelle eine tiefgehende Analyse erfolgen könnte. Hier kann es nur darum gehen, einige Aspekte zu beleuchten, die für die meisten Länder der Peripherie von Bedeutung waren, und den Verlauf der Krise an ausgewählten Beispielen darzustellen.

Nicht alle Länder der Peripherie waren gleichermaßen von der Depression betroffen. Während der 1930er Jahre gab es noch Regionen (wie beispielsweise Nepal oder Zentralafrika), die faktisch von der Weltwirtschaft abgeschnitten waren und weitgehend autark aus und für sich selbst existierten. Die weltwirtschaftlichen Verwerfungen hatten für sie keine oder nur vernachlässigbare Auswirkungen. Doch dies war eher die Ausnahme. Ein Großteil der Peripherie war über koloniale Beziehungen sowie Handels- und Kreditströme direkt mit den Industrieländern verbunden und bekam den Niedergang der Weltwirtschaft in der ein oder anderen Weise direkt zu spüren.

Vor allem der Verfall der Agrarpreise brachte die Länder der Peripherie in Schwierigkeiten, denn die meisten von ihnen waren voll und ganz von Exporten landwirtschaftlicher Produkte abhängig. Seit dem späten 19. Jahrhundert hatten sie sich auf den Anbau einiger weniger für den Export bestimmter Nutzpflanzen (sogenannter *cash crops*) konzentriert, bei denen sie einen Wettbewerbsvorteil besaßen. So produzierte Kuba nahezu ausschließlich Zucker, El Salvador ausschließlich Kaffee, Costa Rica nichts außer Kaffee und Bananen und die kleine Karibikinsel Grenada nichts außer Muskatnuss. Selbst Lebensmittel für den Eigenbedarf wurden meist nicht angebaut, da man sie unter normalen Bedingungen billiger importieren als selbst herstellen konnte. Nichts von dem, was geerntet wurde, war für den lokalen Verbrauch bestimmt und nichts von dem, was verbraucht wurde, wurde vor Ort hergestellt. Die gesamte Produktion ging in den Export, während praktisch alles, was diese Länder konsumierten, aus den Industrieländern importiert werden musste. Was die Weltwirtschaftskrise für diese sogenannten Import-Export-Wirtschaften bedeutete, lässt sich vor diesem Hintergrund leicht ermessen.

Der englische Ausdruck *Terms of Trade* beschreibt das Tauschverhältnis zwischen den Produkten, die ein Land ausführt, und denen, die es einführt. Während der Weltwirtschaftskrise verschlechterten sich die *Terms of Trade* für die Länder der Peripherie, da die Agrarpreise abstürzten, während die Preise für industrielle Erzeugnisse nur leicht sanken. Um die gleiche Menge Industriegüter einführen zu können, mussten die Staaten und Kolonien der Peripherie nun eine deutlich größere Menge an Agrargütern ausführen als zuvor. Die Kaufkraft der Menschen in den betroffenen Regionen sank.

So fiel beispielsweise der Preis für die im Kongo großflächig angebauten Palmölkerne bis 1933 auf ca. ein Fünftel dessen, was sie noch 1929 eingebracht hatten. Da Palmölkerne 60 Prozent der gesamten Ausfuhren des Kongos stellten, war der Einbruch drastisch. Im Kongo gab es immerhin noch Gold- und Diamantenminen, die selbst in der Krise gute Geschäfte machten und den Zusammenbruch der Wirtschaft ein Stück weit auffangen konnten. Doch viele Länder waren Ein-Produkt-Wirtschaften und hatten nichts, mit dem sie den Preisverfall ihres einzigen Exporterzeugnisses ausgleichen konnten. So wurden beispielsweise die Kaffee anbauenden Staaten Mittelamerikas vom Absinken der Kaffeepreise von 0,18 Dollar pro Pfund im Jahr 1929 auf weniger als 0,06 Dollar pro Pfund mit voller Wucht getroffen und hatten keine Möglichkeit, gegenzusteuern. Staaten (oder Kolonien) wie China und Indien waren weniger vom Export abhängig und produzierten eine größere Vielzahl an Produkten, doch auch dort dominierten bestimmte Agrargüter in bestimmten Regionen. Auch hier wirkte sich der Preisverfall drastisch aus.

Doch weshalb fielen die Agrarpreise so plötzlich so tief? Einfache und pauschale Antworten sind auf diese Frage nicht möglich. Teilweise waren die gleichen Mechanismen am Werk, die bereits in Kapitel 1 für die amerikanische Landwirtschaft der 1920er Jahre beschrieben wurden. So führten die Ausweitung der Anbaufläche und die Modernisierung der Produktion zu einem Überangebot, das nicht abgesetzt werden konnte. Die relativ geringe Einkommenselastizität von Agrarprodukten bewirkte, dass die Nachfrage konstant blieb, während sich das Angebot deutlich ausweitete, wodurch die Preise sanken. Dies war beispielsweise beim Kaffee der Fall. Relativ hohe Preise während der Mitte der 1920er Jahre boten Anreize zu einer Ausweitung der Plantagen. Da Kaffeesträucher einige Jahre brauchen, bis sie Ertrag bringen, kam es gegen Ende der 1920er Jahre zu einem Überangebot. Noch vor dem Börsencrash im Oktober 1929 rauschten die Preise daher in die Tiefe. Eine ähnliche Entwicklung gab es bei Zucker und Weizen. Bei anderen Gütern, wie beispielsweise Reis, blieb das Angebot dagegen nahezu konstant. Hier scheint eher der allgemeine Deflationsdruck und das Ausbleiben kurzfristiger Kredite von Bedeutung gewesen zu sein, die notwendig waren, um den Handel zwischenzufinanzieren. Groß- und Zwischenhändler nutzten solche Kredite, um den Aufkauf von Reis und ähnlichen Produkten in den Erzeugergebieten stemmen zu können. Doch Kredite waren nach dem Zusammenbruch der Wall Street nur noch schwer zu bekommen. Ohne sie fiel es Großhändlern schwer, Bauern kurzfristig für ihre Produkte zu bezahlen und die Zeit zu überbrücken, bis sie die Waren in fernen Exportmärkten wieder zu Geld machen konnten. Eine geringere Kaufbereitschaft der Groß- und Zwischenhändler zwang die Bauern aber, ihre Preise zu senken.

Doch nicht nur Großhändler litten unter dem Ausbleiben von Krediten aus den Industrieländern. Die Infrastruktur der Peripherie, wie z. B. Eisenbahnen und Häfen, war mit Hilfe europäischer oder amerikanischer Kredite ausgebaut worden. Zum einen kam dieser Ausbau nun ins Stocken. Zum anderen brachte der Abzug von Krediten die Betreibergesellschaften solcher Infrastrukturprojekte in erhebliche finanzielle Probleme und hatte so manche Firmenpleite zur Folge. In der Peripherie selbst erwirtschaftete Unternehmensgewinne konnten das Wegbrechen der Kredite kaum ausgleichen. Schließlich befand sich die Mehrheit der Unternehmen in diesen Staaten und Kolonien ja auch im Besitz von Europäern und Amerikanern. Ihre Gewinne flossen daher ebenfalls zurück nach Europa und nach Amerika, wurden selten reinvestiert und konnten die lokale Wirtschaft nicht ankurbeln.

Über lange Kreditketten hatten die Ereignisse an der Wall Street Auswirkungen bis tief in die ländlichen Regionen Asiens und Lateinamerikas hinein. So finanzierten z. B. vor der Krise europäische und amerikanische Banken (indirekt über verschiedene Mittelsmänner) Geldverleiher in indischen Dörfern, die wiederum den Bauern zu horrenden Zinsen Geld für Saatgut, Dünger oder die Pacht ihrer Felder vorstreckten. An sich war dieses System nicht darauf ausgerichtet, Investitionen zu ermöglichen, die eine Rückzahlung der Schulden erlaubt hätten. Vielmehr ging es den dörflichen Geldverleihern darum, ihre Kundschaft in ständiger Abhängigkeit zu halten und die alten Darlehen durch immer neue Darlehen zu ersetzen. Ein Rückruf der Kredite durch die Banken zwang die Geldverleiher jedoch, ihr Kapital ebenfalls zurückzufordern und keine neuen Darlehen mehr zu geben. Die Entscheidungen europäischer und amerikanischer Banker wirkten sich so entlang der gesamten Kreditkette aus, bis sie bei den Bauern aufliefen, die schon allein aufgrund der hohen Zinslast nicht zahlen konnten. Zusammen mit dem Verfall der Agrarpreise war diese Entwicklung verheerend, denn während der Erlös der dörflichen Bevölkerung aus dem Verkauf ihrer Produkte einbrach, blieben die Pacht für ihr Land und die Tilgungsraten für die Darlehen (zumindest zunächst) auf einem relativ hohen Niveau. Wer Land oder Goldschmuck besaß, musste verkaufen, um zahlen zu können. Wer nicht zahlen konnte, war den täglichen Drohungen und Repressalien der Geldverleiher und Behörden ausgesetzt.

Völker in kolonialer Abhängigkeit waren zudem häufig von Steuer- und Abgabenerhöhungen sowie Lohnsenkungen betroffen, die die Kolonialverwaltungen ihnen auferlegten, als die Wirtschaftskrise auf sie durchschlug. Die koloniale Verwaltungselite sorgte sich in erster Linie um die von Weißen beherrschten Handelsunternehmen, Plantagen und Minengesellschaften, die das Rückgrat der Kolonialwirtschaft bildeten und die durch die Krise in Schwierigkeiten gerieten. Um diese Unternehmen international konkurrenzfähig zu halten, unterstützen die Behörden Versuche der Unternehmer, die Löhne einheimischer Arbeiter zu drücken, die somit die Zeche für die wirtschaftlichen Verwerfungen im Außenhandel zu zahlen hatten. Auch wollten die Kolonialbehörden aus dem gleichen Grund die Steuerlast der Unternehmen nicht erhöhen, als ihre Steuereinnahmen zu sinken begannen. Transferleistungen aus den Mutterländern waren höchst unüblich und so mussten die Kolonialverwaltungen andere Einnahmequellen auftun, um sich selbst finanzieren zu können. Eine höhere Besteuerung der Kolonialvölker war in dieser Situation eine naheliegende Alternative. Einerseits war deren Einkommensbasis ausgesprochen niedrig und die Steuern waren schwer einzutreiben. Andererseits besaßen die kolonisierten Völker meist kein Wahlrecht und konnten sich somit kaum wehren. Selbst wo sich die Abgaben nicht erhöhten, sondern auf ihrem alten Niveau blieben, wuchs der Druck auf die einheimische Bevölkerung, da die zu zahlenden Steuern während der Depression viel schwerer zu erwirtschaften waren als in den Jahren zuvor.

Auch die Möglichkeit, Schutzzölle zu erheben, um heimische Wirtschaftszweige vor Konkurrenz und Preisverfall auf den Weltmärkten abzuschirmen, stand den meisten Kolonien nicht offen, da ihnen die Rolle eines Abnehmers von Produkten aus dem Mutterland zufiel. Zölle erhoben die Kolonialbehörden folglich bestenfalls gegenüber den Produkten anderer Industrienationen, um den Produkten des Mutterlandes einen Vorteil einzuräumen. Geldpolitisch waren die Kolonien an ihre Mutterländer gebunden. Wie in den vorangegangenen Kapiteln gezeigt wurde, sanierten sich verschiedene europäische Staaten über die Abwertung ihrer Währungen, durch die sie international an Konkurrenzfähigkeit gewannen. Die Kolonien, die meist die Währungen ihrer Mutterländer nutzten, konnten jedoch nicht abwerten – es sei denn, ihre Mutterländer taten es. Doch in vielen Fällen hätten Kolonien eine deutlich stärkere Abwertung benötigt als die, zu der sich die Mutterländer durchrangen.

Offensichtlich traf die Krise die agrarischen Länder der Peripherie härter als die industriellen Zentren, in denen sie ausgebrochen war. Zum einen litten die Kolonien und Länder des Südens nicht nur unter dem wirtschaftlichen Abschwung, der aus dem Norden auf sie übergriff, sondern auch unter den sich verschlechternden *Terms of Trade*, die sie relativ zu den Industrieländern benachteiligten. Zum anderen waren sie weit weniger in der Lage, geeignete Maßnahmen gegen die Krise zu ergreifen. Anders als in den Industrieländern war Arbeitslosenunterstützung faktisch nicht existent und Mittel, um die Agrarpreise zu stützen, waren nicht vorhanden. Auch für staatliche Arbeitsbeschaffungsmaßnahmen stand kein Geld zur Verfügung. Der politische Spielraum der Agrarländer und Kolonien war gering.

Doch wie reagierten die Menschen in der Peripherie auf das Unglück, das so plötzlich über sie kam, dessen Ursachen sie nicht kannten und dessen Wirkmechanismen sie nicht verstanden? Soweit dies möglich war, kehrten sie zu Formen der Subsistenzlandwirtschaft zurück, die ihre Vorfahren betrieben hatten, bevor sie in die Weltwirtschaft integriert worden waren. Statt Güter für den Export bauten sie wieder Nahrungsmittel für den eigenen Verbrauch an. Statt Produkte für Geld zu verkaufen, erwarben sie das, was sie selbst nicht herstellen konnten, durch Tauschhandel in ihrem näheren Umfeld. Auf Produkte aus europäischer oder amerikanischer Herstellung verzichteten sie (gezwungenermaßen). Mancherorts führte dies sogar zu einem lokalen wirtschaftlichen Aufschwung. So entstand beispielsweise in Teilen Südamerikas erstmals eine Lederverarbeitungs- und Schuhindustrie. Zuvor waren diese Produkte eingeführt worden, doch als man sich dies aufgrund der verschlechterten *Terms of Trade* nicht mehr leisten konnte, wurden lokale Hersteller konkurrenzfähig, die sich in der Regel aus kleinen Handwerksbetrieben entwickelten. Doch solche positiven Wirkungen waren die Ausnahme. Für die meisten Menschen bedeutete die Krise in erster Linie Verzicht auf Konsumgüter, Unterbeschäftigung und Entwurzelung aus dem angestammten Umfeld. Wer kein Land besaß und kein Handwerk gelernt hatte, siedelte sich oft am Rande der großen Städte an, wo Slums aus dem Boden schossen, und fristete ein Dasein als Tagelöhner. Breite Bevölkerungsschichten stürzten in Armut. Die Dritte Welt – eine Gruppe von Elend, Hunger und Armut geplagter Länder jenseits der großen Machtblöcke – begann in diesen Jahren Gestalt anzunehmen.

Die bedeutendsten Auswirkungen hatte die Krise jedoch im Denken der Menschen. Erstmals begannen sie das Fehlen einer eigenen Industrie als Unterentwicklung zu begreifen. Zuvor hatten sie die Aufteilung der Weltwirtschaft in nördliche industrielle Zentren und südliche Agrar- und Rohstofflieferanten als natürlich und für beide Seiten vorteilhaft wahrgenommen, denn jede

Region produzierte die Güter, für die sie aufgrund ihrer natürlichen Ausstattung an Ressourcen am besten geeignet war. Nach den von Adam Smith und David Ricardo formulierten Lehrsätzen der klassischen Ökonomie bedeuteten eine Spezialisierung auf Produkte, bei denen man einen Wettbewerbsvorteil (in Ricardos Worten: einen komparativen Kostenvorteil) besaß, und die Beschaffung von allen anderen Gütern durch internationalen Handel Wohlstandsgewinne für alle Beteiligten. Die dramatische Verschlechterung der *Terms of Trade* in den 1930er Jahren erschütterte diesen Glauben.

Vor allem der junge argentinische Ökonom Raúl Prebisch rüttelte an den alten Gewissheiten. Vor 1930 hatte er noch als glühender Verfechter des von David Ricardo propagierten Freihandels gegolten, doch die Krise zwang ihn, die klassische Theorie zu überdenken. Während seiner Zeit als Mitarbeiter des argentinischen Finanzministeriums und Präsident der neu gegründeten argentinischen Zentralbank verarbeitete er die Erfahrung der Großen Depression und formulierte seine eigene Theorie der säkularen (d. h. über lange Zeiträume verlaufenden) Verschlechterung der *Terms of Trade* agrarisch geprägter Länder. Das in Kapitel 1 beschriebene Phänomen der geringen Einkommenselastizität landwirtschaftlicher Erzeugnisse wurde von Prebisch erstmals wissenschaftlich erfasst. Zudem beobachtete er eine weitere Gegebenheit, die sich negativ auf die Agrarländer auswirkte – die hohe Preiselastizität der Nachfrage nach Agrargütern.

Hierunter versteht man, wie stark sich die Nachfrage nach einem Produkt ändert, wenn sein Preis sinkt oder steigt. Bei Produkten, die unbedingt benötigt werden und nicht durch andere ersetzt werden können, ist die Preiselastizität der Nachfrage gering. Sie werden nachgefragt, egal ob der Preis besonders hoch oder besonders tief ist. Ein typisches Beispiel hierfür sind spezielle Industriegüter, die nur von einem einzigen Anbieter (oder sehr wenigen Anbietern) hergestellt werden. Erhöht der Anbieter den Preis für sein Produkt (sagen wir eine hoch spezialisierte Steuerungselektronik für Werkzeugmaschinen), so wird er zunächst trotzdem nicht weniger seiner Produkte verkaufen, da sie von den Kunden dringend benötigt werden und da anderen Anbietern das Wissen fehlt, um ein konkurrierendes Produkt kurzfristig auf den Markt zu bringen.

Die Preiselastizität der Nachfrage nach Agrarprodukten ist dagegen sehr hoch. Stellen wir uns vor, südafrikanische Apfelfarmer hätten eine Missernte erlitten und wollten höhere Preise für ihre Äpfel durchsetzen, um die geringen Erntemengen auszugleichen. Dieses Vorhaben kann kaum gelingen. Zum einen stehen brasilianische, europäische und amerikanische Apfelproduzenten bereit, um die gestiegenen südafrikanischen Preise zu unterbieten. Doch selbst wenn auch diese von Missernten betroffen wären und ebenfalls höhere Preise verlangen würden, wäre das Vorhaben zum Scheitern verurteilt. Bei hohen Apfelpreisen würden die Verbraucher zum anderen eben auf Birnen oder Bananen umsteigen und die Äpfel links liegen lassen. Äpfel können im Gegensatz zu komplizierten Steuerelektroniken leicht ersetzt (substituiert) werden.

Hieraus resultiert – so argumentierte Prebisch –, dass Industrieländer tendenziell eher in der Lage sind, höhere Preise für ihre Produkte durchzusetzen als Agrarstaaten, und dass Agrarpreise langfristig fallen, während die Preise für Industriegüter langfristig steigen.

Beide Phänomene – die geringe Einkommenselastizität landwirtschaftlicher Erzeugnisse und ihre hohe Preiselastizität – hielt Prebisch in ihrem Zusammenwirken für verhängnisvoll. Langfristig, so glaubte er, würden die Agrarpreise aufgrund der von ihm entdeckten Mechanismen immer weiter sinken. Die einzige Möglichkeit für die Länder der Peripherie, sich aus dieser fatalen Lage zu befreien, sah er im Aufbau einer eigenen Industrie und der Diversifizierung der Produktpalette. Mit einem breiteren Angebot an Produkten würden die Länder des Südens nicht mehr so stark von Preisschwankungen eines einzelnen Produkts in Mitleidenschaft gezogen. Mit einer eigenen Industrie könnten sie sich von den Lieferanten in Europa und Nordamerika unabhängig machen.

Prebischs Theorie gehört wohl zu den wirkmächtigsten des 20. Jahrhunderts. Ab den 1950er und vor allem in den 1960er und

1970er Jahren dominierte sie die Wirtschaftspolitik nahezu aller Staaten des Südens. Hinter hohen Schutzzollmauern, die die europäische und amerikanische Konkurrenz fernhalten sollten, versuchten sie, eine eigene Industrie aufzubauen. Eigene Industrieprodukte sollten die traditionellen Importe ersetzen (importsubstituierende Industrialisierung). Trotz beachtlicher Erfolge während der frühen Phase dieser Politik gelang dies nur wenigen Ländern – allen voran den sogenannten Tiger-Staaten Südostasiens. Diese nutzten ihre neuen Industrien jedoch nicht, um Importe zu substituieren. Vielmehr begannen sie, Industrieprodukte für den Export herzustellen, und eroberten damit die Weltmärkte. Sie waren somit die Ersten, die den von Prebisch vorgezeichneten Weg verließen. In praktisch allen anderen Ländern der Peripherie wurde die Politik der importsubstituierenden Industrialisierung in den 1980er Jahren ergebnislos abgebrochen.

Was von Prebisch bleibt, ist eine (bis zu einem gewissen Grad) gemeinsame Identität des Südens. Vor der Weltwirtschaftskrise hatten sich die Länder der Peripherie nicht als zusammenhängende Gruppe verstanden. Schließlich hatten sie auch kaum Kontakte untereinander. Ihre gesamte Transport- und Kommunikationsinfrastruktur war auf den Austausch mit Europa und den Vereinigten Staaten hin ausgerichtet. Kulturell versuchten sie die dortigen Entwicklungen, Stile und Moden nachzuempfinden. Erst Prebischs Analyse der (industriellen) Unterentwicklung der Länder des Südens hat sie als Gruppe der «Entwicklungsländer» greifbar gemacht.

Auch eine zweite Entwicklung, die für die Entstehung der Dritten Welt ausschlaggebend war, wurde durch die Große Depression beschleunigt: Die Dekolonisierung Afrikas und Asiens nahm während der 1930er Jahre ihren Anfang – auch wenn konkrete Ergebnisse in Form von in die Unabhängigkeit entlassenen Staaten noch knapp zwei Jahrzehnte auf sich warten ließen. Vielerorts machte die Wirtschaftskrise die Interessendivergenz zwischen weißer kolonialer Oberschicht und den Mutterländern einerseits und der einheimischen Bevölkerung andererseits deutlich. Hohe Besteuerung und Abgaben bei gleichzeitigem Ausschluss der Kolonialvölker von den politischen Entscheidungsprozessen führten zu Protesten und Aufständen. Die auf das Wohl der Mutterländer ausgerichtete Wirtschafts- und Handelspolitik wurde in den Kolonien mit Argwohn aufgenommen und als ungerecht empfunden. In den Versuchen der Metropolen, eine eigenständige Industrialisierung ihrer Kolonien zu verhindern, erkannten die Kolonisierten nun eine bewusste Strategie, sie in Abhängigkeit zu halten. Auch aus der Perspektive der Mutterländer verloren die Verbindungen zu den Kolonien in einer gewissen Weise an Bedeutung. Schließlich waren die kolonialen Besitzungen ursprünglich erworben worden, um billige Rohstofflieferanten zu gewinnen und der eigenen Industrie Absatzmärkte zu sichern. Die Krise ließ die Nachfrage nach Industriegütern in den Kolonien jedoch sinken und Rohstoffe konnten zu Tiefstpreisen auf dem Weltmarkt eingekauft werden. Die Kosten eines Kolonialreiches begannen vor diesem Hintergrund den Nutzen von Kolonien aufzuwiegen oder zu übertreffen. Auch wenn es den Kolonialherren nach wie vor schwerfiel, loszulassen – ihre wirtschaftliche Bedeutung verloren die Kolonien infolge der Krise für die Mutterländer weitestgehend.

10. Der Kampf der Wirtschaftssysteme im Zweiten Weltkrieg

Auf einer Wahlkampfkundgebung am 20. August 1932 erzählte Franklin D. Roosevelt folgende kleine Geschichte:

> Eine verwirrte und etwas skeptische Alice wandte sich mit einigen einfachen Fragen an die republikanische Parteiführung: «Werden nicht das Drucken und Verkaufen von immer mehr Anleihen und Aktien, der Bau immer neuer Fabriken und die Effizienzsteigerung unserer Wirtschaft dazu führen, dass wir mehr Produkte herstellen, als wir kaufen können?» «Nein», rief Humpty Dumpty. «Je mehr wir herstellen, desto mehr können wir kaufen.» «Aber was ist, wenn wir einen Überschuss produzieren?» «Oh, den werden wir bei ausländischen Konsumenten absetzen.» «Aber wie können die Ausländer die Mittel dafür aufbringen?» «Das ist doch klar, wir werden ihnen die entsprechenden Gelder leihen.» «Jetzt verstehe ich», sagte die kleine Alice. «Die Ausländer werden unsere Überschüsse mit unserem Geld kaufen. Sicher werden sie uns das geliehene Geld zurückzahlen, indem sie uns ihre Güter verkaufen?» «Keinesfalls», sagte Humpty Dumpty. «Um das zu verhindern, haben wir eine Mauer errichtet, die man Importzoll nennt.» «Und wie», fragte Alice zu guter Letzt, «werden die Ausländer dann ihre Schulden zurückzahlen können?» «Das ist einfach», sagte Humpty Dumpty. «Hast du noch nie etwas von einem Moratorium gehört?»[51]

Humpty Dumpty steht in dieser Geschichte für Präsident Herbert Hoover, dem Roosevelt eine unausgeglichene Außenwirtschaftspolitik vorwarf, deren Widersprüche selbst ein Kind (die kleine Alice) durchblicken konnte und die zwangsläufig zur Einstellung der Kreditrückzahlungen der europäischen Schuldnerländer (Hoover-Moratorium) gegenüber den USA führen musste. Die im historischen Kontext einmalig hohen Einfuhrzollsätze des Smoot-Hawley-Zollgesetzes, das unter Hoover verabschiedet worden war, vertrugen sich eben nicht mit dem amerikanischen Anspruch auf eine Rückzahlung der Schulden durch die Europäer und dem Wunsch nach einer gesunden Weltwirtschaft. Denn wo sollten die zur Schuldentilgung benötigten Dollars herkommen, wenn Schuldnerstaaten keine Möglichkeit gewährt wurde, diese Dollars durch Exporte zu erwirtschaften?

Drei Punkte lassen sich aus dieser Wahlkampfrede ableiten. Erstens verstand Roosevelt die Große Depression in Amerika als eine Überproduktionskrise und glaubte, die USA würden mehr produzieren, als sie konsumieren konnten. Zweitens war er davon überzeugt, dass die Vereinigten Staaten ihre Überschüsse auf lange Sicht exportieren müssten, um im Inneren dauerhaft zu wirtschaftlicher Stabilität zurückkehren zu können. Drittens vertrat er die Ansicht, dass auch andere Länder das Recht erhalten müssten, ihre Produkte in die USA zu exportieren, um wirtschaftlich zu prosperieren, Devisen zu erwirtschaften und ihre Schulden zurückzuzahlen. Letztendlich wären ein Ausgleich weltwirtschaftlicher Ungleichgewichte und ein freier Welthandel notwendig, um die globale Krise zu beenden. Auch wenn Roosevelt im New Deal zunächst auf rein nationale Maßnahmen setzte, da der daniederliegende Weltmarkt vorerst wenig Anlass zur Hoffnung bot, so waren diese Einsichten doch wichtige Elemente seiner Politik und bestimmten seine langfristigen Zielvorstellungen.

Zwar blieben die Importzölle der Vereinigten Staaten während der gesamten 1930er Jahre relativ hoch, doch Roosevelt leitete 1934 auf Anraten seines Außenministers Cordell Hull mit einem neuen Außenhandelsgesetz (dem sogenannten *Reciprocal Trade Agreements Act)* ein grundsätzliches Umsteuern in der US-Außenhandelspolitik ein. Dieses neue Rahmengesetz für Handelsverträge war revolutionär, da es die Rechte des Präsidenten in der Handelspolitik deutlich ausweitete und eine langfristige Dynamik zur Senkung von Zöllen in Gang setzte, die allerdings erst nach dem Krieg voll zur Geltung kam.

Laut der amerikanischen Verfassung kommt dem Kongress das Recht zu, den Handel mit anderen Ländern zu regulieren und

Zölle festzusetzen. Die Abgeordneten des Kongresses fühlen sich aber in erster Linie den Partikularinteressen ihrer Wahlkreise verpflichtet, die häufig von einem bestimmten Industrie- oder Landwirtschaftszweig dominiert werden, der den Schutz seiner Produkte vor ausländischer Konkurrenz durch höhere Zölle verlangt. So fordern beispielsweise Abgeordnete, in deren Wahlkreis die Textilindustrie eine wichtige Rolle spielt, einen Schutzzoll für Textilien, Abgeordnete in Zuckeranbauregionen einen Schutzzoll für Zucker. Ein solcher Zoll mag für den entsprechenden Wahlkreis von Vorteil sein, doch auf nationaler Ebene richtet er meist Schaden an. Andere Länder vergelten Zollerhöhungen mit gleicher Münze, so dass die amerikanische Exportindustrie als Ganzes beeinträchtigt wird. Auch die amerikanischen Verbraucher werden negativ betroffen, da sie höhere Preise für die entsprechenden Produkte zahlen müssen.

Weil ein Abgeordneter mit Forderungen nach einem Schutzzoll für seine Klientel nur dann Aussicht auf Erfolg hat, wenn er auch die Schutzzollforderungen anderer Abgeordneter unterstützt (von denen er sich wiederum entsprechende Gegenleistungen erhofft), entwickelt sich eine als *log rolling* bezeichnete Dynamik, die zu insgesamt höheren Zöllen führt. Bei der Verabschiedung des Smoot-Hawley-Zollgesetzes war genau dies geschehen.

Zudem wurden vor 1934 Zölle in der Regel in bilateralen Verhandlungen zwischen zwei Ländern festgesetzt. Die Vereinigten Staaten hatten also keine einheitlichen Zollsätze, die für alle Länder galten, sondern verschiedene Zollsätze für jedes einzelne Land. Dieses Prinzip wird als bedingte Meistbegünstigung bezeichnet, da es bestimmte Länder besser stellt und andere diskriminiert.

Der *Reciprocal Trade Agreements Act* brach mit diesen Traditionen. Zum einen ermächtigte das Gesetz den Präsidenten für einen Zeitraum von zunächst drei Jahren, Handelsverträge mit anderen Ländern abzuschließen und Zölle um bis zu 50 Prozent zu senken oder zu erhöhen. Der Präsident konnte somit Anreize schaffen, um die Handelspartner der USA zu Zollsenkungen zu bewegen und dadurch der amerikanischen Exportindustrie neue

Märkte zu öffnen. Der Prozess des *log rolling* wurde umgangen. Zum anderen wurde die bedingte Meistbegünstigung durch das Prinzip der unbedingten Meistbegünstigung ersetzt. Zollsenkungen, die die USA in bilateralen Verhandlungen aushandelten, betrafen nun nicht mehr nur einzelne Länder, sondern durch die Bank hinweg alle Länder, denen die USA den Status der Meistbegünstigung zugestanden hatten. Diskriminierung von Handelspartnern war somit ausgeschlossen, sobald mit einem Land einmal die unbedingte Meistbegünstigung vereinbart war. Natürlich erwarteten die Vereinigten Staaten im Gegenzug, dass Handelspartner auch ihnen die unbedingte Meistbegünstigung gewährten. Insgesamt entstand so eine Dynamik, die zu niedrigen Zöllen und einem fairen Wettbewerb führen musste, da jede zweiseitig ausgehandelte Zollsenkung sich auf viele verschiedene Länder auswirkte.

Der Kongress gab seine verfassungsmäßigen Rechte mit dem *Reciprocal Trade Agreements Act* nicht auf, sondern delegierte sie zeitlich begrenzt an den Präsidenten. Allerdings wurden die Gesetzesvollmachten für den Präsidenten regelmäßig durch den Kongress verlängert.

Mit dem neuen Außenhandelsgesetz setzte Roosevelt also auf eine langfristige Erholung des Welthandels und einen freien Warenaustausch für die Produkte aller Länder auf dem Weltmarkt. Daher konnte es der Roosevelt-Administration nicht gleichgültig sein, dass in den 1930er Jahren mit Deutschland und Japan zwei Staaten den politischen *status quo* herausforderten, deren wirtschafts- und handelspolitische Vorstellungen den amerikanischen Ideen diametral entgegenstanden. Auf die Außenwirtschaftspolitik der Nationalsozialisten wurde in Kapitel 8 schon ausführlich eingegangen. Hitler hatte keinerlei Interesse an einem freien Weltmarkt, sondern versuchte, einen in sich autarken und durch Deutschland dominierten Großwirtschaftsraum zu schaffen. Für die Vereinigten Staaten drohte somit der Verlust all der Märkte, die in Hitlers Einflussbereich gerieten.

Auch Japan hatte seit Anfang der 1930er Jahre damit begonnen, einen hermetisch geschlossenen Wirtschaftsraum in Asien zu errichten. Damit reagierte es nicht zuletzt auf das amerikanische

Smoot-Hawley-Zollgesetz, durch das die japanischen Exporte in die USA um ca. 40 Prozent einbrachen, so dass das exportabhängige Land in Bedrängnis geriet. Das dicht bevölkerte und rohstoffarme Inselreich brauchte den Zugang zum amerikanischen Markt, um seiner Bevölkerung ein Leben in Wohlstand sichern zu können. Als auch europäische Staaten ihre Zölle anhoben und chinesische Nationalisten zum Boykott japanischer Waren aufriefen, wurden in Japan die Stimmen, die als Ersatz für die weggebrochenen Märkte ein eigenes Kolonialreich einforderten, immer lauter. Imperialistische Strömungen hatte es in der japanischen Politik schon lange gegeben, doch nun gewannen sie die Oberhand. 1931 bewies Japan, dass es zur Sicherung von Absatz- und Rohstoffmärkten auch vor Krieg nicht zurückschreckte. In der Mandschurei provozierten japanische Truppen einen Zwischenfall, der ihnen als Vorwand für die Besetzung dieser Region diente. Eine chinesische Marionettenregierung gab der Besatzung einen notdürftigen Anschein von Legitimität, während die Mandschurei handels- und wirtschaftspolitisch an Japan angeschlossen wurde. Westlichen Händlern blieb der Marktzugang in der Region fortan verwehrt.

In Washington diskutierte man schon 1931 über wirtschaftspolitische Gegenmaßnahmen, um Japans Rückzug aus der Mandschurei zu erzwingen. So forderte der amerikanische Außenminister Henry L. Stimson ein komplettes Handelsembargo der USA gegen Japan, um das Kaiserreich zur Aufgabe seiner Eroberungspolitik zu bewegen. Da Präsident Hoover jedoch eine militärische Konfrontation mit Japan im Pazifik fürchtete, mit der im Falle eines Embargos schon damals zu rechnen war, rangen sich die USA lediglich zu einer Nicht-Anerkennung der japanischen Eroberungen durch.

Ab 1937 setzte Japan seine Eroberungspolitik in China jedoch fort und begann nach dem Ausbruch des Krieges in Europa auch die britischen, französischen und niederländischen Besitzungen in Südostasien zu bedrohen. Japanische Militärs und Politiker propagierten die Idee einer «Großostasiatischen Wohlstandssphäre» unter japanischer Führung, die sie von westlichen imperialistischen Mächten (und deren Handel) zu «befreien» gedachten. Somit drohten die beiden wichtigsten Absatzmärkte der Vereinigten Staaten – Europa und Asien – unter die Kontrolle von Regierungen zu geraten, die keinen amerikanischen Handel in ihren Einflusssphären dulden würden. In diesem Fall stand zu befürchten, dass die Vereinigten Staaten in die krisenhafte Situation zurückfallen würden, der sie mit Hilfe des New Deals und des *Reciprocal Trade Agreements Act* zu entkommen suchten.

Der Gegensatz zwischen den USA einerseits und Japan und Deutschland andererseits war keinesfalls rein wirtschaftlicher Natur. Der offensive Militarismus, die diktatorische innere Ordnung und die moralischen Grenzüberschreitungen beider Regime stießen Roosevelt aufs Heftigste ab. Die wirtschaftliche Auseinandersetzung war nicht *der* Grund dafür, dass sich Roosevelt auf Konfrontationskurs mit Deutschland und Japan begab. Die Freiheit der Weltwirtschaft war vielmehr eine von vier Freiheiten, die Roosevelt für universal hielt und die er von Deutschland und Japan bedroht sah. So erklärte er am 6. Januar 1941:

> Von der Zukunft, die wir sichern möchten, erwarten wir eine auf vier essenzielle menschliche Freiheiten gegründete Welt. Die erste dieser Freiheiten ist die Rede- und Ausdrucksfreiheit – überall auf der Welt. Die zweite ist die Freiheit jedes Menschen, Gott auf seine Art und Weise anzubeten – überall auf der Welt. Die dritte ist die Freiheit von Not – was auf den Zustand unserer Welt übertragen bedeutet, dass [Handels-] Übereinkommen geschlossen werden, die jeder Nation ein friedliches Auskommen ihrer Bürger sichern – überall auf der Welt. Die vierte ist die Freiheit vor Angst – was auf den Zustand unserer Welt übertragen bedeutet, dass Waffenbestände in einem solchen Maß und in einer solchen Art und Weise reduziert werden, dass keine Nation einen Akt militärischer Aggression gegenüber einem Nachbarn ausführen kann – überall auf der Welt. Dies ist keine Vision für ein fernes Jahrtausend. Es ist eine feste Grundlage für eine Welt, die wir in unserer Zeit, in unserer Generation verwirklichen können. Diese Art von Welt ist die direkte Antithese zu der sogenannten neuen Ordnung der Tyrannei, die die Diktatoren mit explodierenden Bomben zu erreichen suchen.[52]

Was die wirtschaftliche Dimension des Konfliktes gegenüber den anderen drei Freiheiten heraushob, war die Tatsache, dass sie die Vereinigten Staaten unmittelbar betraf. Militärisch war Amerika durch tausende Kilometer Ozean von den Kriegsschauplätzen in Europa und Asien getrennt und faktisch unangreifbar. Auch die Religions- und Redefreiheit schien in den Vereinigten Staaten selbst nicht unmittelbar bedroht. Doch wirtschaftlich war Amerika verwundbar. So schrieb der Publizist Walter Lippmann im Juli 1940 in einem Artikel für die Zeitschrift «Life» über die wirtschaftlichen Folgen eines deutschen Sieges:

> Wenn sich dieses System [der staatlich gelenkten Wirtschaft] letztendlich in Europa und Asien etabliert, werden unsere eigenen Hersteller, unsere eigenen Landwirte und Bergleute, wie auch die Landwirte und Bergleute Lateinamerikas, nicht mehr mit privaten Firmen und Herstellern handeln und konkurrieren. Sie werden mit gigantischen Staatsmonopolen handeln und konkurrieren, die von Diktatoren gelenkt werden und hinter denen enorme militärische Macht steht. Unter diesen Bedingungen ist es absolut absurd zu glauben, dass amerikanische Hersteller, Landwirte, Bergleute, Arbeiter und Investoren zu Normalität und business as usual zurückkehren können. [...] Amerikanische Geschäftsleute haben sich beschwert, dass sie unter dem New Deal nicht mit der amerikanischen Regierung konkurrieren können. Wie können sie darauf hoffen, mit einer totalitären Regierung Europas auf der einen Seite und einer totalitären Regierung Asiens auf der anderen Seite zu konkurrieren?[53]

Ein Sieg Japans und Deutschlands würde auch in den Vereinigten Staaten eine Neuordnung der Wirtschaft in Richtung Planwirtschaft und eine Ausweitung staatlicher Befugnisse notwendig machen. Eine solche Machtballung in den Händen des Staates wäre jedoch kaum kontrollierbar, würde langfristig zu einer Aushöhlung der anderen drei von Roosevelt angesprochenen Freiheiten führen und letztendlich der Demokratie in den USA den Todesstoß versetzen. Die Diktatoren konnten Amerika militärisch kaum bedrohen, doch im Falle ihres Sieges in Europa und Asien wären die USA gezwungen, selbst zur Diktatur zu werden, um ihrem wirtschaftlichen Druck widerstehen zu können.

Moralische und wirtschaftliche Gründe bewogen Roosevelt bereits ab 1937, den Regimen in Deutschland, Japan und Italien die Stirn zu bieten, als er – ohne sie direkt zu nennen – eine politische «Quarantäne» für die Staaten forderte, die den *status quo* militärisch herausforderten. Mit dem Beginn des Krieges in Europa und dem überraschenden Zusammenbruch Frankreichs im Frühsommer 1940 verschärfte sich die Situation jedoch dramatisch. Eine Quarantäne war nun nicht mehr ausreichend, um die Aggressoren zu stoppen. Die vier universalen Freiheiten, an die der amerikanische Präsident glaubte, waren akut bedroht. Für Roosevelt war klar, dass er alles tun musste, um einen Sieg Deutschlands und Japans zu verhindern.

Zwar leitete der Präsident schon ab 1938 eine erhebliche Ausweitung und Modernisierung der amerikanischen Armee und Marine in die Wege, um für eine Auseinandersetzung gerüstet zu sein, und kurbelte damit auch die eigene Wirtschaft an. Doch zu Beginn des Krieges in Europa waren Roosevelt durch die sogenannten Neutralitätsgesetze weitestgehend die Hände gebunden. Diese Gesetze spiegelten die isolationistische Grundstimmung in den Vereinigten Staaten der 1930er Jahre wider – d.h. die Idee, dass den Interessen der USA am besten gedient wäre, wenn sie sich aus Auseinandersetzungen in anderen Teilen der Welt heraushielten und ihre Interessensphäre auf die westliche Hemisphäre beschränkten. Diese Haltung war aus der Erfahrung des Ersten Weltkrieges heraus entstanden. Das Geschachere auf der Pariser Friedenskonferenz und das Bekanntwerden von Geheimabsprachen zwischen den europäischen Alliierten hatte die amerikanische Öffentlichkeit mit Abscheu aufgenommen. Schließlich waren die Amerikaner ihrem Präsidenten Woodrow Wilson in den Krieg gefolgt, um die Welt sicher für die Demokratie zu machen. Im Nachhinein mussten sie jedoch erfahren, wie die Ideale Wilsons an den eigensüchtigen Forderungen der europäischen Alliierten scheiterten. Zudem hatte das amerikanische Historikerehepaar Mary und Charles A. Beard mit der These Aufsehen erregt, «Händler des Todes»[54] – d. h. amerikanische Waffenhändler – hätten die USA in den Ersten Weltkrieg geführt, da ihre Kredite für die Waffenkäufe Großbritanniens und Frankreichs im Falle eines deutschen Sieges niemals zurückgezahlt worden wären. Aus Enttäuschung und Entrüstung über eigensüchtige und heimtückische europäische Politiker und die eigene Waffenlobby hatte der Kongress Neutralitätsgesetze verabschiedet, um ein erneutes Hineingleiten in einen europäischen Krieg von vornherein auszuschließen. Unter dem 1937 verabschiedeten dritten Neutralitätsgesetz blieb dem Präsidenten der USA keine Möglichkeit mehr, in einen fremden Krieg einzugreifen oder einer Kriegspartei durch Waffenverkäufe oder Kredite zur Seite zu springen, sobald der Kriegszustand festgestellt worden war. Die europäischen Demokratien waren somit in ihrer Auseinandersetzung mit Hitler vorerst auf sich allein gestellt. Mit Beginn des Krieges in Europa wurde es jedoch zur vordringlichsten Aufgabe Roosevelts, die Fesseln zu lockern, die ihm die Neutralitätsgesetze anlegten, und das wirtschaftliche Potential der Vereinigten Staaten auf Seiten der Alliierten in die Waagschale zu werfen.

In einem ersten Schritt gelang es dem Präsidenten, in einer Neuauflage der Neutralitätsgesetze im November 1939 die sogenannte *cash and carry*-Klausel zu verankern. Im Gegensatz zu dem zuvor bestehenden absoluten Waffenembargo gegenüber allen Kriegsparteien war es nun für kriegführende Staaten möglich, Waffen in den USA zu kaufen, solange sie diese direkt bezahlten (*cash*) und auf eigenen Schiffen abtransportierten (*carry*). Da Frankreich und Großbritannien die Seewege über den Atlantik kontrollierten, kam diese an sich neutrale Regelung nur diesen beiden Staaten zugute. Doch wie konnte Roosevelt sicherstellen, dass die alliierten Handelsschiffe ihr Ziel erreichten und nicht irgendwo auf dem Atlantik deutschen U-Booten vor die Torpedorohre dampften. Eine Ausdehnung einer Sicherheitszone entlang der Atlantikküste der westlichen Hemisphäre von 300 Seemeilen auf 1000 Seemeilen ab September 1939 half den Alliierten. Indem die USA innerhalb dieser Zone keine Kampfhandlungen duldeten, schufen sie eine sichere Nord-Süd-Route für britische und französische Handelsschiffe, in der deutsche U-Boot-Angriffe ausgeschlossen waren. Alliierte Schiffe, die amerikanische Rohstoffe und Waffen nach Europa transportierten, nutzten diesen Korridor, um sich vor der Küste Neufundlands zu Konvois zu gruppieren und den U-Boot-verseuchten Nordatlantik auf kürzestmöglichem Weg zu passieren. Die britische Marine konnte ihre knappen Ressourcen an U-Boot-Jägern und Zerstörern so auf die Sicherung der Seewege in einem relativ kleinen Gebiet im Nordatlantik konzentrieren.

Doch Roosevelts Hoffnungen, eine Niederlage der Alliierten durch diese Maßnahmen verhindern zu können, bewahrheiteten sich nicht. Nach dem Zusammenbruch Frankreichs im Frühsommer 1940 rückte auch eine baldige Kapitulation Großbritanniens in greifbare Nähe. Großbritanniens Hoffnungen richteten sich nun auf den amerikanischen Präsidenten. So erklärte der britische Premierminister Winston Churchill am 4. Juni 1940 in einer dramatischen Rede vor dem Unterhaus:

> Wir werden nicht nachlassen oder scheitern. Wir werden durchhalten bis zum Ende. Wir werden in Frankreich kämpfen und auf den Meeren und Ozeanen. Wir werden in der Luft kämpfen mit wachsender Stärke und Selbstbewusstsein. Wir werden unsere Insel verteidigen, koste es, was es wolle. Wir werden an den Stränden kämpfen, an den Landungsstellen, in den Feldern, den Straßen und auf den Hügeln. Wir werden uns niemals ergeben und selbst wenn, was ich zurzeit nicht glaube, diese Insel oder ein großer Teil von ihr unterworfen und ausgehungert würde, dann würde unser überseeisches Empire, bewaffnet und geschützt durch die britische Flotte, den Kampf weitertragen, bis, so Gott will, die Neue Welt mit all ihrer Macht und Gewalt zur Rettung und Befreiung der Alten schreitet.[55]

Ein entschlossenes Einschreiten zu Gunsten Großbritanniens war Roosevelt zwar aufgrund der Neutralitätsgesetze, der auf Nicht-Einmischung bedachten amerikanischen Öffentlichkeit und der herannahenden Präsidentschaftswahlen nicht möglich. Doch dem Präsidenten gelang es, in kleinen Schritten die industriellen und militärischen Reserven der USA für den Überlebenskampf Großbritanniens zu mobilisieren. Dabei dehnte er seinen Spielraum bis über die gesetzlichen Vorgaben hinaus aus. Im Sommer 1940 leitete er den Verkauf «überschüssiger» Bestände der US-Armee in die Wege (die dann über Zwischenhändler an die Alliierten weitergeleitet wurden), während er gleichzeitig eine drastische Aufrüstung eben dieser Armee forderte, um die westliche Hemisphäre verteidigen zu können. Im September 1940 tauschte er 50 alte amerikanische Zerstörer gegen Nutzungsrechte an britischen Basen in der westlichen Hemisphäre für die US-Armee und -Marine. Mit diesem Handel schlug er zwei Fliegen mit einer Klappe: Die Briten erhielten zusätzliche Kriegsschiffe, um eine deutsche Invasion abzuwehren, und konnten gleichzeitig Truppen von ihren Stützpunkten in der Karibik abziehen und nach England verlegen, da diese nun von Amerikanern verteidigt wurden.

Unermüdlich versuchte Roosevelt, die amerikanische Bevölkerung für eine weitergehende Unterstützung Großbritanniens zu gewinnen, während er gleichzeitig versprach, Amerika aus dem Krieg herauszuhalten. Dabei stellte er rhetorisch brillant die militärische Bedrohung Amerikas durch Nazi-Deutschland in den Vordergrund und porträtierte Großbritannien als die vorderste Verteidigungslinie der USA, auch wenn er und sein Umfeld nicht an eine unmittelbare militärische Bedrohung durch die Wehrmacht glaubten.

Im Frühjahr 1941 genügten die bis zu diesem Zeitpunkt getroffenen Maßnahmen jedoch nicht mehr. Wie schon im Ersten Weltkrieg hatte Großbritannien amerikanische Waffen zunächst mit Gold bezahlt, doch die englischen Goldreserven waren gegen Ende des Jahres 1940 weitestgehend aufgebraucht. Da die *cash and carry*-Klausel des Neutralitätsgesetzes von 1939 eine direkte Bezahlung von Kriegsgütern notwendig machte und die Vergabe von Krediten an kriegführende Staaten ausgeschlossen war, musste sich Roosevelt etwas Neues einfallen lassen. So kam ihm der Gedanke, Kriegsgerät doch schlicht und einfach zu verleihen. Roosevelt erklärte:

Nehmen wir an, das Haus meines Nachbarn fängt Feuer und ich habe ein Stück Gartenschlauch nur 400 oder 500 Fuß davon entfernt. Wenn ich ihm erlaube, meinen Gartenschlauch zu benutzen, und er ihn an seinen Wasserhahn anschließt, kann ich ihm damit helfen, das Feuer zu löschen. Also, was mache ich? Ich sage doch nicht, bevor er löschen darf, «Nachbar, mein Gartenschlauch hat 15 Dollar gekostet. Du musst mir 15 Dollar dafür geben.» Wie sieht die Transaktion aus, die hier vor sich geht? Ich will keine 15 Dollar – ich will meinen Gartenschlauch zurück, wenn das Feuer aus ist. Also gut. Wenn der Schlauch das Feuer überlebt, intakt bleibt und keinen Schaden nimmt, gibt er ihn mir zurück und dankt mir dafür. Aber nehmen wir an, er wird während des Feuers beschädigt und hat Löcher. Dann müssen wir nicht allzu große Formalitäten daraus machen, aber ich werde zu ihm sagen: «Es hat mich gefreut, dass ich dir den Schlauch leihen konnte. Ich sehe, er ist unbenutzbar geworden, er hat lauter Löcher.» Dann wird er sagen […]: «Kein Problem, ich werde ihn ersetzen.» […] In anderen Worten: Wenn man bestimmtes Kriegsgerät verleihen kann, es nach Ende des Krieges zurückerhält und es noch intakt ist – dann ist alles in Ordnung. Wenn es aber beschädigt, abgenutzt oder vollständig verloren ist, dann ist es doch ganz o. k., wenn der Kerl, dem du es geliehen hast, es dir ersetzt.[56]

In diesem Beispiel bog Roosevelt die Realität ein Stück weit zurecht. So thematisierte er weder die Gefahr einer Niederlage Großbritanniens und den damit verbundenen unwiederbringlichen Verlust des verliehenen Geräts noch die Tatsache, dass das Kriegsgerät im Gegensatz zum Gartenschlauch noch nicht vorhanden war und erst produziert werden musste. Auch die Frage, was die Vereinigten Staaten mit all den Waffen tun sollten, wenn sie nach dem Krieg zurückgegeben würden, umging er geschickt. Trotzdem konnte er den Kongress davon überzeugen, dem sogenannten Pacht- und Leihgesetz (*Lend-Lease Act*) zuzustimmen, das am 11. März 1941 in Kraft trat und das Verleihen von amerikanischem Kriegsgerät an Großbritannien und dessen Verbündete autorisierte. Seine Verabschiedung spiegelte den Stimmungsumschwung in der amerikanischen Öffentlichkeit wider, der durch Roosevelts ständiges Warnen vor den Folgen eines deutschen Sieges zu diesem Zeitpunkt eingesetzt hatte. Erstmals befürwortete eine deutliche Mehrheit der US-Bevölkerung direkte Hilfe an England.

Auch für die militärische Auseinandersetzung in Europa bedeutete die Verabschiedung des Gesetzes einen Wendepunkt. Zwar waren die USA offiziell immer noch neutral, doch ihr ökonomisches Potential kam nun vollständig auf Seiten Großbritanniens zum Einsatz. In wirtschaftlicher Hinsicht waren die USA ab März 1941 bereits Kriegspartei. Nach Hitlers Überfall auf die Sowjetunion erhielt auch Stalin umfangreiche und vermutlich kriegsentscheidende Hilfen aus dem Pacht- und Leihgesetz.

Ein direkter Kriegseintritt der Vereinigten Staaten auf Seiten der bedrängten Alliierten war jedoch aufgrund der in dieser Beziehung nach wie vor skeptischen amerikanischen Öffentlichkeit nicht möglich. Roosevelt hoffte im Sommer 1941 vergeblich auf einen Zwischenfall mit einem deutschen U-Boot im Atlantik, wo inzwischen amerikanische Zerstörer direkten Geleitschutz für britische Konvois gaben. Statt im Atlantik entwickelte sich während dieser Monate im Pazifik eine Lage, die schließlich zu einem direkten Kriegseintritt der Vereinigten Staaten in Asien und Europa führte.

Nach dem Beginn des Krieges in Europa war es für die japanische Regierung keine Frage mehr, ob, sondern nur noch wann, wo und unter welchen Bedingungen sie ihre Expansion in Südostasien fortsetzen sollte. Insbesondere das rohstoffreiche Indochina mit seinen wichtigen Seewegen weckte die Begehrlichkeiten der Japaner. Teile der japanischen Regierung hofften jedoch, den USA eine Tolerierung ihrer Großostasiatischen Wohlstandssphäre gegen ein Versprechen der Neutralität im europäischen Konflikt abhandeln zu können. In der Tat versuchte Roosevelt, eine Auseinandersetzung im Pazifik zu vermeiden, da die amerikanische Industrie noch nicht vollständig auf Kriegsproduktion umgestellt war und ein Konflikt mit Japan die Waffenlieferungen nach Eu-

In einer Chrysler-Fabrik werden Sherman-Panzer gefertigt. Schon lange, bevor die USA offiziell in den Krieg eintraten, waren sie in wirtschaftlicher Hinsicht Kriegspartei.

ropa beeinträchtigen musste. Ein Nachgeben gegenüber Japan kam für ihn jedoch auch nicht in Frage.

Als die Regierung in Tokio zu der Entscheidung gelangte, ihre Expansion im Zweifelsfall auch um den Preis eines Krieges mit den USA voranzutreiben, blieb dies Roosevelt nicht lange verborgen. Wenige Monate zuvor war es amerikanischen Kryptographen gelungen, den Geheimcode zu entschlüsseln, über den Tokio mit seinen Botschaften kommunizierte. So las der amerikanische Geheimdienst mit, als Japan von der Vichy-Regierung in Frankreich Nutzungsrechte für deren Flugplätze und Marinebasen in Indochina forderte und mit Gewalt drohte, sollten diese Nutzungsrechte nicht gewährt werden. Hieraus schlussfolgerten die Amerikaner, dass Tokio ein militärisches Vorgehen gegen Britisch-Malaysia und Niederländisch-Indien vorbereitete, denn nur in diesem Zusammenhang machte die Besetzung der französischen Militärstützpunkte Sinn. Im September 1940 unterzeichnete Japan zudem den Dreimächtepakt – ein Verteidigungsbündnis mit Deutschland und Italien.

In Roosevelts Kabinett waren schon seit längerem Stimmen laut geworden, die wirtschaftliche Sanktionen gegen Japan forderten. Nun hielt auch Roosevelt selbst die Zeit für gekommen, dem Reich der aufgehenden Sonne die Grenzen aufzuzeigen. Ein Embargo für den von Nippons Industrie benötigten Stahl und Metallschrott war als Schuss vor den Bug zu verstehen, doch einen Kurswechsel der Regierung in Tokio konnte er damit nicht erreichen. Als japanische Truppen im Sommer 1941 die französischen Besitzungen in Indochina vollständig okkupierten, entschloss sich Roosevelt, Japan endgültig das Messer auf die Brust zu setzen. Am 26. Juli 1941 ordnete er an, die Dollarguthaben Japans in den USA einzufrieren. Japan benötigte diese Dollars, um amerikanisches Öl importieren zu können, von dem es abhängig war und das nur in Dollar gehandelt wurde. Ohne dieses Öl musste die japanische Industrie wie auch die japanische Kriegsmaschinerie zum Stillstand kommen. Roosevelt ließ Japan zwar die Möglichkeit, beim amerikanischen Finanzministerium Lizenzen zu beantragen, um Dollarzahlungen für Öl vornehmen zu können, doch er machte gleichzeitig deutlich, dass die Erteilung dieser Lizenzen vom Wohlverhalten Japans abhing. Ein vollständiges Embargo, das Japan von Öllieferungen abgeschnitten hätte, lehnte er zu diesem Zeitpunkt noch ab, da er fürchtete, Japan würde in diesem Fall Niederländisch-Indien angreifen, um die dortigen Ölfelder unter seine Kontrolle zu bringen. Aber in den kommenden Wochen und Monaten schränkte er die Lizenzerteilung immer weiter ein und stoppte sie schließlich ganz. Als auch Großbritannien und die Niederlande wirtschaftliche Sanktionen gegen Japan verhängten, so dass für Tokio Öl- und Rohstoffkäufe innerhalb des britischen Empires und in den niederländischen Besitzungen in Südostasien unmöglich wurden, gab es für die Regierung in Tokio nur noch zwei Möglichkeiten: Sie musste auf ihre Expansionspläne verzichten oder die benötigten Rohstoffe gewaltsam unter ihre Kontrolle bringen. Viel Zeit blieb für diese Entscheidung nicht, denn die japanischen Ölreserven reichten für maximal zwei Jahre.

Im Spätsommer verhandelten Vertreter des japanischen Premierministers Fumimaro Konoe, der einen Krieg mit den USA vermeiden wollte, mit der Roosevelt-Administration über ein Ende des Embargos. Konoes Handlungsspielraum wurde dabei von Hardlinern in seiner eigenen Regierung und der japanischen Armee eingeschränkt, die weitreichende Konzessionen an die USA ablehnten. Roosevelt und sein Außenminister Cordell Hull spielten bei diesen Verhandlungen auf Zeit. Sie glaubten nicht mehr, dass Japan zu einer grundsätzlichen Umkehr bereit sein würde, wollten einen militärischen Konflikt aber hinauszögern, um ihr industrielles Potential möglichst lange ungeteilt ihren europäischen Verbündeten zukommen lassen zu können. Nachdem sich Konoes Hoffnungen auf ein Gipfeltreffen mit Roosevelt im Oktober 1941 zerschlagen hatten, musste er als Premierminister zurücktreten. Der Hardliner General Hideki Tōjō übernahm die Regierung.

Die Vorbereitungen für einen Angriff auf Pearl Harbor waren auf Drängen des Militärs schon in den letzten Tagen der Konoe-Regierung eingeleitet worden. Wenige Tage nach dem japanischen Angriff am 7. Dezember 1941 erklärte auch Deutschland den USA den Krieg, an dem nun amerikanische Streitkräfte im Atlantik und Pazifik, in Europa und Asien direkt teilnahmen. Eine Auseinandersetzung, die nicht zuletzt in der Erfahrung der Großen Depression wurzelte, die von den USA bis zu diesem Punkt mit wirtschaftlichen Mitteln geführt worden war und in der wirtschaftliche Erwägungen für alle Seiten eine wichtige Rolle spielten, wurde nun mit militärischen Mitteln ausgetragen.

Erst die staatlichen Waffenkäufe und die Umstellung der USA auf Kriegswirtschaft beendeten die Große Depression in Amerika, die durch den New Deal gelindert, doch nicht besiegt worden war. In seinem fiktiven Dialog zwischen Humpty Dumpty und der kleinen Alice hatte Roosevelt darauf hingewiesen, dass Amerika mehr produzierte als es konsumieren konnte, daher exportieren musste und sich aufgrund des daniederliegenden Welthandels in einer Überproduktionskrise befand. Nun produzierte Amerika Kanonen statt Konsumgüter und fand mit seinen Produkten reißenden Absatz. Die Wirtschaft lief auf Hochtouren und wo gerade noch Arbeitslosigkeit geherrscht hatte, setzte ein Arbeitskräftemangel ein. Doch was würde geschehen, wenn der Krieg sein Ende fand? Drohte dann ein Rückfall in die Depression und eine Wiederholung der krisenhaften Entwicklungen seit 1919? Roosevelt und sein Außenminister Cordell Hull arbeiteten hart daran, dies zu verhindern.

11. Die Suche nach einer neuen Weltwirtschaftsordnung

Roosevelts Außenminister Cordell Hull war ein Mann mit Prinzipien – und auch wenn sich diese Prinzipien nicht immer unmittelbar in praktische Politik umsetzen ließen, hielt er eisern an ihnen fest. Eine seiner wichtigsten Überzeugungen hatte er schon als Kongressabgeordneter während des Ersten Weltkrieges entwickelt und seitdem entschlossen verfochten: den Glauben, dass Freihandel nicht nur gut für die Vereinigten Staaten sei, sondern eine Voraussetzung für weltweiten Frieden darstelle. Hohe Zölle sowie die handelspolitische Diskriminierung einzelner Staaten, so glaubte Hull, bedrohen deren Aussicht auf wirtschaftliche Prosperität – möglicherweise sogar deren wirtschaftliches Überleben. Wenn ein Staat durch hohe Zollschranken vom freien Zugang zu seinen Rohstoff- und Absatzmärkten abgeschnitten würde, bliebe ihm nur die Möglichkeit, sich Märkte militärisch zu erobern oder auf sie zu verzichten und den Niedergang der eigenen Wirtschaft mit all seinen sozialen Konsequenzen hinzunehmen. Freier Handel führte nach Hulls Ansicht dagegen zu mehr Wohlstand für alle und machte Kriege unwahrscheinlicher. Durch die Möglichkeit, frei auf Rohstoff- und Absatzmärkten zu handeln, würden militärische Auseinandersetzungen unnötig und unattraktiv. So schrieb Hull in seinen Memoiren:

> Das Jahr 1916 ist ein entscheidender Meilenstein in meinem politischen Denken. Damals erweiterte ich meinen Blick auf Handel und Zölle erstmals von einer rein nationalen auf eine internationale Perspektive. [...] Seitdem verband ich freien ungehinderten Handel mit Frieden; hohe Zölle, Handelsbarrieren und unfairen Wettbewerb mit Krieg. Obwohl ich verstand, dass viele andere Faktoren eine Rolle spielten, erkannte ich, dass wenn wir einen freien Handel sicherstellen könnten – frei im Sinne von weniger Diskriminierung und Behinderung –, so

US-Außenminister Cordell Hull war von der friedensstiftenden Wirkung eines fairen und freien Welthandelssystems überzeugt.

dass ein Land nicht einen tödlichen Neid auf das andere verspürt und die Lebensstandards in allen Ländern steigen, wodurch die wirtschaftliche Unzufriedenheit, die zu Kriegen führt, wegfällt, dass es dann eine realistische Chance auf einen dauerhaften Frieden gäbe.[57]

Bis Hull die Gelegenheit erhielt, seine Idee in die Tat umzusetzen und die Architektur einer neuen Weltwirtschaftsordnung zu entwerfen, sollte es noch knapp drei Jahrzehnte dauern. In den Jahren nach dem Ersten Weltkrieg musste er mit Verbitterung erleben, wie seine Vision einer friedlichen, auf wirtschaftlichen Ausgleich und gleiche Chancen ausgerichteten Weltwirtschaft in weite Ferne rückte. Der Frieden von Versailles säte Neid und Rivalität statt wirtschaftlicher Prosperität. Der Völkerbund, für den sich Hull leidenschaftlich eingesetzt hatte, führte ohne die Mitgliedschaft der USA ein Schattendasein. Mit dem Smoot-Hawley-Zollgesetz taten die USA genau das Gegenteil dessen, was Hull forderte, und beförderten damit indirekt den Aufstieg der Nationalsozialisten in Deutschland und die Eroberungspolitik der Japaner in Ost- und Südostasien.

Selbst nach seiner Ernennung zum Außenminister in Roosevelts Kabinett war er noch lange nicht am Ziel und musste zeitweise herbe Rückschläge einstecken. Als Präsident Roosevelt 1933 die Londoner Weltwirtschaftskonferenz platzen ließ und den New Deal an rein nationalen Bedürfnissen ausrichtete, stand Hull vor der vermutlich größten politischen Niederlage seines Lebens. Doch dieser Misserfolg bestärkte ihn lediglich in seinen Überzeugungen. Ein entscheidender Durchbruch gelang ihm im darauf folgenden Jahr mit der Verabschiedung des im letzten Kapitel angesprochenen *Reciprocal Trade Agreement Act,* der die Handelspolitik der Vereinigten Staaten grundsätzlich auf seine Vision festlegte, auch wenn konkrete Ergebnisse des neuen Handelsvertragsgesetzes noch auf sich warten ließen.

Ironischerweise war es der Ausbruch des Krieges in Europa, der Hull seiner Vorstellung einer dem Frieden verpflichteten Weltwirtschaftsordnung einen entscheidenden Schritt näherbrachte. Auch wenn das primäre Ziel der amerikanischen Außenpolitik von Anfang an darin bestand, einen Sieg der Achsenmächte zu verhindern, so stand der Wunsch, eine stabile Nachkriegsordnung mitzugestalten, direkt an zweiter Stelle. Anders als im Ersten Weltkrieg, nach dessen Ende sich die Vereinigten Staaten mit ihren Ordnungsvorstellungen nicht hatten durchsetzen können, wollte die Roosevelt-Administration nun frühzeitig Vorsorge treffen. Nicht nur in Cordell Hulls Außenministerium, sondern auch im Finanzministerium Henry Morgenthaus und im *Board of Economic Warfare* unter Vizepräsident Henry A. Wallace begann man schon lange bevor die USA selbst in den Krieg eintraten, die Grundzüge einer politischen und wirtschaftlichen Ordnung nach dem Krieg zu formulieren. So erinnert sich Hull in seinen Memoiren an eine öffentliche Erklärung, die er am 1. Januar 1940 abgab:

> Zu diesem Zeitpunkt gab ich einem Programm Ausdruck, das während des ganzen Krieges eine der Säulen unserer Außenpolitik darstellen sollte. «Sollte es zum Frieden kommen», sagte ich, «so stehen wir vor der Herausforderung, in unserem eigenen Interesse das Gewicht unseres wirtschaftlichen, materiellen und moralischen Einflusses in die Waagschale zu werfen, um eine stabile und dauerhafte Weltordnung zu errichten, die sich an internationalem Recht orientiert. Denn falls dies nicht gelingt, werden die Beziehungen zwischen den Nationen abermals einen Charakter annehmen, der zu wirtschaftlichen Konflikten, sozialer Unsicherheit und schließlich wieder zu Krieg führt.[58]

In politischer Hinsicht war das Ergebnis dieser Bemühungen die Konferenz von Dumbarton Oaks (benannt nach der kleinen Ortschaft in der Nähe Washingtons, in der die Konferenz stattfand), auf der zwischen 21. August und 7. Oktober 1944 die Vereinten Nationen (United Nations, UN) aus der Taufe gehoben wurden, um in Zukunft den Frieden zu sichern. Cordell Hull war, in den Worten Präsident Roosevelts, «die Person, die weltweit am meisten getan hat, um diesen großen Plan für Frieden [die UN] in eine greifbare Tatsache zu verwandeln».[59] Er wurde dafür 1945 mit dem Friedensnobelpreis ausgezeichnet.

Doch die Neuordnung der Weltwirtschaft war Cordell Hull ebenso wichtig und wurde von ihm und seinen Mitarbeitern energisch vorangetrieben. Auf der Konferenz von Bretton Woods (benannt nach einem kleinen Ort im Bundesstaat New Hampshire, an dem die Konferenz zwischen 1. und 22. Juli 1944 stattfand) gelang es den USA schließlich, ein neues Weltwährungssystem und eine neue Weltfinanzordnung zu etablieren, die in Teilen bis heute Bestand haben. Auch wenn hier das Finanzministerium Henry Morgenthaus statt des Außenministeriums Cordell Hulls federführend war, blieben die Verhandlungen in Bretton Woods doch an Hulls Ideal einer freien Weltwirtschaft und einer Wiederbelebung des Welthandels orientiert. Im Jahr 1947 wurden die Beschlüsse von Bretton Woods schließlich um das Allgemeine Abkommen über Zölle und Handel (*General Agreement on Tariffs and Trade* – GATT) ergänzt. Cordell Hull war zu diesem Zeitpunkt schon längst nicht mehr im Amt, aber das GATT bildete doch den logischen Schlussstein seiner Bemühungen um eine neue, dem Frieden verpflichtete Weltwirtschaftsordnung. Dieses Kapitel soll einen Überblick über die Planungen für diese Nachkriegsordnung geben und das System von Bretton Woods sowie das GATT umreißen.

Dass Cordell Hull darauf bestand, die Grundzüge einer neuen Weltwirtschaft frühzeitig festzulegen, hatte gute Gründe: Nicht nur die wirtschaftspolitischen Vorstellungen Deutschlands und Japans standen seinen Plänen diametral entgegen, sondern auch die Zukunftspläne der beiden Verbündeten der USA – Großbritanniens und der UdSSR. Großbritannien hatte zwar im 19. Jahrhundert als Mutterland des freien Handels gegolten und fremden Mächten bereits damals einen – mit wenigen Ausnahmen – freien Zugang zu allen Märkten seines Kolonialreichs gewährt. Doch in den Jahren 1919 und 1921 rückte es vom Prinzip des freien Handels ab und vereinbarte mit seinen Kolonien Handelsprivilegien für die Produkte einiger Schlüsselindustrien. Drittstaaten wie beispielsweise die USA wurden dadurch diskriminiert. Die Handelsvergünstigungen für das Empire hatten zunächst nur einen symbolischen Wert. Sie zielten wohl eher auf eine Festigung des Bandes zwischen Kolonien und Mutterland ab als auf handfeste wirtschaftliche Vorteile. Doch angesichts der Weltwirtschaftskrise verließ Großbritannien 1932 endgültig den Pfad des freien Welthandels. Auf einer Konferenz des Commonwealths in Ottawa wurde der Beschluss gefasst, den Handel innerhalb des Empires gegenüber dem Handel mit Drittstaaten deutlich stärker zu bevorzugen und das britische Weltreich mit einer als *imperial preference* bezeichneten Zollmauer zu umgeben. Die britische Regierung regelte ihren Handel nun nach dem Prinzip «heimische Produzenten zuerst, Produzenten aus dem Empire als zweites und fremde Hersteller zuletzt».[60] Im Gegensatz zu Deutschland und Japan wandte Großbritannien keine Gewalt an, um seine wirtschaftliche Einflusssphäre zu sichern. Doch es war, wie der amerikanische Botschafter in London in einem Brief an Roosevelt feststellte, «von einem wirtschaftlichen und handelspolitischen Standpunkt her gesehen ein genauso totalitäres Land wie jedes andere Land in Europa. Alles, was noch benötigt wird, ist Zeit, um die Organisation [eines britischen Großwirtschaftsraums] zu perfektionieren.»[61]

Die UdSSR war hier schon einen Schritt weiter. Sie definierte sich aus einer Wirtschaftstheorie, dem Marxismus-Leninismus, heraus, die ein freies Spiel der Marktkräfte vom Prinzip her ablehnte. Ihr gesamtes Wirtschaftsleben unterstand einer unmittelbaren staatlichen Kontrolle. Dieser Sachverhalt fand in einer – politisch gewollten – weitgehenden Abgeschlossenheit Russlands vom Weltmarkt seinen Ausdruck. So entfiel im Jahr 1938 bei einem Anteil von acht Prozent an der Weltbevölkerung und 16 Prozent an der Weltfläche nur etwa ein Prozent des weltweiten Außenhandels auf die UdSSR. Anders als Japan und Großbritannien konnte Russland auf die Einfuhr von Rohstoffen und Lebensmitteln weitestgehend verzichten. Nahezu alles, was die Sowjetunion zum Überleben brauchte, konnte innerhalb der eigenen Grenzen gewonnen werden. Da in einer staatlich gelenkten Wirtschaft mit Überproduktionskrisen kaum zu rechnen war, kam die UdSSR im Gegensatz zu den Vereinigten Staaten auch ohne Exporte nicht aus dem wirtschaftlichen Gleichgewicht. Es ist leicht einzusehen, dass dieses in sich geschlossene Wirtschaftssystem schwer mit amerikanischen Vorstellungen eines freien Welthandels in Einklang zu bringen war.

Folglich versuchte die Roosevelt-Administration zunächst, Großbritannien für ihr weltwirtschaftliches Konzept zu gewinnen. In mühsamen und langwierigen Verhandlungen bearbeiteten Cordell Hull und seine Mitarbeiter die Briten, um sie zu einem Abschied von ihrer *imperial preference* zu bewegen. Ein wirklicher Durchbruch gelang zunächst nicht. Zu groß war die Sorge der Regierung in London, Großbritannien würde, durch den Krieg geschwächt, nicht mit einem wirtschaftlich übermächtigen Amerika konkurrieren können. Auch wollte Churchill eine Schwächung der Bindungen zum britischen Kolonialreich um jeden Preis verhindern. Immerhin hatten im Krieg gegen Nazi-Deutschland einzig die Kolonien von Anfang an und ohne Wenn und Aber an der Seite Londons gestanden. Im Mai 1941 kündigte der inzwischen zum britischen Finanzminister aufgestiegene John Maynard Keynes sogar an, Großbritannien würde nach Kriegsende möglicherweise zu einer staatlichen Devisen- und Importkontrolle übergehen müssen, um eine soziale Krise zu vermeiden und den Wiederaufbau des Landes sicherzustellen.

Schon während der Weltwirtschaftskrise und des Krieges hatten zahlreiche Regierungen versucht, den grenzüberschreitenden Kapital- und Warenverkehr ihrer Kontrolle zu unterwerfen, um knappe Devisen für (kriegs-)wichtige Importe zu verwenden und um ein außenwirtschaftliches Gleichgewicht und die Stabilität ihrer Währungen sicherzustellen. Durch Devisenkontrollen beschränkten sie das Recht, die Landeswährung in Fremdwährungen zu tauschen. Im extremen Fall einer kompletten Devisenbewirtschaftung waren Bürger und Unternehmen verpflichtet, eingenommene Devisen bei zentralen staatlichen Stellen abzuliefern und erhielten dafür einen entsprechenden Betrag in Landeswährung. Der Besitz von Devisen sowie die Einfuhr oder Ausfuhr von Geld (oder Gold) unterlagen Beschränkungen oder waren verboten. Durch diese Maßnahmen versuchten Staaten zu verhindern, dass der Außenwert ihrer Währung durch Spekulation oder Kapitalflucht ins Ausland von einem politisch gewollten Wert abwich. Im Fall der Devisenbewirtschaftung vereinnahmte der Staat Devisen, um Importe (die mit Devisen bezahlt werden mussten) zentral zu steuern und auf Produkte zu konzentrieren, deren Einfuhr die jeweilige Regierung für unerlässlich hielt. Importkontrollen sollten zusätzlich Handelsbilanzdefizite verhindern (oder reduzieren). Importeure mussten staatliche Lizenzen beantragen, um Waren aus dem Ausland einführen zu können. Auf diese Weise sollte der Import «unwichtiger» Konsumgüter unterbunden werden.

Für den von Hull angestrebten freien Welthandel war ein freier Devisenverkehr und das Recht, Handelsgüter zu importieren oder zu exportieren, jedoch unerlässlich. Somit erschien es der US-Administration zwingend erforderlich, ihren engsten Verbündeten von Import- und Devisenkontrollen abzubringen und auf ein liberales Weltwirtschaftssystem einzuschwören. Lange widersetzte sich London den Forderungen Hulls. Erst als die Vereinigten Staaten die Abhängigkeit der Briten von amerikanischen Waffenlieferungen und die Frage der Rückzahlungsmodalitäten des Pacht- und Leihgesetzes als Druckmittel nutzten und gleichzeitig Wiederaufbauhilfe und Unterstützung bei der Erreichung von Vollbeschäftigung versprachen, begann die Regierung in London sich langsam auf die amerikanische Position zuzubewegen.

Übereinstimmungen waren noch am leichtesten in Währungsfragen zu finden. Wirtschaftskrise und Krieg hatten das internationale Währungssystem vollständig zerrüttet. Um der heimischen Industrie Wettbewerbsvorteile zu sichern, hatten sich Regierungen seit der zweiten Hälfte der 1930er Jahre Abwertungswettläufe geliefert, was zu stark schwankenden Wechselkursen führte. Zahlreiche Länder waren zudem zu Devisenkontrollen übergegangen. Unter diesen Bedingungen erschien eine Wiederbelebung des Welthandels unmöglich. Nur wenn es gelang, Währungen frei tauschbar (konvertibel) zu machen und ihre Wechselkurse einigermaßen stabil zu halten, konnte internationaler Handel gedeihen. Zumindest in diesem Punkt waren sich Briten und Amerikaner einig.

Doch wie sollte ein stabiles Weltwährungssystem geschaffen werden und auf welchen Prinzipien sollte es basieren? Der alte internationale Goldstandard erschien vor allem den Briten wenig praktikabel. Seine Probleme waren während der Großen Depression nur allzu offensichtlich zu Tage getreten. Ein Festhalten an der Goldbindung hatte bei spekulativen Goldabflüssen und in Staaten mit negativer Handelsbilanz zu Deflation und Arbeitslosigkeit geführt (siehe Kapitel 6). Auch hatten die europäischen Staaten infolge des Krieges nicht mehr genug Gold, um ihre Währungen damit decken zu können. Die bestehenden Reserven waren für Waffenkäufe aufgezehrt worden und befanden sich nun in amerikanischen Tresorräumen. Ein System ungedeckter Währungen, die völlig frei konvertierbar waren, erschien genauso problematisch, denn es würde die Abwertungswettläufe und drastischen Kursschwankungen nicht beenden können. Ein außenwirtschaftliches Gleichgewicht der einzelnen Staaten und eine Wiederbelebung des Welthandels waren unter einem solchen System nur schwer realisierbar. Wie konnten die (zumindest potentiell) miteinander konfligierenden Ziele von Vollbeschäftigung, Währungs- und Preisstabilität, freiem und prosperierendem Welthandel und ausgeglichenen Handelsbilanzen miteinander in Einklang gebracht werden? Letztendlich, soweit stimmten Amerikaner und Briten überein, schien eine neue internationale Organisation notwendig, um ein neues Weltwährungssystem zu errichten, zu stützen und zu überwachen.

Um die Jahreswende 1941/42 wurden auf beiden Seiten des Atlantiks Entwürfe für eine solche Organisation erarbeitet. Der britische Entwurf, der im Februar 1942 unter dem Titel «Vorschläge für eine internationale Währungs- (oder Clearing-) Union»[62] vorgelegt wurde, stammte aus der Feder eines alten Bekannten: John Maynard Keynes.

Keynes' Internationale Clearing-Union sollte als eine internationale Zentralbank für die nationalen Zentralbanken fungieren, die durch ihre Einlagen das Grundkapital der neuen Organisation stellen würden. Die Clearing-Union würde vor allem drei Zielen dienen. Sie sollte erstens für Wechselkursstabilität sorgen, indem sie nationale Währungen zu einem festen Kurs an eine internationale Kunstwährung – den sogenannten Bancor – band. In diesem Sinne glich sie dem internationalen Goldstandard, denn der Wert des Bancor sollte in Gold festgelegt werden. Eine Ab- oder Aufwertung einzelner Währungen sollte möglich sein, doch bedurfte ein solcher Schritt der Zustimmung des Verwaltungsrates der Clearing-Union. Die Gefahr eines unkontrollierten Abwertungswettlaufs wie in den Tagen der Großen Depression war damit gebannt. Ein Festhalten an einem Wechselkurs um jeden Preis (wie es in Großbritannien bis 1931 praktiziert worden war) sollte es ebenfalls nicht mehr geben.

Die Clearing-Union sollte zweitens die Handelsbilanzen ihrer Mitgliedsstaaten verrechnen und Einnahmen aus Handelsbilanzüberschüssen oder Schulden aus Handelsbilanzdefiziten auf Bancor-Konten der einzelnen Staaten gutschreiben oder abziehen. Staaten mit positiver Handelsbilanz würden somit kein Gold und keine Devisen mehr anhäufen, sondern Bancor-Guthaben bei der Clearing-Union. Umgekehrt wären Länder mit negativer Handelsbilanz nicht mehr mit Goldabflüssen – und entsprechendem Deflationsdruck, der zu Arbeitslosigkeit führt – konfrontiert, sondern könnten Kreditlinien der Clearing-Union in Anspruch nehmen. Um Handelsbilanzen langfristig auszugleichen, würde die Clearing-Union sowohl übermäßige Bancor-Guthaben als auch Bancor-Schulden mit Strafzinsen sanktionieren. Somit sollte sie sowohl für Überschussländer als auch für Länder mit Handelsbilanzdefiziten Anreize für einen Ausgleich der Handelsbilanz schaffen.

Drittens sollte die Clearing-Union als Kreditgeber der letzten Instanz (*lender of last resort*) dienen und Staaten mit Zahlungsbilanzschwierigkeiten kurzfristig Kredite zur Verfügung stellen. Sie würde somit die Aufgabe übernehmen, die Großbritannien im 19. Jahrhundert gespielt hatte, und das internationale Finanz- und Währungssystem stabilisieren.

Keynes' Vorschlag reflektierte die Erfahrung Großbritanniens in der Großen Depression, als das Land gegenüber den Vereinigten Staaten eine dauerhaft negative Außenhandelsbilanz zu verzeichnen hatte. Da die Vereinigten Staaten nicht bereit gewesen waren, aktiv auf einen Abbau ihrer Handelsbilanzüberschüsse hinzuarbeiten, waren die Kosten für einen Ausgleich der Handelsbilanz ausschließlich in Großbritannien (und den anderen europäischen Ländern mit negativer Handelsbilanz) angefallen. Deflation und Arbeitslosigkeit waren die Folge gewesen. Daher favorisierte Keynes ein System, das sowohl die Überschuss- als auch die Defizitländer in die Pflicht nahm. Dies schien umso mehr geboten, da sich die Wettbewerbssituation zwischen den

USA und Europa mit dem Krieg nochmals drastisch verschoben hatte. Während Amerika durch den Krieg einen Boom erlebte, seine Wettbewerbsfähigkeit steigerte und die Depression hinter sich ließ, wurde Europa in Trümmer gelegt. Europa würde nach dem Krieg zwangsläufig importieren müssen, ohne exportieren zu können – und folglich Defizite anhäufen. Keynes wollte eine Wiederholung der krisenhaften Erscheinungen der Zwischenkriegszeit vermeiden und nationalen Regierungen genug Autonomie bewahren, um trotz der Defizite in der Außenhandelsbilanz die Arbeitslosigkeit entschlossen bekämpfen zu können.

Nur zwei Monate nach Keynes legten die Vereinigten Staaten ihren Entwurf einer monetären Weltordnung vor, der von Harry Dexter White im Finanzministerium ausgearbeitet worden war. In vielen Punkten stimmte White mit Keynes überein. So befürwortete auch er ein System fester Wechselkurse, die notfalls durch Ab- oder Aufwertung angepasst werden sollten. Auch er sprach sich für eine internationale Organisation – genauer gesagt einen internationalen Stabilisierungsfonds – aus, der als Kreditgeber der letzten Instanz Ländern mit Zahlungsbilanzproblemen aus der Klemme helfen sollte.

Doch an einigen zentralen Punkten hatte White deutlich andere Auffassungen als Keynes. Vor allem wandte er sich energisch gegen die Verrechnung von Handelsbilanzen in der Kunstwährung Bancor und die Mechanismen, mit denen die Clearing-Union Handelsbilanzen auszugleichen suchte. Da die Vereinigten Staaten eine chronisch positive Handelsbilanz besaßen, war es für ihn schlicht nicht akzeptabel, dass Länder mit Handelsbilanzüberschüssen in Form von Strafzinsen zur Kasse gebeten werden sollten. Stattdessen sollte es alleine in der Verantwortung der Defizitländer liegen, ihre Handels- und Kapitalbilanz auszugleichen und ihre Wettbewerbsfähigkeit wiederherzustellen. Durch Strukturanpassungsprogramme, die staatliche Ausgabenkürzungen, Währungsabwertung und den Verzicht auf Importe beinhalteten, sollten sie ins handelspolitische Gleichgewicht zurückfinden. Der Stabilisierungsfonds würde sie hierbei unterstützen, indem er ihnen – unter klar definierten Bedingungen – Kreditlinien zur Verfügung stellte. Um den vom Krieg zerstörten Ländern Europas den Wiederaufbau zu erleichtern, forderte White zusätzlich die Schaffung einer zweiten Institution: einer internationalen Bank für Wiederaufbau, die Staaten langfristige Kredite für konkrete Projekte zur Verfügung stellen sollte.

Während intensiver Verhandlungen im Laufe des Jahres 1943 näherten sich beide Seiten einander an. Hier zeigte sich, dass sich Großbritannien gegenüber den Vereinigten Staaten in einer schwächeren Position befand. Als die amerikanische Delegation deutlich machte, dass weder die Roosevelt-Administration noch der Kongress, der ein Abkommen in jedem Fall ratifizieren musste, eine Clearing-Union akzeptieren würden, schwenkte Keynes auf die amerikanische Linie ein. Man einigte sich auf einen gemeinsamen Entwurf, der weitgehend auf Whites Vorschlag eines internationalen Stabilisierungsfonds und einer internationalen Bank für Wiederaufbau basierte. Dieser Entwurf bildete die Grundlage für die Beschlüsse der Konferenz von Bretton Woods, auf der Großbritannien, die USA sowie 42 mit ihnen verbündete Staaten im Juli 1944 die Grundzüge der zukünftigen Weltwährungs- und Finanzordnung festlegten und hierfür entsprechende Institutionen ins Leben riefen.

Im Zentrum der Diskussionen stand die Planung eines neuen Weltwährungssystems. Die an der Konferenz beteiligten Delegationen einigten sich auf ein System fester Wechselkurse mit dem US-Dollar als Referenzwährung. Alle Währungen sollten zu einem festen Wechselkurs in Dollar umtauschbar sein. Die Mitgliedsstaaten wurden dazu aufgefordert, bestehende Devisenkontrollen aufzuheben und ihre Währungen schnellstmöglich konvertibel zu machen. Nur bei nachhaltigen Störungen des wirtschaftlichen Gleichgewichts waren Auf- oder Abwertungen einzelner Währungen gegenüber dem Dollar möglich. Durch die Bindung an den Dollar (und nicht an Gold) wurde der allgemeinen Goldknappheit und Inflexibilität der Goldmenge Rechnung getragen. Die Vereinigten Staaten verpflichteten sich jedoch, Dollar zu einem festen Kurs von 35 Dollar je Feinunze in Gold zu wechseln. Somit war eine unkontrollierte Ausweitung der Geldmenge durch den (amerikanischen) Staat (theoretisch) ausgeschlossen. Mit den Beschlüssen von Bretton Woods wurde ein internationaler Gold-Devisen-Standard installiert. Währungen konnten wahlweise durch Gold oder durch Devisen (Dollar, die in Gold wechselbar waren) gedeckt werden. Der Dollar wurde somit zur weltweiten Reservewährung.

Um das neue Weltwährungssystem zu stützen, verabredeten die Delegierten in Bretton Woods die Schaffung eines Internationalen Währungsfonds (IWF). Alle beteiligten Staaten machen beim Fonds Einlagen, die zu einem Viertel aus Gold und drei Vierteln aus ihrer eigenen Währung bestehen. Die Höhe ihrer Einlagen ergibt sich aus der sogenannten Quote der Länder – d. h. ihrem Kapitalanteil am Fonds. Diese Quote bestimmt zugleich die Stimmrechte, über die ein Mitgliedsland im Fonds verfügt und die Gesamtsumme an Krediten, die ein Land vom Fonds erhalten kann. Staaten, die in Zahlungsbilanzschwierigkeiten geraten, können beim Fonds um Kredite bitten. Der Fonds gewährt diese Kredite jedoch nicht bedingungslos, sondern macht sie (ab einer bestimmten Höhe) von der Umsetzung von Reformen und Sparprogrammen abhängig (IWF-Konditionalität). Diese Reform- und Sparprogramme werden im Sprachgebrauch des IWF als Strukturanpassungsprogramme bezeichnet und unterwerfen die Wirtschaftspolitik kreditnehmender Staaten in einem erheblichen Umfang den Vorgaben des IWF. Im Gegensatz zur von Keynes vorgeschlagenen Clearing-Union verfügt der Fonds über keine Mechanismen, um Zahlungsbilanzen zu verrechnen und langfristig auszugleichen. Erst wenn die Zahlungsbilanz eines Staates deutlich aus dem Ruder gelaufen ist und der betreffende Staat einen Kredit beim Fonds beantragt, kann der IWF durch die Verordnung von Strukturanpassungsprogrammen eingreifen.

Eine weitere in Bretton Woods beschlossene Institution, die Internationale Bank für Wiederaufbau und Entwicklung (Weltbank), trug den Sorgen um die Zukunft des zerstörten Europa Rechnung. Während der IWF kurzfristige Kredite zur Stabilisierung von Währungen und Staatsfinanzen zur Verfügung stellt, vergibt die Weltbank langfristige Kredite für konkrete Wiederaufbau- und Entwicklungsprojekte. Sie wurde mit einer anfänglichen Kapitalausstattung von 7,6 Milliarden US-Dollar in Washington gegründet und sollte den Wiederaufbau der europäischen Volkswirtschaften unterstützen.

Die Beschlüsse der Konferenz von Bretton Woods etablierten ein Währungssystem, das bis Anfang der 1970er Jahre existierte, und Institutionen, die bis zum heutigen Tag im Zentrum unserer Weltfinanzordnung stehen. In Bretton Woods kündigte sich jedoch auch bereits die Aufteilung der Weltwirtschaft in einen kapitalistisch-westlichen und einen staatsdirigistisch-sozialistischen Teil an. Obwohl die Sowjetunion anfangs an den Diskussionen über eine Neuordnung der Weltwirtschaft teilgenommen hatte, beteiligte sie sich letztendlich weder am IWF noch an der Weltbank. Der Kalte Krieg warf seine Schatten voraus.

Doch auch für die Staaten, die die Konferenzergebnisse von Bretton Woods ratifizierten, blieb noch viel Arbeit. Zum einen mussten die Beschlüsse umgesetzt werden. Gerade in den europäischen Ländern dauerte es noch lange, bis Devisenkontrollen aufgegeben und Währungen vollständig konvertierbar wurden. Zum anderen aber war in Bretton Woods nur über Währungsfragen, nicht aber über die Probleme des Welthandels entschieden worden. Die Delegierten hatten sich zwar grundsätzlich für die Schaffung einer dritten Bretton-Woods-Organisation – der Internationalen Handelsorganisation (*International Trade Organisation* – ITO) – ausgesprochen, aber keine Beschlüsse hierüber gefasst. Dies sollte eine Folgekonferenz erledigen. Die Wiederbelebung des Welthandels war das eigentliche Hauptanliegen der Roosevelt-Administration. Insbesondere für Cordell Hull war die Stabilisierung des Weltwährungssystems kein Selbstzweck, sondern eine notwendige Voraussetzung für die Realisierung seines Traums: eines multilateralen und liberalen Welthandelssystems.

Die Schaffung eines solchen Systems gestaltete sich jedoch deutlich schwieriger als die Lösung der Finanz- und Währungsfragen, um die in Bretton Woods gerungen worden war. Erst im November 1947 versammelten sich Delegationen aus 54 Staaten in Havanna, um im Rahmen einer UN-Konferenz über Welthandel und Beschäftigung ein neues Handelssystem aus der Taufe zu heben und mit der ITO eine Institution zu schaffen, die dieses System regulieren und bewahren sollte. Doch als die Delegierten im März 1948 ihre Unterschriften unter das Abschlussdokument der Konferenz setzten, hatte sich in Washington bereits der Wind gedreht. Der Enthusiasmus für multilaterale Lösungen, den der amerikanische Kongress noch während des Krieges gezeigt hatte, war nun Skepsis gewichen. Eine Organisation wie die ITO würde die Handlungsfreiheit der USA zu weit beschneiden, glaubte nun eine Mehrheit der Senatoren. Eine Ratifizierung des Abschlussdokuments von Havanna durch den US-Senat schien vor dem Hintergrund dieses Stimmungsumschwungs nicht mehr möglich und die US-Regierung zog das entsprechende Implementierungsgesetz 1950 zurück, ohne dass jemals darüber abgestimmt worden war.

So kam es, dass die ITO eine Totgeburt blieb und die eigentlich geplante dritte Bretton-Woods-Organisation niemals geschaffen wurde. Doch die Bemühungen um ein multilaterales Welthandelssystem waren nicht ganz umsonst gewesen. Ein Vorbereitungskomitee für die Havanna-Konferenz hatte zwischen April und Oktober 1947 in Genf eine Reihe von Zollsenkungen und handelspolitischen Grundsätzen ausgehandelt, die unter der Bezeichnung Allgemeines Abkommen über Zölle und Handel (*General Agreement on Tariffs and Trade* – GATT) zusammengefasst und im Gegensatz zur Gründung der ITO tatsächlich ratifiziert wurden und langfristig Bestand hatten. Dieses Abkommen bildet bis heute die Grundlage unseres Welthandelssystems.

Das GATT regelt die Handelsbeziehungen der beteiligten Staaten untereinander und zielt auf eine allgemeine Absenkung des internationalen Zollniveaus, die Beseitigung von Handelshindernissen und einen diskriminierungsfreien Handel ab. Mit dem GATT wurde das Prinzip der allgemeinen Meistbegünstigung (siehe Kapitel 10) zur verbindlichen Grundlage des Handels zwischen den Vertragsparteien. Ein kurzer Blick auf die 1947 in Genf unternommenen Zollverhandlungen verdeutlicht dies. In Genf verhandelten die beteiligten Parteien allgemeingültige Zölle für jede einzelne Produktkategorie. Jedes Land verhandelte jeden produktspezifischen Zoll mit dem anderen Land, das in dieser Produktkategorie den wichtigsten Handelspartner darstellte. Die bilateral ausgehandelten Zölle galten aber nicht nur für die zwei Staaten, die sich am Verhandlungstisch gegenübersaßen, sondern für alle Staaten im GATT. So entstand eine Dynamik, die zu Zollsenkungen führte und die Gleichbehandlung aller Handelspartner sicherstellte.

Auf die ersten Zollverhandlungen in Genf 1947 folgten zahlreiche weitere Verhandlungsrunden. Auf diese Weise konnten Zölle und andere Handelshindernisse in den folgenden Jahrzehnten deutlich abgebaut werden und der Welthandel nahm einen steilen Aufschwung. Die Sowjetunion und ihre Satellitenstaaten sowie einige Staaten der Dritten Welt blieben dem GATT jedoch fern.

Das GATT etablierte keine Organisation, die den internationalen Handel regulierte. Dies wäre ja die Aufgabe der gescheiterten ITO gewesen. Erst 1994 einigten sich die Vertragsparteien des GATT auf die Einrichtung einer solchen Institution – der Welthandelsorganisation (*World Trade Organisation* – WTO), die z. B. Zahlenmaterial erhebt und in Streitfällen schlichtet. Der GATT-Vertrag existiert unter dem Dach der WTO jedoch weiter.

Mit IWF, Weltbank und GATT riefen die Vereinigten Staaten und ihre westlichen Verbündeten die Kerninstitutionen eines neuen, liberalen Weltwirtschaftssystems ins Leben, legten den Grundstein für die Prosperität der Nachkriegsjahre und ebneten den Weg für den Wiederaufstieg der zerstörten Wirtschaften Westeuropas. Sie knüpften die Fäden neu, die die Weltwirtschaft bis 1914 zusammengehalten hatten, doch dann infolge des Ersten Weltkriegs während der Großen Depression zerrissen waren. Die große Krise, die im Oktober 1929 mit einem Börsencrash begonnen hatte, fand nun, nach fast 20 Jahren, ihren Abschluss. Eine stabile politische und wirtschaftliche Ordnung ersetzte das instabile internationale Gefüge der Zwischenkriegszeit. Zumindest für die westliche Welt erfüllte sich Cordell Hulls Traum eines auf Wohlstand basierenden Friedens.

Dass dieser auf Wohlstand basierende Frieden Bestand hatte, war jedoch nicht nur das Verdienst Cordell Hulls und der Vereinigten Staaten. Genauso großen Anteil hatte ein britischer Denker, der mit seinen aus der Großen Depression abgeleiteten Ideen die Volkswirtschaftslehre revolutionierte und eine neue, in der westlichen Welt schon bald allgemein akzeptierte Wirtschaftspolitik etablierte, durch die er zukünftige Wirtschaftskrisen zu verhindern hoffte. John Maynard Keynes hatte als Teilnehmer der Pariser Friedenskonferenz von 1919–1920 klarer als alle anderen gesehen, dass ein Frieden, der Armut und Depression in Kauf nahm, den Keim eines neuen Krieges in sich trug. Mit seiner 1936 veröffentlichten «Allgemeinen Theorie der Beschäftigung, des Zinses und des Geldes»[63] lieferte er theoretisches Rüstzeug, mit dem es Regierungen bis in die 1970er Jahre gelang, den Konjunkturzyklus zu zähmen, hohe Beschäftigung und Wohlstand zu garantieren und somit den inneren und äußeren Frieden aufrechtzuerhalten.

12. Keynesianismus: Lehren aus der Weltwirtschaftskrise?

Unter den großen Wirtschaftswissenschaftlern des 20. Jahrhunderts ist keiner so bekannt und so umstritten wie der britische Ökonom John Maynard Keynes. Seine unorthodoxen Ideen erschütterten ab den späten 1930er Jahre die theoretischen Fundamente der klassischen Volkswirtschaftslehre und ohne jeden Zweifel hat er die ersten drei Nachkriegsjahrzehnte entscheidend geprägt. Die Dominanz seiner neuen Theorie kommt in dem sowohl Milton Friedman als auch Richard Nixon zugeschriebenen Zitat «Heute sind wir alle Keynesianer»[64] (*We are all Keynesians now*) zum Ausdruck – und auch wenn dieses Zitat im Falle Friedmans aus dem Zusammenhang gerissen und im Falle Nixons nicht ganz korrekt wiedergegeben sein mag, so wird doch eines deutlich: Selbst Keynes' intellektuelle und politische Gegner kamen an dem britischen Ökonomen nicht vorbei.

Aber es ist nicht nur Keynes' wissenschaftliche Arbeit, die ihn bis heute im öffentlichen Gedächtnis hält. Auch seine schillernde Persönlichkeit, seine exzentrische Art und sein Lebenswandel machten ihn damals wie heute zu einem Aufmerksamkeitsmagneten im Zentrum der Medienöffentlichkeit. Schon der junge Keynes, Sohn eines Dozenten in Cambridge, stach den Menschen in seinem Umfeld durch seine erstaunliche Intelligenz, seine rasche Auffassungsgabe, seine Zahlenaffinität und seine zuweilen arrogante und herablassende Art ins Auge. Es fiel ihm leicht, Stipendien für die Eliteschule Eton und das King's College der Universität Cambridge an Land zu ziehen. Aber statt sich an der Universität auf sein eigentliches Fach, die Mathematik, zu konzentrieren, beschäftigte er sich auch mit Philosophie und Wirtschaftswissenschaften. Zudem schloss er sich den *Cambridge Apostles*, einem elitären Debattierclub mit geheimbündlerischen Tendenzen, an. Später bewegte er sich im

Erst nach seinem Tod fand seine Theorie allgemeine Anerkennung. Im Dezember 1965 schaffte es Keynes sogar auf das Titelbild des «Time Magazine».

Kreis der Künstlergruppe *Bloomsbury Group*, wo er mit Schriftstellern wie Virginia Woolf und Rupert Broole und Kunstkritikern wie Clive Bell und Roger Fry Freundschaft schloss. Mit dem Maler Duncan Grant unterhielt er eine mehrjährige Liebesbeziehung.

Trotz seiner Affinität zu allem Schöngeistigen lag sein Talent in erster Linie im Feld der Zahlen und mathematischen Zusammenhänge. Keynes zählte und verzeichnete alles und jedes. Als Kind führte er Buch über die Anzahl der Treppenstufen der Häuser auf seinem Schulweg. Als junger Wissenschaftler am King's College in Cambridge und als Regierungsbeamter im *India Office* in London legte er Verzeichnisse über seine zahlreichen sexuellen Kontakte an. Die meisten dieser Kontakte waren von homosexueller Natur – damals noch ein Straftatbestand – und doch verliebte sich

Keynes schließlich in eine Frau, die russische Ballerina Lydia Lopokova, die er 1925 heiratete.

Die Ehe wird von Personen aus dem Umfeld des Paares als harmonisch und glücklich beschrieben. Sie gab Keynes den nötigen Rückhalt, um das hohe Arbeitspensum zu bewältigen, das er sich trotz nachlassender Gesundheit auferlegte. Da er, obwohl er in Cambridge unterrichtete, niemals selbst einen universitären Lehrstuhl innehatte, erwarb er sein durchaus ansehnliches Vermögen als Spekulant und Vermögensverwalter, als Publizist sowie im Dienste der britischen Regierung. Nachdem er die letzten Jahre seines Lebens damit zubrachte, Großbritannien die nötigen Finanzmittel für den Krieg gegen Nazi-Deutschland zu verschaffen und mit seinen amerikanischen Partnern über eine ökonomische Nachkriegsordnung zu verhandeln, starb er entkräftet im April 1946.

Keynes verstand sich selbst als Liberaler und blieb zeitlebens Mitglied der *Liberal Party* Großbritanniens. Trotzdem gilt er heute als linker Wirtschaftstheoretiker. Und in der Tat haben sich Keynes' wirtschaftspolitische Ansichten im Laufe der Jahrzehnte immer weiter von den anfänglich von ihm vertretenen *Laissez-faire*-Ansätzen hin zu einer starken Rolle des Staates in der Wirtschaft verschoben. Diese ideologische Verschiebung ging aber weniger tief, als es auf den ersten Blick scheinen mag. Keynes änderte seine Ansichten über wirtschaftspolitische Methoden, aber seinen Ideen bezüglich den Zielen von Wirtschaftspolitik blieb er treu. Sein Denken orientierte sich immer an der Freiheit des Einzelnen, doch über die Jahre gelangte er zu der Einsicht, dass diese Freiheit nur mit Hilfe des Staates – und nicht allein durch den Markt – gesichert werden könne. Letztendlich war es die Große Depression, die dieser Einsicht zum Durchbruch verhalf – auch wenn sich der Umschwung in seinem Denken schon lange vorher abgezeichnet hatte.

Gemäß der klassischen volkswirtschaftlichen Theorie – den Arbeiten von Adam Smith, David Ricardo und ihrer Anhänger – kommen Phasen längerer «unfreiwilliger» Arbeitslosigkeit in einer freien Marktwirtschaft nicht vor, denn Angebot und Nachfrage tendieren ihrer Meinung nach im Kapitalismus zu einem Gleichgewicht bei Vollbeschäftigung. Werden Arbeitnehmer während einer Periode wirtschaftlicher Depression entlassen, so müssen sie eben ihre Lohnforderungen so weit reduzieren, bis es für Arbeitgeber wieder attraktiv wird, sie einzustellen. Überproduktionskrisen sind demnach nicht möglich, denn – so glauben die Anhänger der klassischen Theorie – jedes Angebot schafft sich selbst seine Nachfrage. Bietet ein Produzent ein Produkt zum Verkauf und erhält im Austausch dafür Geld, so wird er dieses Geld ausgeben, um selbst neue Produkte zu kaufen, in neue Maschinen zu investieren oder neue Arbeiter einzustellen – also Nachfrage zu schaffen. Was sollte er auch sonst mit dem Geld tun? Jedes volkswirtschaftliche Denken muss – der klassischen Theorie zufolge – somit von der Angebotsseite her beginnen, denn nur durch Angebot entsteht Nachfrage. Um eine Depression zu überwinden, gilt es, die Unternehmer dazu anzuregen, ihre Produktion (und damit ihr Angebot an Gütern und Dienstleistungen) auszuweiten – z. B. durch niedrige Steuern, wenig Regulierung, niedrige Löhne und ganz allgemein durch so wenig Staatsintervention wie möglich. Eine Vergrößerung der angebotenen Warenmenge zieht dann zwangsläufig auch eine Vergrößerung der Nachfrage nach sich. Diese als Say'sches Theorem bekannt gewordene These wurde zu Beginn der 1930er Jahre noch allgemein akzeptiert.

Vor dem Hintergrund der Großen Depression erschienen das Say'sche Theorem sowie verschiedene andere Aspekte der klassischen Theorie allerdings fragwürdig, und keiner sah das klarer als John Maynard Keynes. Angesichts der allgemeinen und anhaltenden Massenarbeitslosigkeit klang das Versprechen eines Gleichgewichts bei Vollbeschäftigung doch sehr weit hergeholt. Vertreter der klassischen Schule mussten sich schon weit aus dem Fenster lehnen, um Theorie und Praxis in Einklang zu bringen, z. B. indem sie die Arbeitslosigkeit als «freiwillige» (d. h. durch staatliche Eingriffe oder zu hohe Lohnforderungen selbst verschuldete) Arbeitslosigkeit wegdefinierten.

Keynes dagegen hatte sich schon seit den 1920er Jahren mit dem Phänomen des Sparens beschäftigt und begonnen, Wirtschaftspolitik nicht von der Angebots-, sondern der Nachfrageseite her zu denken. So hatte er Ansätze entwickelt, die die Probleme seiner Zeit besser beschrieben als die Texte der Klassiker. In seinem Hauptwerk, der «Allgemeinen Theorie der Beschäftigung, des Zinses und des Geldes», gab er eine alternative Erklärung für die Massenarbeitslosigkeit der 1930er Jahre und Handlungsanweisungen, die der damals praktizierten Politik diametral entgegenstanden.

Keynes verstand Geld nicht nur als Tauschmittel, sondern auch als Wertspeicher. Gerade in Krisenzeiten, so argumentierte er, würden Menschen Geld nicht ausgeben, sondern im großen Stil sparen, da sie die Sicherheit eines dicken finanziellen Polsters höher schätzten als die Produkte und Dienstleistungen, die sie ansonsten hätten kaufen können. Aus Sicht jedes einzelnen Haushalts erschien dieses Verhalten auch absolut vernünftig. Schließlich war es besser, in schweren Zeiten gewisse Geldreserven zu besitzen, von denen man leben konnte, als viele teure Konsumgüter. Doch aus gesamtwirtschaftlicher Sicht war dieses Verhalten absolut verheerend. Wenn alle ihr Geld sparten und keiner Geld ausgab, musste der Wirtschaftskreislauf zum Erliegen kommen. In einer solchen Situation gab es reichlich Angebot, doch keine Nachfrage. Ohne Nachfrage nach ihren Produkten würden Unternehmer jedoch weder neue Investitionen tätigen noch neue Mitarbeiter einstellen – ganz gleichgültig, wie tief die Löhne sanken. Stattdessen würden sie ihr Angebot an die geringe Nachfrage anpassen, also mit deutlich weniger Mitarbeitern deutlich weniger produzieren. Bei hoher Spar- und geringer Konsumneigung drohte somit etwas, das es in der klassischen Theorie nicht gab: ein Gleichgewicht zwischen Angebot und Nachfrage bei hoher unfreiwilliger Arbeitslosigkeit. Auch widersprach das von Keynes entworfene Szenario der klassischen Annahme, dass die «unsichtbare Hand des Marktes», also die rationalen wirtschaftlichen Einzelentscheidungen der Individuen in ihrer Summe den volkswirtschaftlich größten Wertzuwachs und eine optimale Ressourcenverteilung nach sich ziehen. Dass die durchaus rationale Entscheidung des Einzelnen, zu sparen, zu einer gesamtwirtschaftlichen Depression führen muss, wenn sich nicht nur Einzelne, sondern Massen so entscheiden, bezeichnete Keynes denn auch als «Sparparadoxon» (*paradox of thrift*).

Zudem hielt Keynes die Annahme, Löhne würden während einer Depression quasi automatisch sinken, da viele Arbeitslose um wenige Arbeitsplätze konkurrierten, für falsch. Stattdessen glaubte er, Löhne seien in einer gewissen Weise «klebrig» (*sticky*) und nach unten hin wenig flexibel. Hätten Löhne einmal ein gewisses Niveau erreicht, würden sich Arbeiter mit Händen und Füßen gegen Versuche wehren, sie abzusenken – selbst wenn das aus gesamtwirtschaftlicher Perspektive sinnvoll (und letztendlich in ihrem eigenen Interesse zu sein) scheine. Die Phase der Deflation in Großbritannien nach 1925 (siehe Kapitel 6) diente ihm dabei als Anschauungsmaterial. Damals hatten Arbeiter mit Streiks und sozialem Aufruhr die politisch gewünschten Lohnsenkungen verhindert oder hinausgezögert.

Die Prämissen klassischer Wirtschafts- und Arbeitsmarktpolitik, der Glaube an ein Gleichgewicht bei Vollbeschäftigung und an die Flexibilität der Löhne in einer freien Marktwirtschaft, standen somit in den 1930er Jahren auf dem Prüfstand, der Mythos eines sich selbst regulierenden Marktes war schwer in Mitleidenschaft gezogen. Die wirtschaftliche und gesellschaftliche Realität der Großen Depression schien Keynes in seiner grundsätzlichen Kritik der überall praktizierten angebotsseitigen Wirtschaftspolitik Recht zu geben.

Keynes propagierte im Gegensatz zur klassischen Theorie einen Ansatz, der Wirtschaft von der Nachfrageseite her dachte, denn Nachfrage – nicht Angebot – war für ihn der Schlüssel zum Verständnis wirtschaftlicher Krisen. Somit hing es von der gesamtgesellschaftlichen Kaufkraft ab, ob eine Wirtschaft den Weg aus der Depression finden würde – Kaufkraft, so argumentierte Keynes, führt zu Nachfrage und Nachfrage erzeugt ihr eigenes Angebot. Erst wenn Unternehmer ihre Produkte erfolgreich verkaufen könnten, würden sie über eine Ausweitung der Produktion und das Einstellen neuer Arbeitnehmer nachdenken. Doch wie ließ sich die gesamtwirtschaftliche Nachfrage im Falle eines wirtschaftlichen Einbruchs auf hohem Niveau halten?

Die gesamtwirtschaftliche Nachfrage entspricht der Summe aus privatem Konsum, den Investitionen von Unternehmen, den Exporten eines Landes (d.h. der Nachfrage aus dem Ausland) und der staatlichen Nachfrage. Wenn während eines wirtschaftlichen Abschwungs die ersten drei dieser Faktoren deutlich einbrechen, liegt es nach Keynes an der Regierung, für zusätzliche Nachfrage zu sorgen und somit die Kaufzurückhaltung der Konsumenten und die Investitionszurückhaltung der Privatwirtschaft auszugleichen. Die Mittel dafür kann ein Staat über Kreditaufnahme und Geldschöpfung relativ leicht beschaffen. Er soll, ja muss sich in Krisenzeiten stärker verschulden, um die Wirtschaft durch öffentliche Aufträge, wie z. B. den Bau von Schulen, Krankenhäusern oder neuer Infrastrukturprojekte, aus der Depression zu heben. In Zeiten des wirtschaftlichen Booms hat die Regierung nach Keynes dagegen die Aufgabe, überschüssige Nachfrage durch höhere Steuern abzuschöpfen und die während der Rezession aufgenommenen Kredite zurückzuzahlen. Dieses Prinzip einer antizyklischen (d. h. den konjunkturellen Trends jeweils entgegenwirkenden) Konjunkturpolitik ist unter der englischen Bezeichnung *deficit spending, surplus saving* bekannt geworden.

Aber würde sich eine Regierung nicht hoffnungslos verschulden, wenn sie einen Einbruch der privatwirtschaftlichen Nachfrage vollständig durch staatliche Auftragsvergabe ausgleichen wollte? Laut Keynes war ein vollständiger Ausgleich gar nicht notwendig und vergleichsweise kleine zusätzliche staatliche Ausgaben würden durch den sogenannten Multiplikatoreffekt eine große Wirkung entfalten. Demnach schafft ein öffentlicher Auftrag von z. B. 500 Millionen Dollar eine zusätzliche gesamtwirtschaftliche Nachfrage, die deutlich über diesem Wert liegt. Die 500 Millionen Dollar werden nämlich nicht nur einmal ausgegeben. Die Unternehmer, Arbeiter und Angestellten, die der Staat mit diesen 500 Millionen Dollar bezahlt, werden einen Teil des Geldes sparen und einen anderen Teil ihrerseits für Investitionen oder Konsum aufwenden und den ursprünglichen Nachfrageimpuls damit verstärken. Die 500 Millionen Dollar schaffen also so lange neue Nachfrage, wie sie in der Wirtschaft zirkulieren, und verlieren ihre Wirkung erst, wenn sie vollständig in Sparguthaben überführt sind. Wie hoch ein solcher Multiplikatoreffekt anzusetzen ist, hängt vom jeweiligen wirtschaftlichen und kulturellen Kontext ab und ist höchst umstritten. Gegner keynesianischer Wirtschaftspolitik halten ihn eher für gering, doch daran, dass er existiert, ist kaum zu zweifeln. Somit kann der Staat mit begrenztem Mitteleinsatz einen größeren konjunkturellen Stimulus erzeugen.

Keynes' neuer Ansatz löste nach dem Erscheinen der «Allgemeinen Theorie» heftige Diskussionen aus, setzte sich jedoch zunächst nur langsam durch. Keine der größeren Volkswirtschaften folgte während der 1930er Jahre bewusst keynesianischen Rezepten. Selbst wirtschaftlich progressive Politiker wie Franklin D. Roosevelt und Harry Truman blieben skeptisch. Von letzterem ist die Aussage überliefert, niemand werde ihn davon überzeugen, «dass die Regierung einen Dollar ausgeben kann, den sie nicht besitzt»[65]. Doch überall, wo Regierungen unbewusst konjunkturpolitische Stimuli auf den Weg brachten, hatten sie die von Keynes vorhergesagte Wirkung. Insbesondere die Rüstungsprogramme Nazi-Deutschlands und der USA lassen sich aus keynesianischer Sicht interpretieren und es ist kaum zu bestreiten, dass sie in diesen beiden Staaten die entscheidenden Faktoren waren, um die Wirtschaftskrise zu überwinden.

Dies blieb auch Politikern und Wirtschaftswissenschaftlern nicht verborgen und so begann in den Jahren nach dem Krieg der eigentliche Siegeszug des Keynesianismus. Da Keynes selbst nicht mehr am Leben war, nahmen sich seine Schüler seiner Theorie an, entwickelten sie weiter und ergänzten sie. Spätestens seit den 1950er Jahren dominierte die «Allgemeine Theorie» des britischen Ökonomen an den Universitäten und spätestens seit den 1960er Jahren auch in der politischen Praxis. Regierungen betrieben nun eine aktive Konjunkturpolitik, um die Schwankungen des Konjunkturzyklus auszugleichen und für Wachstum bei hoher Beschäftigung zu sorgen. In Phasen des wirtschaftlichen Abschwungs senkten sie Steuern und erhöhten die öffentlichen Ausgaben – alles um die gesamtwirtschaftliche Nachfrage hoch zu halten. Einem Wiederaufkeimen einer Großen Depression sollte so von vornherein vorgebeugt werden.

Diese Politik erwies sich zunächst als ausgesprochen erfolgreich. Bis in die 1970er Jahre hinein florierten die Wirtschaften der westlichen Industrienationen. In Westeuropa erfolgte endgültig der Durchbruch zur Konsumgesellschaft, in den Vereinigten Staaten erreichte der Massenkonsum neue Höhen. Das Wirtschaftswunder der Nachkriegsjahrzehnte verhalf der Demokratie in den ehemals faschistisch regierten Staaten zur Akzeptanz und immunisierte auch die Unterprivilegierten gegenüber den Verlockungen kommunistischer Propaganda. Ein keynesianisch gezähmter Kapitalismus erschien den Menschen vielversprechender als die Planwirtschaften des Mangels, die östlich des Eisernen Vorhangs herrschten. Die junge Generation dieser Jahrzehnte erlebte in einem nie zuvor gekannten Ausmaß soziale Aufwärtsmobilität. Millionen von Kindern aus Arbeiterhaushalten besuchten als erste ihrer Familien Gymnasien und Universitäten, um nach ihrem Studium gut bezahlte Stellen als Ärzte, Anwälte oder Ingenieure einzunehmen. Die Einkommensschere schloss sich zusehends. Dank hoher Steuern, hoher Löhne und Vollbeschäftigung rückten Arm und Reich immer weiter zusammen. Die während der Großen Depression so stark dezimierte Mittelschicht wuchs mit erstaunlicher Geschwindigkeit. Die große Krise der 1930er Jahre verblasste dagegen in der Erinnerung der Menschen. Auf dem Weg in eine strahlend neue Zukunft des Wohlstands und des technischen Fortschritts blickten sie nach vorne und nicht zurück, wo die Große Depression langsam aus dem schwachen Lichtschein der Hecklaterne der Geschichte verschwand und in der Dunkelheit des gleichgültigen Vergessens aufging. Nur in Fachkreisen war sie noch von Interesse, doch auch dort hielt man sie vor dem Hintergrund keynesianischer Wirtschaftstheorie für geklärt, verstanden und Wiederholungen für ausgeschlossen.

Aus diesen Fachkreisen kam jedoch im Laufe der 1960er Jahre zunehmend auch Kritik an der keynesianischen Wirtschaftstheorie und der von den westlichen Regierungen praktizierten Konjunkturpolitik. Insbesondere der Ökonom und Wirtschaftshistoriker Milton Friedman lieferte eine Interpretation der Großen Depression, die der Sichtweise von Keynes widersprach (siehe Kapitel 4). Auch warnte er vor den langfristigen Folgen einer antizyklischen Konjunkturpolitik des *deficit spending*. Er argumentierte, dass eine derartige Strategie langfristig zu bestimmten Erwartungshaltungen bei Arbeitern und Konsumenten führen müsse, die die Intention dieser Politik konterkarieren würden, und sagte eine Phase hoher Arbeitslosigkeit und wirtschaftlicher Stagnation bei gleichzeitiger hoher Inflation voraus. Eine solche «Stagflation» war laut der keynesianischen Theorie eigentlich nicht möglich. Friedman und die Keynesianer waren sich darin einig, dass staatliche Stimuluspakete durch die künstlich erhöhte Nachfrage eine gewisse Inflation auslösen würden. Für Keynes (und vor allem für seinen Schüler Alban William Phillips) war diese Inflation jedoch ein Mittel, um in Krisensituationen die Reallöhne der Arbeiter zu senken, ohne Streiks und Proteste auszulösen, und somit Neueinstellungen für Unternehmer attraktiver zu machen. Friedman glaubte, die Arbeiter würden dieses Spiel langfristig durchschauen, höhere Löhne fordern und eine Lohn-Preis-Spirale in Gang setzen. Höhere Löhne würden zu höheren Preisen führen, worauf die Arbeiter erneut mit höheren Lohnforderungen reagieren würden. Inflation bei hoher Arbeitslosigkeit wäre die Folge.

Friedmans Theorie fand in Wissenschaft und Öffentlichkeit zunehmend große Beachtung, als die Wirtschaften der westlichen Industrienationen in den 1970er Jahren in eine Krise gerieten und sich seine Prognosen bewahrheiteten. Um den Vietnamkrieg zu finanzieren hatte die amerikanische Regierung seit Mitte der 1960er Jahre mehr Geld ausgegeben, als sie besaß, und mehr staatliche Aufträge verteilt, als konjunkturpolitisch sinnvoll war. Inflation war aufgekommen und zwang die Vereinigten Staaten schließlich dazu, die Goldbindung des Dollars (siehe Kapitel 5) aufzugeben. Eine zentrale Säule des Systems von Bretton Woods war damit gefallen. Die Ölpreiskrisen von 1973 und 1979 trafen die Wirtschaften der USA und Europas ebenfalls schwer und verstärkten die bereits vorhandenen inflationären Tendenzen. Gleichzeitig stieg die Arbeitslosigkeit in den Industriestaaten auf Werte an, die aus heutiger Sicht zwar moderat erscheinen, doch die an Vollbeschäftigung gewöhnten Politiker und Arbeitnehmer der Wirtschaftswunderzeit erheblich beunruhigten. Stagflation stellte sich ein und Friedmans Theorie schien sie zu erklären.

Auch die Entwicklung der Staatsverschuldung beunruhigte die Menschen in den 1970er Jahren. Regierungen war, wenn sie eine antizyklische Konjunkturpolitik betrieben, das Geldausgeben in Krisenzeiten deutlich leichter gefallen als das Sparen in Zeiten der Hochkonjunktur. Mit Steuersenkungen, neuen Straßen, neuen öffentlichen Einrichtungen und umfangreicheren Sozialleistungen ließen sich Wählerstimmen gewinnen, doch mit Steuererhöhungen, Sparmaßnahmen und sozialen Einschnitten im Rahmen des *surplus saving* drohten solche Stimmen verloren zu gehen. So investierten Regierungen, wenn sich die Konjunktur abzuschwächen drohte, doch sie sparten nicht, wenn es wieder aufwärts ging. Über die Jahre baute sich ein hoher Sockel an Staatsverschuldung auf.

In Anbetracht (relativ) hoher Inflation, (relativ) hoher Arbeitslosigkeit und (relativ) hoher Staatsverschuldung verdrängte Milton Friedman Keynes zusehends aus universitären Hörsälen und politischen Beratungsrunden. Spätestens mit den Wahlsiegen Ronald Reagans und Maggie Thatchers fand die keynesianische Revolution ihr Ende. Statt auf eine staatlich gesteuerte, nachfrageorientierte Konjunkturpolitik setzten konservative Regierungen nun auf die «Magie des Marktes» und kehrten zu einer angebotsorientierten Wirtschaftspolitik zurück. Konjunkturellen Schwankungen begegneten sie mit den Mitteln der Geldpolitik statt mit Stimuluspaketen. Keynes schien ein Mann der Vergangenheit zu sein – bis er im Zusammenhang mit der Wirtschafts- und Finanzkrise des Jahres 2008 erneut ins Zentrum der Aufmerksamkeit rückte.

13. Der lange Schatten der Großen Depression. Die Wirtschafts- und Finanzkrise unserer Zeit im Spiegel der Krise der 1930er Jahre

Carl Richards hätte sich mit den Risiken eines Hauskaufs in Zeiten eines Immobilienbooms eigentlich bestens auskennen müssen. Immerhin arbeitete er seit 1995 als Finanzberater und half anderen Menschen dabei, kluge Finanzentscheidungen zu treffen. Zu diesem Job war er eher zufällig gekommen. Als er auf eine Stellenanzeige in einer Zeitung antwortete, in der das Wort *security* vorkam, glaubte er, sich als Wachmann bei einer Sicherheitsfirma zu bewerben. Stattdessen ging es jedoch um Wertpapiere (zu Englisch: *securities*) und gesucht wurde ein Anlageberater. Trotz des kleinen Missverständnisses bekam Carl Richards die Stelle. Schon wenige Monate später saß er in einem Callcenter seines neuen Arbeitgebers Fidelity Investment und verkaufte per Telefon Kapitalanlagen.

Carl Richards war gut im Verkauf solcher Papiere. Nach wenigen Jahren stieg er zum zertifizierten Finanzberater mit einem recht ansehnlichen Gehalt auf. Von einem Umzug von Utah nach Las Vegas im Jahr 2003 versprach er sich einen weiteren Karrieresprung – und hier geschah das Unglück, das die Familie Richards bis heute verfolgt: Die Richards kauften ein Haus. Und obwohl Carl und seine Frau Cori errechnet hatten, dass sie sich bestenfalls ein Objekt für 350 000 Dollar leisten konnten, erwarben sie nach einigen Terminen mit einem Makler, der im goldenen Jaguar vorfuhr, einigen Hausbesichtigungen, bei denen sich die Kaufinteressenten bis auf die Straße stauten, und einigen Gesprächen mit einem Bankberater, der ihnen das Gefühl vermittelte, Geld sei kein Problem, ein Haus für 575 000 Dollar, das sie zu 100 Prozent über Kredite finanzierten. Ein bisschen unwohl fühlte Carl Richards sich dabei schon. Aber all die Bekannten der Richards finanzierten ihre Immobilien ebenfalls zu 100 Prozent über die Bank, Häuser gingen weg wie warme Semmeln, die Preise schossen scheinbar unaufhaltsam nach oben und Carl rechnete fest damit, dass auch sein Einkommen weiter steil ansteigen würde. So nahm die Familie weitere Kredite auf, um Autos, Reisen und einen extravaganten Lebensstil zu bezahlen.

Doch Las Vegas brachte den Richards kein Glück. Im August 2010 fuhren sie mit ihren vier Kindern und einem geliehenen Truck, in dem sie ihre Möbel verstaut hatten, zurück in ihren Heimatstaat Utah, wo sie seitdem zur Miete wohnen. Carls Einkommen als Finanzberater war nach dem Finanzmarktcrash von 2008 deutlich eingebrochen, der Wert des Hauses nach dem Platzen der Immobilienblase unter den Wert des Kredits gesunken. Vor harte Entscheidungen gestellt, hatten sie die Rückzahlung ihrer Kredite eingestellt und ihr Eigenheim verloren.

Die Erlebnisse der Richards sind kein Einzelschicksal. Millionen von Amerikanern haben ähnliche Geschichten zu erzählen. Teils verloren sie im Glauben an immer weiter steigende Immobilienpreise ihre finanziellen Möglichkeiten aus den Augen. Teils gehörten sie zu den *working poor*, die, obwohl sie drei oder vier schlecht bezahlte Jobs (fast immer im Dienstleistungssektor) parallel verrichten, finanziell nicht über die Runden kommen. Sie alle kauften Häuser, die sie sich eigentlich nicht leisten konnten. Und sie alle gerieten in ernsthafte Schwierigkeiten, als ab dem Sommer 2007 die Häuserpreise zu fallen begannen. Was folgte, ist bekannt. Die amerikanische Investmentbank Lehman Brothers, die stark in verbriefte Immobilienkredite investiert hatte, brach im September 2008 zusammen und löste damit ein Erdbeben an den Finanzmärkten aus.

Am 4. November 2008 fragte die amerikanische Tageszeitung USA Today: «Ist die gegenwärtige Wirtschaftskrise eine neue Große Depression?»[66], und Millionen von Menschen überall auf der Welt fürchteten, dass die Antwort auf diese Frage ein «Ja» sein könnte. Denn was als Krise des amerikanischen Immobilienmarkts begann, nahm schon bald globale Dimensionen an. Einer der ersten Wissenschaftler, der den Begriff «Die Neue Weltwirtschaftskrise»[67] benutzte, war der amerikanische Ökonom und Wirtschaftsnobelpreisträger Paul Krugman, der Anfang 2009 ein Buch veröffentlichte, das in seiner deutschen Ausgabe exakt diesen Titel trägt. Darin wies Krugman zum einen auf Parallelen zwischen der Situation 2008 und der 1929 hin und warnte zum anderen vor einer ähnlichen Entwicklung wie in den 1930er Jahren, falls die Politik nicht die richtigen Lehren aus der Geschichte dieser Epoche ziehen würde. Und Krugman stand mit seiner Interpretation der Krise von 2008 und seinen Befürchtungen für die Zukunft der Weltwirtschaft keineswegs alleine da. So sprach beispielsweise die ehemalige französische Finanzministerin und heutige IWF-Chefin Christine Lagarde noch 2011 bei verschiedenen Anlässen von einem «Dreißiger-Jahre-Moment»[68] – einem möglichen Rückfall in eine Große Depression mit all ihren Konsequenzen. Bei einer Rede im amerikanischen Außenministerium erklärte sie in Anspielung auf den aus der Depression erwachsenen Zweiten Weltkrieg: «Arbeiten die Staaten der Erde nicht zusammen, verfällt die Politik in Rückzug, Protektionismus und Isolation [...]. Das passierte in den Dreißigern, und was darauf folgte, ist nichts, worauf wir uns freuen sollten.»[69]

Ist dieser Vergleich zwischen 1929 und 2008 angebracht? Welche Ähnlichkeiten und welche Unterschiede gibt es zwischen den beiden Krisen? Sollten wir Krugmans und Lagardes Warnung vor einer neuen Großen Depression ernst nehmen? Welche Lehren hält die Wirtschaftsgeschichte der 1930er Jahre für uns bereit? Und wie werden diese Lehren in der heutigen politischen Debatte aufgegriffen und angewendet?

Einige Parallelen zwischen 2008 und 1929 springen unmittelbar ins Auge: Beide Krisen hatten ihr Epizentrum in den Vereinigten Staaten und beide kamen für die meisten Zeitgenossen scheinbar aus heiterem Himmel. So erklärte der amerikanische Wirtschaftswissenschaftler Irving Fisher noch am 15. Oktober 1929 – nur wenige Tage vor dem großen Crash – die Aktienkurse befänden sich nun auf einem «dauerhaft hohen Niveau»[70]. Ganz ähnlich klingt die Aussage des Sprechers der Nationalen Vereinigung der Immobilienhändler der USA, David Lereah, aus dem Jahr 2005: «Die Preise für Eigenheime steigen von ihrem Gipfel herab, doch sie bleiben auf einem Hochplateau, das noch über allen früheren Gipfeln des Konjunkturzyklus liegt.»[71] Der jähe Absturz vom vermeintlichen Hochplateau traf beide vollkommen überraschend. Irving Fisher, der selbst am Aktienmarkt spekuliert hatte, verlor sein gesamtes Vermögen, David Lereah dagegen lediglich seinen Job. Selbstverständlich gab es während beider Perioden auch Mahner und Warner. Der seinerzeit als «Dr. Doom» verspottete Volkswirtschaftler Nouriel Roubini prognostizierte bereits 2004 ein baldiges Platzen der Immobilienblase in den USA und Irving Fisher ließ sich durch kritische Bemerkungen eines Analysten zu der oben zitierten Aussage hinreißen. Doch in der Öffentlichkeit wurden die Kritiker meist als notorische Schwarzseher abgetan, während man die Optimisten feierte.

Dabei hätte man die dunklen Wolken am Horizont des Konjunkturhimmels durchaus frühzeitig erkennen können. Heute wissen wir, dass die US-Wirtschaft während der Boomphasen, die den Krisen von 1929 und 2008 vorausgingen, alles andere als gesund war. Indiz für ungesunde Entwicklungen war in beiden Fällen die Überschuldung der privaten Haushalte. Wie in Kapitel 1 gezeigt, waren Konsumentenkredite im Amerika der 1920er Jahre gerade erst als Marketinginstrumente entdeckt worden, um den Verkauf von langlebigen Konsumgütern wie Autos, Radios, Kühlschränken und Grammophonen anzukurbeln. Im ersten Jahrzehnt des neuen Jahrtausends zeichneten stattdessen der Immobilienmarkt und Kreditkarten für einen Großteil der privaten Verschuldung verantwortlich. Konsum (oder Hauskauf) auf Kredit bedeutet jedoch immer auch vorgezogenes Wirtschaftswachstum auf Kosten eines langsameren Wachstums in der Zukunft, wenn diese Kredite abbezahlt werden müssen. Und ein verschuldeter Konsument wird im Falle einer hereinbrechenden Krise seinen Konsum deutlich einschränken, aus Angst, er könnte seine Arbeit verlieren und wäre dann nicht mehr in der Lage, seine Kredite zu bedienen. Denn Zahlungsausfall bedeutete 1929 und 2008 in etwa das Gleiche: Zwangsliquidierung der Vermögenswerte durch die kreditgebende Bank.

Im Vorfeld beider Krisen kam es zu spekulativen Exzessen an den Finanz- und Immobilienmärkten. Für den Wirtschaftshistoriker John Kenneth Galbraith war die Spekulation der 1920er Jahre die Folge einer sich immer weiter öffnenden Einkommensschere – einer auseinanderklaffenden Gesellschaft, in der sich die einen für ihren Konsum verschuldeten, bis sie sich nicht weiter verschulden konnten, während die anderen nicht wussten, was sie mit ihrem Geld anfangen sollten und es daher in Grundstücke in Florida oder in Aktien investierten. Während Löhne und Gehälter in den 1920er Jahren stiegen – aber eben nur langsam stiegen –, wuchs die Produktivität der Unternehmen rasch an. Daher explodierten die Kapital- und Unternehmensgewinne förmlich. Und dieses Geld suchte nach Anlagemöglichkeiten. Ein erheblicher Teil davon floss an die Wall Street. Auch die Finanzkrise von 2008 steht am Ende einer Phase wachsender sozialer Ungleichheit und einem durch Informationstechnologie ausgelösten Quantensprung der Unternehmensproduktivität, von dem jedoch nur ein kleiner Teil der Bevölkerung profitierte. So sind nach einer Berechnung des *Congressional Budget Office* die Reallöhne der einkommensschwächsten 20 Prozent der amerikanischen Bevölkerung zwischen 1979 und 2007 lediglich um ca. 18 Prozent gestiegen, während das einkommensstärkste eine Prozent der Bevölkerung sich über Einkommenssteigerungen von 275 Prozent freuen durfte. Die Steuersenkungen der George-W.-Bush-Administration, die in erster Linie den Besserverdienenden zugute kamen, dürften genau wie Andrew Mellons Steuersenkungen in den 1920er Jahren den Trend zu mehr gesellschaftlicher Ungleichheit weiter verstärkt haben. Wissenschaftler wie Nouriel Roubini halten diese gesellschaftliche Ungleichheit und die mangelnde Kaufkraft der Mittelschicht für eines der Grundprobleme der heutigen Krise. Unter der Prämisse einer ausgeglicheneren Einkommensverteilung (wie etwa in den 1960er und 1970er Jahren) hätten sich die meisten der heute gescheiterten Immobilienbesitzer ihre Häuser sehr wohl leisten können. Stattdessen kamen Einkommenszuwächse aber einseitig Investoren zugute, die damit nichts Besseres zu tun wussten, als – wie die

Richards – selbst mit Immobilien zu spekulieren oder (über verschiedene Zwischeninstanzen) auch hoffnungslosen Fällen einen Immobilienkredit zu gewähren. In einer gewissen Weise sind Spekulation und Überschuldung der Konsumenten und Hausbesitzer also zwei Seiten ein und derselben Medaille.

Die Geldströme, die nach Anlagemöglichkeiten suchten, trafen damals wie heute auf weitgehend unregulierte Finanzmärkte. Die Missstände, die während der 1920er Jahre an der Wall Street herrschten, sind in Kapitel 3 ausführlich beschrieben worden. In Kapitel 5 wurde gezeigt, welche Lehren die Roosevelt-Administration aus den zahlreichen Börsenskandalen zog und wie sie im Rahmen des New Deal Brandmauern errichtete, um einen erneuten Flächenbrand an den Finanzmärkten zu verhindern. Roosevelts Brandmauern waren effektiv, aber im schnelllebigen Finanzgeschäft verblasste die Erinnerung an die 1930er Jahre rasch und Banker und Börsenhändler empfanden sie zunehmend als lästig und überflüssig. Unter Ronald Reagan und Maggie Thatcher begann man, sie in den 1980er Jahren zu durchbrechen, einzureißen oder zuzulassen, dass sie ausgehebelt und umgangen wurden.

Mit dem *Securities Act* vom 27. Mai 1933 und der 1934 ins Leben gerufenen *Securities and Exchange Commission* hatte Roosevelt versucht, Finanzgeschäfte transparent zu gestalten und einer Finanzaufsicht zu unterstellen. Ein Aufbau systemischer Risiken sollte so von vornherein verhindert werden. Seit den 1980er Jahren (und verstärkt seit ca. 2000) begann jedoch ein «Schattenbanken-System» zu entstehen, das außerhalb der Aufsicht der *Securities und Exchange Commission*, der Bankenaufsicht und der Grenzen des *Securities Act* operierte, ohne dass staatliche Stellen dagegen einschritten. Hedge Fonds, Geldmarktfonds und Private Equity Fonds sind formal keine Banken und schlüpfen daher durch die Maschen der Aufsichtsbehörden, auch wenn sie funktional viel mit (Investment-)Banken gemeinsam haben – weshalb man sie häufig als Schattenbanken bezeichnet. Sie handeln meist nicht an staatlich regulierten Börsen, sondern *over the counter*, d. h. untereinander am «grauen Kapitalmarkt». Ihren Sitz haben sie in der Regel in Steuerparadiesen und Staaten mit laxer Finanzaufsicht. Sie müssen keine Mindestkapitalisierung nachweisen und können daher höhere Risiken eingehen als normale Banken, sie liefern keine Informationen an staatliche Behörden, haben im Notfall keinen Zugang zu Krediten der Zentralbank und unterstehen nicht der staatlichen Einlagensicherung. Sie sind daher anfällig für (Schatten-)Bankenpaniken, wenn Anleger infolge schlechter Nachrichten versuchen, ihr Kapital abzuziehen. Da sie eng mit dem regulären Bankensektor verflochten sind, können Panikreaktionen rasch auf Geschäftsbanken überspringen, z. B. wenn Schattenbanken schnell massenweise Geld umschichten, das sie bei regulären Banken geparkt haben.

Auch reguläre Banken fanden bald Mittel und Wege, am profitablen Geschäft der Schattenbanken teilzuhaben. Über sogenannte Zweckgesellschaften verbrieften sie Kredite, die sie selbst vergeben hatten, und verkauften sie an Dritte weiter. Hierdurch umgingen sie Regeln der Bankenaufsicht in Bezug auf Risikostreuung und eine Absicherung durch Eigenkapital. Das bekannteste Beispiel hierfür sind die *Asset Backed Securities* (forderungsbesicherte Wertpapiere), die eine entscheidende Rolle beim Ausbruch der gegenwärtigen Krise spielten und letztendlich auch Lehman Brothers zu Fall brachten. Banken vergaben Kredite an Hauskäufer. Doch anders als im traditionellen Kreditgeschäft behielten sie die Forderungen aus diesen Krediten nicht in ihren eigenen Büchern. Stattdessen gaben sie sie an eigens gegründete Zweckgesellschaften (d. h. Schattenbanken) weiter, die sie bündelten und als *Asset Backed Securities* verbrieften. Somit entstand aus vielen einzelnen Immobilienkrediten ein neues Wertpapier, das von der Zweckgesellschaft verkauft wurde. Die Bank war das Risiko, das aus der Kreditvergabe erwuchs, damit los und musste auch keine Kapitalrückstellungen bilden, um sich gegen einen Zahlungsausfall der Kreditnehmer abzusichern. Anders herum betrachtet bedeutete dies aber auch, dass sich die kreditgebende Bank keine allzu großen Sorgen um die Kreditwürdigkeit ihrer Kunden machen musste, denn letztendlich trug das Risiko eines Kreditausfalls ja jemand anderes. So wurden Kredite auch in Fällen vergeben, in denen der Zahlungsausfall schon von vornherein absehbar war. Als kreditgebende Einlagebank hätte das Institut die Solvenz seiner Kunden kritisch prüfen müssen, doch als kreditverbriefende Investment-(Schatten-)Bank versuchte es, den Umsatz mit Krediten zu maximieren.

Um derartige Interessenkonflikte zu verhindern, erließ der Kongress während der ersten hundert Tage des New Deal den *Glass-Steagall Act*, der eine strikte Trennung zwischen Einlagebanken und mit Wertpapieren handelnden Investmentbanken erzwang. Doch der *Glass-Steagall Act* war eine der Brandmauern, die seit den 1980er Jahren immer weiter durchlöchert und 1999 schließlich ganz eingerissen wurden. Seit 1999 dürfen Banken in den USA wie schon vor 1933 gleichzeitig Einlage- und Investmentbanken sein. Inwieweit die Streichung des *Glass-Steagall Act* zur amerikanischen Immobilienkrise beitrug, ist bis heute umstritten. So glaubt der Ökonom und Wirtschaftsjournalist Robert Kuttner, dass

> Superbanken seit der Rücknahme von Glass-Steagall im Jahr 1999 – und nach mehr als einem Jahrzehnt des langsamen Aushöhlens dieses Gesetzes – in der Lage waren, dieselben strukturellen Interessenkonflikte für sich zu nutzen, die in den 1920er Jahren so endemisch waren – Kreditvergabe an Spekulanten, das Bündeln und Verbriefen von Krediten, die dann in großen oder kleinen Portionen weiterverkauft wurden, mit gepfefferten Gebühren auf jedem Schritt des Weges. Und viele dieser Papiere sind heute noch undurchsichtiger für Bankaufseher als ihre Gegenstücke in den 1920er Jahren.[72]

Andere Beobachter widersprechen heftig und weisen darauf hin, dass eine Verbriefung von Krediten auch unter dem *Glass-Steagall Act* möglich gewesen wäre. Allerdings hätten dies dann statt den bankeigenen Zweckgesellschaften externe Investmentbanken tun müssen, die die zugrunde liegenden Kredite möglicherweise etwas kritischer unter die Lupe genommen hätten.

In einem Punkt kann man Kuttner sicher nicht widersprechen: Das Schattenbanken-System war (und bleibt) undurchsichtig und praktisch nicht reguliert. Die darin lauernden Risiken sind weder für Investoren noch für Aufsichtsbehörden abzuschätzen. Besonders, da auch zwielichtige Gestalten wie der Fondsmanager und Milliardenbetrüger Bernard L. Madoff im Kielwasser der großen Schattenbanken schwimmen. So konnte Madoff, unentdeckt von der *Securities und Exchange Commission*, ein Schneeballsystem aufbauen, das alles in den 1920er Jahren Dagewesene in den Schatten stellte. Auch der schwer nachweisbare Insiderhandel blühte in diesem Umfeld, wie nach der Festnahme des Hedgefondsgründers Raj Rajaratnam im Jahr 2009 deutlich wurde. Rajaratnam bezahlte Mitarbeiter der Führungsspitze börsengehandelter IT-Unternehmen für vertrauliche Informationen, mit denen er ca. 60 Millionen Dollar durch Börsengeschäfte verdiente. 2011 wurde er zu elf Jahren Haft verurteilt. Von der Transparenz, die Roosevelt für eine Voraussetzung eines funktionierenden Finanzsystems hielt, ist offensichtlich wenig geblieben. Selbst das Volumen der Schattenbank-Aktivitäten ist schwer abzuschätzen. Für das Jahr 2010 wurde es auf 46 Billionen Euro veranschlagt. Dies entspricht ca. 25 bis 30 Prozent des gesamten Finanzsystems. Kuttners Vergleich des Schatten-Finanzsektors mit der Wall Street der 1920er Jahre ist vermutlich nicht ganz aus der Luft gegriffen.

Parallelen zwischen 1929 und 2008 gibt es aber nicht nur bezüglich der Situation innerhalb der USA. Sowohl im Vorfeld der aktuellen Finanzkrise als auch in den 1920er Jahren bestanden erhebliche außenwirtschaftliche Ungleichgewichte, die das Weltwirtschaftssystem destabilisierten. Während des Ersten Weltkrieges waren die USA – wie in Kapitel 1 gezeigt – zur dominierenden Exportnation und zum größten internationalen Kreditgeber aufgestiegen und hatten diese Position in den 1920er Jahren ausgebaut. Als Europa nach dem Ersten Weltkrieg mit erheblichen Schwierigkeiten kämpfte und wirtschaftlich nicht wieder auf die Beine kam, erfüllten die USA mit ihren Exportprodukten europäische Konsumwünsche und stellten gleichzeitig die Kredite bereit, mit denen die Europäer diese Produkte bezahlen konnten. Die Rechnungen für amerikanische Exporte wurden von den Europäern also mit amerikanischem Geld beglichen. Die Flut amerikanischer Kredite führte in den europäischen Volkswirtschaften (vor allem in Deutschland) zu einem wirtschaftlichen Strohfeuer, zu Fehlinvestitionen und – nach dem Wegbrechen der Kredite infolge des Wall Street Crashs – zu einem tiefen wirtschaftlichen Einbruch.

Seit den 1980er Jahren hat sich ein neues Ungleichgewicht unter umgekehrten Vorzeichen eingestellt. Seit dieser Zeit importieren die Vereinigten Staaten deutlich mehr als sie exportieren. Ihre Außenhandelsbilanz ist tief negativ. Nun sind es die Amerikaner, die ihren Konsum mit Importen aus dem Ausland befriedigen und mit Krediten aus dem Ausland bezahlen. Ein Großteil dieser Kredite (wie auch der importierten Konsumgüter) stammt aus China und Japan – Ländern, die ihre Exportüberschüsse in der Reservewährung Dollar anlegen möchten. Und wie im Europa der 1920er Jahre hat der Geldregen aus dem Ausland Fehlinvestitionen und Überschuldung nach sich gezogen. Die Gelder aus Asien trugen dazu bei, den boomenden Immobilienmarkt und das amerikanische Haushaltsdefizit zu finanzieren. Bisher fließen die Kapitalströme auch in der Krise weiter. Doch die chinesische Regierung hat bereits angedeutet, dass sie nach Anlagealternativen zu Dollar-Anleihen sucht. Eine Umschichtung der asiatischen Devisenreserven wird nicht von heute auf morgen geschehen. Aber selbst ein langsames Abebben der asiatischen Kapitalinfusionen könnte den Haushalt der amerikanischen Bundesregierung wie die US-Wirtschaft als Ganzes in ernste Bedrängnis bringen – und ein plötzliches Wegbrechen des Kreditstroms würde ohne Zweifel eine dramatische krisenhafte Entwicklung nach sich ziehen.

Kann man in Anbetracht all dieser Parallelen davon sprechen, dass sich die Geschichte der 1920er und 1930er Jahre in unserer Gegenwart wiederholt? Wohl kaum. Der augenfälligste Unterschied zwischen beiden Epochen ist sicherlich das Ausmaß der Krise. Der Einbruch ab 1929 war in den meisten Staaten drastisch und lang anhaltend. In Ländern wie Deutschland, den USA und in weiten Teilen der «Peripherie» brach die Wirtschaftsleistung (BIP) um bis zu 40 Prozent ein. Frankreich, Großbritannien und die USA hatten sich auch am Vorabend des Zweiten Weltkriegs –

zehn Jahre nach Beginn der Depression – noch nicht vollständig davon erholt.

Dagegen ist die Finanz- und Wirtschaftskrise von 2008 bis jetzt relativ glimpflich verlaufen. Nach etwa einem Jahr war die Talsohle durchschritten, der Einbruch der Wirtschaftsleistung blieb in den großen westlichen Volkswirtschaften überall im einstelligen Bereich. Die Arbeitslosigkeit in diesen Ländern stieg nirgendwo auf deutlich über zehn Prozent an. Lediglich dort, wo auf Finanz- und Wirtschaftskrise eine Staatsschuldenkrise folgte (oder absehbar ist), wie in Griechenland, Irland, Island, Spanien und Portugal, ging es weiter nach unten.

Vor allem aber wurde ein ganz wesentlicher Teil der Weltwirtschaft – die *Emerging Economies* – nur gering in Mitleidenschaft gezogen. In Ländern wie China, Indien oder Brasilien verlangsamte sich das Wirtschaftswachstum 2008 und 2009 zwar deutlich und es gingen Arbeitsplätze verloren – aber anders als in den 1930er Jahren fand weiterhin Wachstum statt. Von Depression kann dort keine Rede sein. Dass die Schwellenländer den Einbruch so leicht und so rasch überwanden, hat einerseits damit zu tun, dass es auch im Westen nicht allzu weit abwärts ging. Andererseits ist in diesen Ländern eine Mittelschicht mit erheblicher Kaufkraft entstanden, die das Wegbrechen der Exportnachfrage aus den «alten» Industrienationen ein Stück weit kompensieren konnte. Zudem blieb die Krise des Jahres 2008 auf den Finanz- und Industriesektor beschränkt und griff nicht auf den Agrarsektor über. Preiseinbrüche bei landwirtschaftlichen Erzeugnissen wie in den 1930er Jahren blieben aus und es kam sogar zu Preissteigerungen, was den Schwellenländern, in denen nach wie vor ein hoher Anteil der Bevölkerung von der Landwirtschaft lebt, zugute kam.

Patrica Clavin hat darauf hingewiesen, dass die Krise der 1930er Jahre in eine Phase fiel, in der sich Staaten misstrauten und sich zu gemeinsamen Lösungsansätzen und Stützungsmaßnahmen nicht bereit fanden. Statt für Probleme, die die Sphäre des Nationalen offensichtlich überstiegen, nach gemeinsamen Lösungen zu suchen, rangen spätestens ab 1933 alle Staaten um nationale Wege aus der Depression – auch und gerade auf Kosten der jeweiligen Nachbarn. Sie errichteten Schutzzölle und Großwirtschaftsräume, versuchten die Goldreserven ihrer Nachbarn an sich zu ziehen und lieferten sich mit ihren Währungen Abwertungswettläufe. Im Englischen ist hierfür der Begriff *beggar thy neighbour policy* (zu Deutsch: «mache deinen Nachbarn zum Bettler»-Politik) gebräuchlich geworden. Auf genau diese Art von Politik bezieht sich die oben zitierte Warnung Christine Lagardes vor mangelnder Zusammenarbeit – «Rückzug, Protektionismus und Isolation»[73] – der Staaten in unserer globalen Schicksalsgemeinschaft.

Lagardes Warnung verhallt nicht ungehört. In der heutigen Krise überwiegen die gemeinsamen Anstrengungen zur Stabilisierung der Weltwirtschaft. Mit dem IWF und der WTO sowie regionalen Organisationen wie der EU stehen Institutionen bereit, um derartige Anstrengungen zu koordinieren und einem Rückfall in nationale Egoismen entgegenzutreten. Trotz vereinzelter nationaler Alleingänge auf Kosten anderer – wie beispielsweise der von Chinas Regierung künstlich herbeigeführten Unterbewertung des Yuan oder Schutz- und Strafzöllen der USA und der EU bei Flugzeugen oder Solarzellen – wird eine grundlegende Einsicht bisher von allen Parteien akzeptiert: Dass es jede einzelne Volkswirtschaft teurer zu stehen käme, das filigrane Geflecht des Welthandels- und Finanzsystems zerreißen zu lassen, als Fäden auf eigene Rechnung zu flicken, auch wenn andere für die Schäden an ihnen verantwortlich sind.

Der bisher glimpfliche Verlauf der Krise lässt sich in erster Linie aus dieser Haltung erklären. Nach dem Zusammenbruch von Lehman Brothers handelten Regierungen und Zentralbanken koordiniert, verabschiedeten Konjunkturprogramme, stellten Kredite bereit und retteten Banken. Als sich die Wirtschaftskrise in Griechenland, Irland, Island und Portugal zu einer Staatsschuldenkrise auswuchs, wurden diese Länder nicht fallen gelassen, sondern durch EU und IWF gestützt. Dies geschah nicht aus Altruismus, sondern fußte auf der Einsicht, dass ein unkontrollierter Absturz der Wirtschaft und des Finanzsystems eines Landes nicht an den Grenzen dieses Landes halt machen würde.

Doch woher wussten die Regierungen, wie sie angesichts der Krise handeln sollten? 2008 standen eine ganze Reihe von theoretischen Konzepten und Handlungsanweisungen bereit, die (fast) alle aus der Erfahrung der Großen Depression heraus entwickelt worden waren. Die drei wichtigsten dieser Konzepte sollen an dieser Stelle nochmals im konkreten Kontext der aktuellen Finanzkrise angesprochen werden.

Der sogenannte Monetarismus konnte bis vor kurzem beanspruchen, die wirkmächtigste der aus der Großen Depression hervorgegangenen Theorien zu sein. Seine Kerngedanken kommen in vier kurzen Sätzen des damaligen Gouverneurs des *Federal Reserve Board* und heutigen Präsidenten der FED Ben Bernanke aus dem Jahr 2002 zum Ausdruck. Bernanke erklärte damals anlässlich des 90. Geburtstags des Wirtschaftswissenschaftlers und Historikers Milton Friedman:

> Ich möchte zu Milton und Anna sagen: Was die Große Depression betrifft, hattet ihr Recht, wir haben sie verursacht. Es tut uns sehr leid. Aber dank Euch werden wir so etwas nicht noch einmal tun.[74]

Mit «Milton und Anna» sind selbstverständlich Milton Friedman und Anna Schwartz gemeint, auf deren These einer «Großen Kontraktion» der Geldmenge während der 1930er Jahre bereits in Kapitel 4 eingegangen wurde und auf die Bernanke hier abzielt. Das «wir» bezieht sich auf Bernankes Arbeitgeber, die amerikanische Zentralbank FED, die diese Kontraktion geschehen ließ, ohne einzuschreiten. Bernanke erkannte an, dass die Analyse von Friedman und Schwartz zutraf und dass die FED die Große Depression maßgeblich verursacht hatte, indem sie die Kontraktion der Geldmenge nicht verhinderte. Hieraus leitete er eine Handlungsanweisung und ein Versprechen ab: «Wir werden so etwas nicht noch einmal tun.» Dieser Satz ist als Vorankündigung dessen zu verstehen, was die amerikanische Zentralbank (und mit ihr viele Zentralbanken anderer Länder) bei Ausbruch der Krise tat, um den Einbruch nicht zur Depression eskalieren zu lassen.

Schon nach dem Börsencrash von 2000 infolge des Platzens der *New Economy*-Blase flutete die FED die Märkte mit billigem Geld – und aus damaliger Sicht funktionierte diese Methode relativ gut. Die Aktienkurse stabilisierten sich (wenn auch auf niedrigem Niveau) und die Realwirtschaft blieb von den Turbulenzen an den Finanzmärkten weitgehend verschont. Entscheidungsträger aus Finanzwirtschaft, Zentralbanken und Politik wie auch führende Wirtschaftswissenschaftler folgerten daraus, dass man mit der umlaufenden Geldmenge ein adäquates Mittel gefunden hatte, um Konjunkturschwankungen zu steuern. So erklärte der Wirtschaftsnobelpreisträger und Professor an der Universität von Chicago Robert Lucas im Jahr 2003: «Das zentrale Problem der Depressionsvermeidung ist in jeder praktischen Hinsicht gelöst.»[75] Ben Bernanke kam ein Jahr später in einer Rede mit dem Titel «Die große Zähmung [des Konjunkturzyklus]»[76] zu der gleichen Einschätzung. Zogen Wolken am Konjunkturhimmel auf, so lag es an den Zentralbanken, die Leitzinsen zu senken, um Kredite zu verbilligen, Banken davor zu retten, pleitezugehen, und über Offenmarktgeschäfte Geld in Umlauf zu bringen. Gelang es auf diese Weise, eine Expansion der Geldmenge herbeizuführen, so würde die Sonne bald wieder scheinen.

Allerdings hätten die Zentralbanken, wären sie Friedmans Verständnis monetaristischer Theorie gefolgt, überschüssiges Geld während eines Aufschwungs auch wieder einsammeln und sterilisieren müssen. Immerhin ging es Friedman und Schwartz bei ihrem Ansatz nicht nur um den Kampf gegen Depressionen, sondern auch um die Verhinderung von Inflation. Sie verfochten das Ziel einer über lange Zeiträume moderat anwachsenden Geldmenge, die mit dem Wachstum wirtschaftlicher Produktivität Schritt hielt. Das Zurückschrauben der Geldmenge fiel den Zentralbanken – und insbesondere der FED – jedoch deutlich schwerer als das Ausweiten. Vor allem der von 1987 bis 2006 amtierende Vorsitzende des *Federal Reserve Boards* Alan Greenspan scheiterte an dieser Herausforderung. Sein Nachfolger Ben Bernanke bemerkte vor der Krise einmal scherzeshalber, er würde im Zweifelsfall Geld von Helikoptern aus abwerfen lassen, um einer Kontraktion der Geldmenge entgegenzutreten. Über die Frage, wie er dieses Geld später wieder einsammeln könnte, machte auch er sich zumindest öffentlich keine allzu großen Gedanken. In bestimmten Kreisen ist er daher bis heute als «Helicopter Ben» verschrien.

Im übertragenen Sinn warfen Ben Bernanke und seine europäischen Zentralbankkollegen seit 2008 eine ganze Menge Geld aus dem Hubschrauber ab. In einem als *quantitive easing* bezeichneten Prozess schufen sie Geld aus dem Nichts (d. h. sie generierten auf ihren computergeführten Konten Zahlen mit vielen Nullen) und vergaben dieses Geld entweder als Kredite an Banken oder kauften damit auf dem freien Markt Schuldverschreibungen, in erster Linie Staatsanleihen, auf.

Allerdings wurde schnell deutlich, dass dieser Prozess anders als zunächst gedacht doch eine ganze Reihe von Problemen mit sich brachte. Die Bankenrettungen durch Regierungen und Zentralbanken waren unter moralischen Gesichtspunkten höchst fragwürdig. Gerettet wurden die, die die Krise an erster Stelle verursacht hatten, während bankrotte Hausbesitzer und geschädigte Privatanleger ohne Rettungsschirme im Regen stehen gelassen wurden. Günstige Kredite der Zentralbanken reichten meist nicht aus, um angeschlagene Banken am Leben zu halten, und Regierungen mussten mit Bürgschaften und Aktienkäufen direkt eingreifen, um den Zusammenbruch einer Reihe von Kreditinstituten abzuwenden. Auch fungierte das Wissen der Banken um die eigene «Systemrelevanz», die Staaten zu Rettungsaktionen zwang, als Anreiz, um immer größere Risiken einzugehen. War eine Bank *too big to fail*, so stand eine Pleite nicht mehr zu befürchten, denn der Staat musste im Zweifelsfall eingreifen, um eine Kernschmelze des Finanzsektors zu verhindern. Banker konnten sich sicher sein, dass ihre Gewinne in der Bank bleiben, doch die Verluste (wenn sie nur groß genug waren) sozialisiert werden würden.

Einigen Staaten stand das Mittel der Zinspolitik zu Beginn der Krise auch gar nicht in vollem Umfang zur Verfügung. So hatte beispielsweise Japan schon vor der Krise (mehr oder weniger erfolglos) versucht, sein seit dem japanischen Börsencrash Ende der 1980er Jahre schleppendes Wirtschaftswachstum durch niedrige Zinsen anzukurbeln. Da Zinsen nominell aber nicht unter null Prozent sinken können, war es für die japanische Zentralbank bei Anbruch der Krise nur in einem sehr geringen Umfang möglich, weitere Zinssenkungen durchzuführen.

Selbst dort, wo Spielraum für Zinssenkungen vorhanden war, kamen Kredite oft nicht dort an, wo sie eigentlich ankommen sollten. Banken nahmen das günstige Geld der Zentralbanken gerne, doch sie nutzten es, um ihre Kapitalbasis zu vergrößern oder um damit zu spekulieren. Gleichzeitig schränkten sie jedoch ihre eigene Kreditvergabe an Unternehmen der Realwirtschaft (und andere Banken) ein. Auch diese Erfahrung hatten bereits Zeitgenossen der Großen Depression gemacht. So schrieb beispielsweise der Wirtschaftsjournalist Gilbert Seldes in Anspielung auf Herbert Hoovers *Reconstruction Finance Corporation* im Jahr 1933: «Die Regierung hatte ein großes Reservoir an Krediten bereitgestellt und die Wege zu den Trinkstellen klar markiert. Doch das Pferd [d.h. die amerikanische Realwirtschaft] wollte nicht trinken.»[77]

Insbesondere über diesen Punkt machten sich die Regierungen in Europa und den USA große Sorgen. Finanzielle Liquidität bereitzustellen genügte nicht, wenn Banken sich weigerten, diese Liquidität weiterzugeben, oder wenn Konsumenten und Unternehmen unter Schockstarre standen und nicht bereit waren, diese Liquidität aufzunehmen. Welcher Unternehmer würde (zu welchen Zinsen auch immer) einen Kredit für neue Investitionen beantragen, wenn er um seinen Absatz fürchtete? Und welcher Konsument oder Hausbesitzer würde zu neuen Krediten greifen, wenn ihm plötzlich dämmerte, wie hoffnungslos überschuldet er war?

Daher griffen Regierungen überall auf der Welt in Ergänzung zu den Rezepten der Monetaristen zu einem altbekannten, doch etwas aus der Mode gekommenen Instrument, um Liquidität und Kaufkraft in die Wirtschaft zu pumpen: keynesianischen Konjunkturprogrammen. Schließlich hatte staatlich generierte Nachfrage in Ländern wie Deutschland oder den USA während der Depression der 1930er Jahre den Weg aus der Krise gewiesen. Und in der Panik nach der Lehman-Pleite verhinderte die keynesianisch-monetaristische Reaktion ohne Zweifel den Absturz ins Bodenlose. Eine rein monetäre Antwort auf das Erdbeben an den Finanzmärkten wäre dazu vermutlich nicht ausreichend gewesen.

Doch auch die keynesianischen Handlungsempfehlungen stießen auf Probleme. Während Zentralbanken Geld drucken (oder im Computer erschaffen) können, sind Regierungen angesichts unabhängiger Zentralbanken hierzu nicht in der Lage. Schon ohne die Kosten neuer Konjunkturprogramme befanden sich die meisten Regierungen in finanziellen Schwierigkeiten. Die großen Industriestaaten Europas und die USA starteten mit einem erheblichen Schuldensockel in die große Krise, der sich durch Steuersenkungen bei gleichzeitiger Steigerung der Staatsausgaben seit den 1980er Jahren aufgebaut hatte. Als in Europa und den USA die Banken und Versicherungskonzerne wankten, war mehr als Kredite der Zentralbanken notwendig, um die Lage zu stabilisieren. Auch hier mussten Regierungen Geld in die Hand nehmen und mit Bürgschaften, Aktienkäufen oder anderen Formen der Beteiligung einspringen, um die Märkte zu beruhigen. In Ländern wie Irland oder Island führte dies an den Rand des Staatsbankrotts. Die Staatsschuldenkrise der Länder Südeuropas geht dagegen zwar nicht ursächlich auf Bankenrettungen zurück, doch auch sie wurde von den Turbulenzen an den Finanzmärkten ausgelöst und durch sie verstärkt. Neue Konjunkturprogramme sind vor diesem Hintergrund gerade dort kaum noch zu finanzieren, wo die wirtschaftlichen Probleme am gravierendsten sind. Weitere schuldenfinanzierte Investitionen der öffentlichen Hand drohen die betroffenen Staaten in einen Schuldenstand zu treiben, der ähnlich dramatische Konsequenzen haben könnte wie der Zusammenbruch von Lehman Brothers.

Anhänger eines dritten Theoriestrangs – der sogenannten Österreichischen Schule der Volkswirtschaftslehre – halten die bisherigen Reaktionen auf die Krise daher für grundsätzlich falsch und argumentieren dabei ebenfalls aus der Erfahrung der Großen Depression heraus. Sie beziehen sich vor allem auf die Arbeiten des 1992 gestorbenen Friedrich August von Hayek, einen Zeitgenossen der Weltwirtschaftskrise, der nicht die unkontrollierten Märkte, sondern die Eingriffe des Staats für die Krise der 1930er Jahre verantwortlich macht. In Kapitel 3 wurde bereits angesprochen, dass Hayek eine künstliche Ausweitung der Geldmenge (bedingt durch eine Ausweitung der Kreditvergabe und künstlich niedrig gehaltene Zinsen) in den Jahren *vor* dem Wall Street Crash für den eigentlichen Grund der spekulativen Exzesse und Fehlinvestitionen der 1920er Jahre hält. Sind die Zinsen durch Eingriffe der Zentralbank niedriger, als sie es «natürlicherweise» (d. h. ohne staatliche Eingriffe) wären, bedeutet dies nach Hayek zweierlei: Zum einen werden Investoren dazu angeregt, mit dem billigen Geld auf Kredit zu spekulieren. Zum anderen tätigen sie kreditfinanzierte Investitionen in Produktionsanlagen, die sich nicht lohnen würden, müsste ein «normaler» Zinssatz dafür gezahlt werden. Durch Fehlinvestitionen und Spekulation bilden sich demnach Blasen, Inflation und Überangebote, die nicht nachhaltig sind und zwangsläufig einen Einbruch der Wirtschaft nach sich ziehen. Hayek lehnte daher jede Einmischung von staatlicher Seite ab, da Manipulationen des Zinssatzes das «natürliche» Gleichgewicht zwischen Konsum und Investitionen durcheinanderbrächten.

Auch hier springen Parallelen zur heutigen Situation ins Auge. Die nach dem Crash der New Economy im Jahr 2000 von der FED eingeleitete Politik des billigen Geldes und der Zustrom von Kapital aus Japan und China machten die Spekulationsorgien an den Immobilienmärkten erst möglich. Ohne die von der FED durchgesetzten niedrigen Zinsen und den Überschuss an Liquidität hätten Familien wie die Richards keine viel zu teuren Häuser gekauft. Die Immobilienpreise wären nicht immer weiter in den Himmel geklettert. Die Wirtschaft wäre nach 2000 langsamer gewachsen – aber der Einbruch von 2008 wäre Amerika dafür erspart geblieben.

Die Theorie der Österreichischen Schule kann somit als Frontalangriff auf monetaristische Geldpolitik verstanden werden, auch wenn Hayek sie im Grundsatz schon 1931 in seinem Buch «Preise und Produktion»[78] formulierte – also lange bevor Milton Friedman und Anna Schwartz zur Feder griffen und den Monetarismus ins Leben riefen. In ihrem zeitlichen Kontext richteten sich die Schriften Hayeks aber in erster Linie gegen John Maynard Keynes. Zum einen, weil er dessen Ausgangspunkt – einer zu geringen Nachfrage als Grundproblem der Depression – ablehnte. Zum anderen aber, weil sich auch die von Keynes propagierten Konjunkturprogramme auf den Zinssatz auswirken. Nimmt der Staat am freien Kreditmarkt Geld auf, um mit diesem Geld den Konjunkturmotor zu stimulieren, so hat das nach Hayek zweierlei Nebeneffekte: Einerseits führt die zusätzliche Nachfrage nach Krediten durch den Staat zu steigenden Zinssätzen. Darlehen für private Unternehmungen werden dadurch teurer und unattraktiver. Der Staat verdrängt private Investitionen und verstärkt damit die Krise. Andererseits können Bürger, die dem Staat Geld leihen, dieses Geld nicht für ihren persönlichen Konsum ausgeben. Und bei höheren Zinssätzen steigt die Neigung, zu sparen statt zu kaufen. Der Staat verdrängt also auch private Nachfrage. Statt teuren Konjunkturprogrammen und einer Ausweitung der Geldmenge, die zu Spekulation, Inflation und Fehlinvestitionen führt, verlangt Hayek daher von Seiten des Staates, in Zeiten der Krise zu sparen und sich ansonsten nicht weiter in den Konjunkturzyklus einzumischen. Nur so kann – laut Hayek – der freie Markt möglichst schnell wieder ins Gleichgewicht zurückfinden.

Auch Hayeks Handlungsanweisungen sind problembehaftet, denn das von ihm propagierte «natürliche» Gleichgewicht des freien Markts und das Konzept eines «natürlichen» Zinses gelten als höchst fragwürdig. Autoren wie Paul Krugman, Peter Bofinger oder Nouriel Roubini können glaubhaft darlegen, dass sich ein stabiles Gleichgewicht eben nicht von alleine einstellt. Dies ist jedoch die Prämisse, von der aus Hayek argumentiert. Die von Hayek aufgestellte These der Verdrängung privater Investitionen und privaten Konsums durch öffentliche Kreditaufnahme hatte unter der Bedingung des Goldstandards ihre Berechtigung, doch in Zeiten, in denen Zentralbanken Geld *ex nihilo* erschaffen können, verliert sie ihre Gültigkeit. Psychologische Momente wie das Phänomen des Herdentriebs kommen bei Hayek nicht vor, doch wir sehen sie überall in unserer realen Welt. Was wäre geschehen, hätten die Regierungen der großen Industriestaaten 2008 nicht Keynes' und Friedmans, sondern Hayeks Lehren befolgt? In diesem Fall wären die Banken nicht gerettet worden, die Regierungschefs hätten die Einlagen der Sparer nicht garantiert, die Zentralbanken hätten kein Kapital zur Verfügung gestellt und die Realwirtschaft wäre nicht durch Konjunkturprogramme stabilisiert worden. Panik hätte um sich gegriffen. Eine derartige Politik hätte wohl weniger zu einem Gleichgewicht als in den Abgrund geführt.

Die Große Depression der 1930er Jahre hält also eine Vielzahl von Lehren und Erkenntnissen für uns bereit – doch leider widersprechen sich die aus ihr entstandenen Theorien diametral und sie alle treffen in ihrer konkreten Umsetzung auf erhebliche Probleme. Als Kompass, der uns aus dem Labyrinth unserer aktuellen Krise führt, taugen sie nur bedingt. Die Erkenntnis des richtigen Weges liegt – wie bei so vielen Dingen – im Auge des Betrachters. Die Regierungen orientieren sich im Wesentlichen an den drei vorgestellten Theorien und kombinieren ihre Versatzstücke neu, um ihren Kurs durch die Stürme unserer Zeit festzulegen. Dabei setzen unterschiedliche Staaten unterschiedliche Schwerpunkte.

Nach einer ersten Phase, während der die Wirtschaft durch keynesianische und monetaristische Impulse stabilisiert werden konnte, nimmt beispielsweise die Bundesregierung verstärkt Positionen ein, die an Hayek angelehnt scheinen. Sie dringt auf eine Politik des Sparens, wendet sich gegen Euro-Bonds, Aufkäufe von Staatsanleihen durch die Europäische Zentralbank und wünscht keine weiteren durch Schulden finanzierten Konjunkturprogramme. Dies ist einerseits zweifellos der politischen Grundeinstellung der christlich-liberalen Koalition und der relativ guten Lage der deutschen Wirtschaft geschuldet. Andererseits spielt aber auch die historische Erfahrung Deutschlands eine gewichtige Rolle. Wenn Angela Merkel die gegenwärtige Krise in Interviews historisch einzuordnen sucht, dann spricht sie meist von der «schwersten Wirtschaftskrise seit 1945»[79]. Ihr Bezugspunkt ist also das Ende des Zweiten Weltkriegs, eine Zeit der Hyperinflation und des wertlosen Geldes, und nicht das Jahr 1929 oder die Depression der 1930er Jahre. Auch die Geldentwertung des Jahres 1923 taucht im deutschen Diskurs vergleichsweise häufig auf. Die Deflation der Brüning-Jahre wird demgegenüber durch die Machtergreifung der Nationalsozialisten und die Schrecken des Krieges überdeckt. Die – in einer gewissen Hinsicht durchaus erfolgreiche – staatsinterventionistische Konjunkturpolitik der Nationalsozialisten bleibt durch ihre Zweckbestimmung – Wiederaufrüstung und Vorbereitung des Krieges – diskreditiert.

Der auf Sparpolitik fixierte Kurs der Bundesregierung hat der Kanzlerin denn auch von verschiedenen Seiten den Vorwurf der Geschichtsvergessenheit oder eines sehr einseitigen Geschichtsverständnisses eingebracht. In einer gemeinsamen Kolumne in der Financial Times erklären beispielsweise der britische Historiker Niall Ferguson und der amerikanische Wirtschaftswissenschaftler Nouriel Roubini: «Berlin ignoriert die Lehren der 1930er Jahre»[80]. Angesichts der harten deutschen Haltung in der Eurokrise werfen sie der Bundesregierung vor, die Fehler Heinrichs Brünings zu wiederholen und Europa damit an den Rand des Abgrunds zu manövrieren. Und in der Tat erinnert die Situation in einigen der überschuldeten Mittelmeerländer an Deutschland während der Regierungszeit des «Hungerkanzlers». Drastische Sparmaßnahmen inmitten der Krise entziehen der Wirtschaft Kaufkraft, führen tiefer in die Depression und konterkarieren sich damit selbst. Vor allem aber zerrütten sie das soziale und politische Gefüge der betroffenen Länder und zerstören die gesellschaftliche Akzeptanz für Marktwirtschaft und Demokratie. Langfristig werden sich junge Menschen in Spanien und Griechenland nicht mit einer Jugendarbeitslosigkeit um die 50% zufriedengeben. Das Argument, ein Zurückfahren von Bildungsausgaben, Sozialprogrammen und öffentlichen Investitionen sei notwendig, um das Vertrauen internationaler Investoren wiederherzustellen, wird sie nicht überzeugen. Abstrakte und theoretische Erklärungen dafür, warum sie ihre konkrete und alltägliche Ausweglosigkeit erdulden sollen, werden sie nicht akzeptieren. Ferguson und Roubini warnen vor einem Zerbrechen des europäischen Integrationsprojekts und verweisen auf die Erfahrung des Jahres 1933 («Das Jahr, in dem die Demokratie starb»[81]), um die Zielperspektive einer Austeritätspolitik um jeden Preis zu verdeutlichen.

Die gegenwärtige Kapitalflucht aus Ländern wie Griechenland oder Spanien verstehen sie als «stille Bankenpanik»[82] (*silent run on the banks*) und vergleichen sie mit der österreichischen Bankenkrise des Jahres 1931. So wie die Pleite der österreichischen Creditanstalt immer weitere Kreise zog und die Bankzusammenbrüche schließlich das Ausmaß einer Lawine annahmen, die weite Teile Mittel- und Osteuropas verwüstete, so wird sich demnach auch ein Staatsbankrott Griechenlands nicht eingrenzen lassen, sondern auf weitere Länder übergreifen. Eine «geordnete» Pleite Griechenlands, wie sie von verschiedenen deutschen Politikern gefordert wird, halten Ferguson und Roubini für unmöglich. Müsste Griechenland die Eurozone verlassen, würden griechische Bankguthaben eingefroren und in Drachmen konvertiert – und sie wären dann deutlich weniger wert als zuvor in Euro. Aus Angst vor einer solchen Entwicklung haben vor allem wohlhabende Griechen in den letzten Jahren ihre Vermögen ins Ausland transferiert und die Situation für griechische Banken und die griechische Wirtschaft damit dramatisch verschärft. Müsste Griechenland nun tatsächlich zur Drachme zurückkehren, würden Millionen von Spaniern, Portugiesen und Italienern diesem Beispiel folgen. Aus Angst, auch ihre Bankvermögen könnten in absehbarer Zeit eingefroren und abgewertet werden, würden sie die Bankschalter stürmen, um ihre Ersparnisse ins Ausland zu transferieren. Die «stille Bankenpanik» der vergangenen Jahre würde über Nacht in eine nicht mehr kontrollierbare Massenpanik mit verheerenden Folgen für die europäische Wirtschaft umschlagen.

In der Eurokrise drängen sich an verschiedenen Stellen Vergleiche mit Deutschland unter der Kanzlerschaft Heinrich Brünings auf. Aus der Perspektive griechischer Bürger mögen die Euroschulden des Landes genauso unbezahlbar und erdrückend wirken, wie die Reparationszahlungen und kommerziellen Schulden der Weimarer Republik zu Beginn der 1930er Jahre. Wenn sich die Bundesregierung aus Angst vor Inflation gegen den Aufkauf von Schuldverschreibungen der Krisenländer durch die Europäische Zentralbank ausspricht, fühlen sich keynesianisch orientierte Historiker und Wirtschaftswissenschaftler an Brünings Weigerung in den Jahren 1931 und 1932 erinnert, den notleidenden Deutschen durch eine Abwertung der Reichsmark mehr Luft zum Atmen zu verschaffen. Die immer neuen, aber letztendlich halbherzigen Rettungsbemühungen der Europäer mag mancher Beobachter als Neuauflage des Young-Plans aus dem Jahr 1930 begreifen, der die Zahlungsunfähigkeit des Schuldners weder eingesteht noch aufhalten kann, aber erheblichen politischen und wirtschaftlichen Schaden anrichtet.

Statt der von Deutschland betriebenen zögerlichen Politik des «*too little too late*» fordern Ferguson und Roubini ein entschlossenes Handeln, massive Eingriffe und einen Beitrag nicht nur der Steuerzahler, sondern auch der großen und kleinen Vermögen zur Eurorettung. Neben einer direkten Rekapitalisierung der Banken, die nicht durch Kredite, sondern über eine Teilverstaatlichung der Kredithäuser aus Mitteln des Europäischen Stabilisierungsmechanismus ESM erfolgen soll, verlangen sie unter anderem eine gemeinsame europäische Einlagensicherung, eine Finanzierung dieser Einlagensicherung durch eine Finanztransaktionssteuer und einen Mix aus Strukturreformen und neuen Stimuluspaketen für die Krisenländer.

In Deutschland sehen Wissenschaftler wie Roubini, Ferguson oder Paul Krugman nicht nur den zentralen politischen Akteur, der das ökonomische Potential besitzt, um eine konstruktive Lösung der Eurokrise herbeizuführen. Sie verstehen Deutschland auch als größten Profiteur der Eurozone, der schon aus Eigeninteresse an ihrer Erhaltung interessiert sein sollte und daher auch gewisse Opfer bringen muss. Der langjährige «Exportweltmeister» Deutschland führt einen Großteil seiner Produkte in die Eurozone aus und seine starke wirtschaftliche Position resultiert aus dieser Tatsache. Deutschlands positive Leistungsbilanz existiert nicht zuletzt aufgrund der negativen Leistungsbilanzen seiner europäischen Partner. Somit kann Deutschland nicht behaupten, es hätte mit der Staatsschuldenkrise der südeuropäischen Länder nichts zu tun. Schließlich gingen die Aufträge für neue U-Boote für die griechische Marine an deutsche Werften und von überteuerten Preisen für Medikamente im griechischen Gesundheitssystem profitierten deutsche Pharmakonzerne. In einem Europa ohne Euro hätte eine Aufwertung der D-Mark und eine Abwertung der übrigen Währungen deutsche Produkte im europäischen Ausland deutlich teurer gemacht und den deutschen Exportüberschuss begrenzt. Die Ungleichgewichte in der Handels- bzw. Leistungsbilanz sind aber die eigentliche Ursache für die Krise der südeuropäischen Staaten.

Somit stellt sich erneut die Frage, wie Ungleichgewichte in der Leistungsbilanz ausgeglichen werden können und wer die Kosten dafür tragen soll. Als diese Frage 1944 in Bretton Woods verhandelt wurde, waren die Vereinigten Staaten Exportweltmeister. Wie in Kapitel 11 gezeigt wurde, setzten sie damals durch, dass alleine die Defizitländer für den Ausgleich ihrer Leistungsbilanz verantwortlich sein sollten. Heute sind die Vereinigten Staaten selbst das weltweit größte Defizitland. Hätten sie damals eine weitsichtigere und großzügigere Politik verfolgt und auch den Überschussländern einen Teil der Verantwortung auferlegt, käme ihnen das heute zugute. Deutschland wird in der Eurozone daran arbeiten müssen, handelspolitische Ungleichgewichte auszugleichen – und es wird einen Teil der Kosten dafür tragen müssen. Gelingt dies nicht, so zerbricht die Eurozone und die Volkswirtschaften Südeuropas sinken tiefer in die Depression. Die Rückwirkungen einer solchen Entwicklung auf die deutsche Wirtschaft wären zweifellos dramatisch.

Während die deutsche Politik an der Erfahrung der Hyperinflation von 1923 und 1945 orientiert bliebt, dominieren jenseits des Atlantiks andere Erfahrungen. Der amerikanische Präsident Barack Obama sprach bereits als Präsidentschaftskandidat in seinem Wahlkampf im Oktober 2008, d. h. wenige Wochen nach der Pleite von Lehman Brothers, von der «größten Krise seit der Großen Depression»[83]. Die 1930er Jahre stellen für alle politischen Lager in den USA einen natürlichen Bezugspunkt dar, während der Zweite Weltkrieg in wirtschaftlicher Hinsicht nicht als einschneidendes Ereignis wahrgenommen wird. Hyperinflation hat es in den Vereinigten Staaten während des 20. Jahrhunderts nicht gegeben. In akademischen Kreisen und in der Obama-Administration dominiert die Angst vor Deflation. Der Begriff des New Deal ist in weiten Teilen der Bevölkerung nach wie vor positiv besetzt und die Notwendigkeit, Wachstum zu generieren, wird stärker betont, als die Notwendigkeit zu sparen. Keynesianische Konjunkturprogramme sind keineswegs vom Tisch.

Unumstritten ist dieser Kurs in den Vereinigten Staaten jedoch nicht. In Amerikas Medien tobt ein Kulturkampf um die Ausrichtung aktueller Wirtschaftspolitik, in dem beide Seiten keine Gefangenen machen. Den linksliberalen Vordenkern aus dem Umfeld der Regierung und den Universitäten stehen sogenannte *Libertarians* (rechtsgerichtete, individualistisch eingestellte Wirtschaftsliberale) und *Tea Party*-Anhänger gegenüber – und die Geschichte der Großen Depression wird in dieser Auseinandersetzung gleichzeitig zum Schlachtfeld und zur Waffe. Denn wer die Deutungshoheit über die Krise der 1930er Jahre gewinnen kann – so lautet die Logik –, besitzt auch die Möglichkeit, die Richtung aktueller Wirtschaftspolitik festzulegen.

Beide Seiten fahren schwere Geschütze auf: «Hayeks wilde Schüler»[84], so bezeichnete der Journalist Nikolaus Piper die Anhänger der *Tea Party* in einem Artikel in der Süddeutschen Zeitung, verwenden Ideen und Argumente der Österreichischen Nationalökonomie, um die Politik der Obama-Administration zu diskreditieren. Dabei werden Hayeks Konzepte bis ins Groteske verzerrt und Obama-Porträts wahlweise mit Hitler-, Lenin- oder Stalin-Attributen verfälscht. Demnach führen Obamas Konjunktur- und Schuldenpolitik, seine Gesundheitsreform und seine umweltpolitischen Ansätze auf den «Weg zur Knechtschaft»[85] (der Titel eines Buches von Hayek) – also geradewegs in eine faschistische oder sozialistische Diktatur. Viel Geld fließt, um dies zu verhindern. Die der libertären Bewegung nahestehenden Milliardäre Charles und David Koch finanzieren aufwändige Youtube-Videos, in denen Hayek und Keynes als rappende Wirtschaftswissenschaftler gegeneinander antreten – und Hayek den Sieg davon trägt. In den Buchläden blasen Autoren aus dem Umfeld der *Tea Party* zum Frontalangriff auf Franklin D. Roosevelt und den New Deal. So versucht beispielsweise Amity Shlaes in ihrem Buch «The Forgotten Man: A New History of the Great Depression»[86] zu zeigen, dass die Einmischung des Staates in die Wirtschaft für die Krise der 1930er Jahre verantwortlich war, und Robert P. Murphy stößt mit seinem «Politically Incorrect Guide to the Great Depression and the New Deal» in das gleiche Horn. Im Klappentext des letztgenannten Titels heißt es:

> Mythen über die Große Depression waren früher nur ein Ärgernis. Nun sind sie zu einer Quelle der Tyrannei geworden. Die Bush-Obama-Antwort auf die Krise zeigt, dass eine Sache sicher ist: Bis wir zu einem richtigen Verständnis der Geschichte der 1930er Jahre gelangen, ist unsere Freiheit der Gefahr durch jene ausgesetzt, die die Tragödie wiederholen möchten. Gott sei Dank ist Robert Murphy des Weges gekommen, um das Durcheinander in einer Weise zu ordnen, die jeder verstehen kann. [...] Er zeigt, dass es nicht der Kapitalismus war, der für die Katastrophe von 1929 verantwortlich ist, sondern der von der FED künstlich geschaffene Boom. [...] Als Franklin D. Roosevelt an die Macht kam, leitete er die längste Reihe absurder, wachstumstötender Maßnahmen aller Präsidenten der amerikanischen Geschichte in die Wege.[87]

Das Argument, Roosevelt und die FED hätten die Große Depression erst zur Großen Depression gemacht, zielt darauf ab, Monetarismus und Keynesianismus in der gegenwärtigen politischen Diskussion zu diskreditieren.

Linksliberale Anhänger Obamas fordern dagegen einen «Second New Deal», einen «New Deal 2.0»[88]. Obama verlangt von den Europäern neue «keynesianische» Konjunkturpakete und auch der Wirtschaftsnobelpreisträger Paul Krugman trommelt in seinen wöchentlichen New York Times-Kolumnen für neue, schuldenfinanzierte Wachstumsförderung. Obama und Krugman stellen die Notwendigkeit zu sparen keineswegs in Abrede, doch sie fürchten einen erneuten Einbruch – wie 1937–38 in der Roosevelt-Depression –, falls dies zu schnell geschieht. Im Diskurs der Obama-Anhänger wird das Argument der *Libertarians* umgedreht. Die Forderung von Hayek und seinen Anhängern nach einer nicht-interventionistischen Geldpolitik und einem Staat, der sich weitgehend aus der Wirtschaft heraus hält, bringen sie mit den Hoover-Jahren während der großen Depression bzw. dem *Laissez-faire* der *New Era* in Verbindung.

Die von vielen *Libertarians* favorisierte Rückkehr zum Goldstandard – denn unter den Bedingungen des Goldstandards ist die Geldmenge weitgehend fix und kann nicht durch die Zentralbank manipuliert werden – wird ebenfalls mit historischen Argumenten begründet. Der radikale *Libertarian* und Kandidat für die republikanischen Vorwahlen zum Präsidentenamt Ron Paul begründet seine Forderung nach einer Wiedereinführung des Goldstandards wie folgt:

> Wenn unser Geld durch Gold und Silber gedeckt wäre, könnten Menschen, die in irgendeinem schicken Bürogebäude sitzen, nicht einfach einen Knopf drücken, um neues Geld zu schaffen. Sie müssten ehrliche Geschäfte mit einem Handelspartner machen, der bereits Gold in seinem Besitz hat. Oder sie müssten ihr Leben und ihr Vermögen riskieren, um einen günstigen Platz für eine Goldmine zu finden, sich die Hände schmutzig machen und schwitzen, um das Gold zu fördern. Und das ist nichts, von dem ich mir vorstellen kann, dass es unsere «Geld Elfen» in der FED gerne machen würden, wenn ihnen wieder einmal danach ist, mit der Wirtschaft Gott zu spielen.[89]

Der Historiker der Großen Depression Barry Eichengreen hat sich 2011 in seinem Essay «A critique of pure Gold»[90] ausführlich mit den Positionen Pauls auseinandergesetzt und ihre Impraktikabilität und Gefährlichkeit aufgezeigt. Schon in seinem 1992 erschienenen Buch «Golden Fetters: The Gold Standard and the Great Depression, 1919–1939» hatte Eichengreen den von Paul geforderten Goldstandard als (Mit-)Ursache der Großen Depression ausgemacht. Ben Bernanke fasst Eichengreens These wie folgt zusammen:

> Die direkte Ursache der weltweiten Depression [der 1930er Jahre] war ein strukturell fehlerhafter und schlecht gemanagter internationaler Goldstandard. [...] Aus einer Vielzahl von Gründen, unter anderem aufgrund des Wunsches der Federal Reserve, den Aktienboom zu stoppen, schlug die Geldpolitik mehrerer bedeutender Staaten in Richtung Kontraktion aus – eine Kontraktion, die sich durch den Goldstandard weltweit ausbreitete. Was zunächst als milde Deflation begann, entwickelte sich schnell zur Lawine, als die Banken- und Währungskrise des Jahres 1931 eine internationale «Jagd nach Gold» auslöste.[91]

Was in den 1930er Jahren schlecht war und nicht funktionierte, kann demnach auch heute nicht die Lösung unserer Probleme sein.

Wohin wir in der heutigen Krise auch immer blicken – auf all unseren Argumenten, Strategien, Hoffnungen und Ängsten liegt der lange Schatten der Großen Depression. Eindeutige Lehren und Handlungsanweisungen hält sie für uns leider nicht bereit, doch ein besseres Verständnis der 1930er Jahre kann uns heute helfen, Optionen abzuwägen und Konsequenzen vorauszusehen. Droht uns ein Rückfall in krisenhafte Entwicklungen oder haben wir das Schlimmste bereits überstanden? Auch auf diese Frage gibt uns die Geschichte keine Antwort. Sollte es zu einem erneuten wirtschaftlichen Einbruch kommen, wären die Mittel der westlichen Staatenwelt zur Krisenbekämpfung begrenzt. Monetaristen und Keynesianer in Europa und den USA haben ihr Pulver schon weitgehend verschossen. Massive neue Konjunkturprogramme sind aufgrund des politischen Widerstands und des hohen Schuldendrucks kaum vorstellbar. Eine monetaristische

Antwort verliert im Kontext ohnehin niedriger Zinssätze und der Liquiditätsinjektionen der letzten Jahre an Wirksamkeit und birgt das Risiko steigender Inflation. Auch die Ansätze der Österreichischen Schule bieten keine befriedigenden Lösungen. Im Moment des Crashs wirken sie krisenverstärkend. Hoffnung bietet möglicherweise Charles Kindlebergers Ansatz eines benevolenten Hegemons, der die Kosten für die Aufrechterhaltung einer liberalen Weltwirtschaftsordnung trägt und sie im Notfall stabilisiert. Europa und die USA haben sich im 20. Jahrhundert in dieser Rolle abgelöst, doch nun erscheinen sie beide zu schwach, um die Aufgabe alleine schultern zu können. Vielleicht liegt der Schlüssel zur Lösung der gegenwärtigen Misere bei den neuen aufstrebenden Wirtschaften – bei China, Indien und Brasilien. Das ökonomische Potential, um mehr internationale Verantwortung zu übernehmen, besitzen diese Länder bereits. Es bleibt zu hoffen, dass es – anders als bei den USA in den 1930er und 1940er Jahren – keiner Katastrophe bedarf, damit sie sich dieser Verantwortung auch stellen.

Verlassen sollten wir uns auf eine Rettung durch die Schwellenländer aber besser nicht. Stattdessen müssen wir auch in Europa und den USA wohl oder übel über neue, unorthodoxe Maßnahmen nachdenken, für die es keine historischen Vorbilder gibt und die über die Erfahrung der Großen Depression hinausweisen. So wie Franklin D. Roosevelt vor mehr als 80 Jahren nach neuen Wegen suchte, bleibt uns nur, zu experimentieren und alte Gewissheiten auf den Prüfstein zu stellen. Roosevelt hat beim Formulieren der Antwort auf die Probleme seiner Zeit die soziale und moralische Komponente zu keinem Zeitpunkt aus dem Blick verloren. Die Frauen und Männer am Fuße der Wirtschaftspyramide hat er während all der Turbulenzen niemals vergessen. Vielleicht war er gerade deswegen erfolgreich.

Langsam mag auch dem ein oder anderen europäischen Regierungschef dämmern, dass eine langfristige Stabilisierung unserer Wirtschaft nur gelingen kann, wenn Lasten gerecht verteilt werden und die Politik dem Auseinanderdriften unserer Gesellschaft erfolgreich entgegenwirkt. Wachsende soziale Ungleichheit war der Nährboden der Großen Depression wie auch unserer gegenwärtigen Krise. «In fast allen Staaten befinden sich mehr als 90 Prozent des gesamten Finanzvermögens in der Hand von nur 5 Prozent der Haushalte»,[92] schreiben die beiden Wirtschaftswissenschaftler Ulrich Hege und Harald Hau in der des Sozialneids unverdächtigen Frankfurter Allgemeinen Zeitung. Durch die bisherigen Rettungsbemühungen in der Eurokrise wurde in erster Linie das Vermögen dieser fünf Prozent gesichert, während eine schrumpfende steuerzahlende Mittelschicht für die Risiken der Banken- und Eurorettung haften soll und eine wachsende Unterschicht unter den Sparmaßnahmen leidet, zu denen sich Staaten verpflichtet sehen. Es wird aber auf die Arbeit, die Kaufkraft und das Konsumentenvertrauen der Mittelschicht ankommen, wenn sich Europa und die USA aus der Krise lösen sollen. Mit der geplanten Finanztransaktionssteuer betreten die europäischen Regierungen Neuland und versuchen erstmals, nicht nur die Bürger, sondern auch die Verursacher der Krise an deren Kosten zu beteiligen. Ein Schritt in die richtige Richtung, der aber nur ein Anfang sein kann, wenn wir die Schatten der Großen Depression endgültig hinter uns lassen möchten.

Anmerkungen

1 Zitiert nach: Dale Van Every und Morris De Haven Tracy, *Charles Lindbergh. His Life*, New York und London 1927, S. 174. (Übersetzt durch den Autor)

2 Francis Scott Fitzgerald, *Der große Gatsby*, München 2004.

3 Herbert Hoover, «Inaugural Address of Herbert Hoover», Washington, 4. März 1929, online verfügbar unter http://avalon.law.yale.edu/20th_century/hoover.asp. (Übersetzt durch den Autor)

4 John Maynard Keynes, *The Economic Consequences of the Peace*, New York 1920, Reprint Los Angeles 2010, S. 105. (Übersetzt durch den Autor)

5 South Carolina Writers' Project, *Life Histories*, Interview mit George Mehales, Dezember 1938, online verfügbar unter http://lcweb2.loc.gov/wpa/32030213.html. (Übersetzt durch den Autor)

6 Zitiert nach: Frederick Lewis Allen, *Only Yesterday. An Informal History of the 1920's*, New York 1931, Reprint New York 1997, S. 205. (Übersetzt durch den Autor)

7 John Jakob Raskob, «Everyone Ought to be Rich», *Ladies' Home Journal*, Vol. 46, August 1929, S. 9 und 36. (Übersetzt durch den Autor)

8 Zitiert nach: Richard Whales, *The Founding Father. The Story of Joseph P. Kennedy*, New York 1964, S. 104 (Übersetzt durch den Autor)

9 Zitiert nach: John Kenneth Galbraith, *Der große Crash: Ursachen, Verlauf, Folgen*, München 2005, S. 61.

10 Brief Franklin D. Roosevelts an Hugh Gibson vom 2. Januar 1920. Zitiert nach: Davis W. Houck, *FDR and Fear Itself. The First Inaugural Address*, College Station 2002, S. 44. (Übersetzt durch den Autor)

11 Beide zitiert nach: Herbert Hoover, *The Memoirs of Herbert Hoover*, Bd. 3, New York 1952, S. 30. (Übersetzt durch den Autor)

12 Zitiert nach: William K. Klingaman, *1929: The Year of the Great Crash*, New York 1989, S. 334. (Übersetzt durch den Autor)

13 Radioansprache Franklin D. Roosevelts in Albany vom 7. April 1932, online verfügbar unter http://newdeal.feri.org/speeches/1932c.htm. (Übersetzt durch den Autor)

14 Donald W. Whisenhunt, *President Herbert Hoover*, New York 2007, S. xvi. (Übersetzt durch den Autor)

15 Anne O'Hare McCormick, «Roosevelt's View of the Big Job», *The New York Times Magazine*, 11. September 1932. (Übersetzt durch den Autor)

16 Radioansprache Franklin D. Roosevelts in Albany vom 7. April 1932, online verfügbar unter http://newdeal.feri.org/speeches/1932c.htm. (Übersetzt durch den Autor)

17 Rede Franklin D. Roosevelts an der Oglethorpe University vom 22. Mai 1932, http://newdeal.feri.org/speeches/1932 d.htm. (Übersetzt durch den Autor)
18 Zitiert nach: Nikolaus Piper, *Die Große Rezession. Amerika und die Zukunft der Weltwirtschaft*, München 2009, S. 122.
19 Franklin D. Roosevelts Nominierungsansprache in Chicago vom 2. Juli 1932, online verfügbar unter http://newdeal.feri.org/speeches/1932 b.htm. (Übersetzt durch den Autor)
20 Franklin D. Roosevelts Rede anlässlich seiner Amtseinführung (Inaugural Address) in Washington am 4. März 1933, online verfügbar unter http://newdeal.feri.org/speeches/1933 a.htm. (Übersetzt durch den Autor)
21 Zitiert nach: «The Economy: The Quiet Triumph of Devaluation», *Time Magazine*, 27. Dezember 1971. (Übersetzt durch den Autor)
22 Michael H. Glantz, *Drought follows the plow*, Cambridge 1994, S. 23. (Übersetzt durch den Autor)
23 John Steinbeck, *Früchte des Zorns*, München 2003.
24 Zitiert nach: Werner Bergmann, «Coughlin, Charles Edward», in: Wolfgang Benz (Hrsg.), *Handbuch des Antisemitismus. Judenfeindschaft in Geschichte und Gegenwart*, Berlin 2009, S. 150–153, S. 151.
25 Detlef Junker, *Franklin D. Roosevelt. Macht und Vision: Präsident in Krisenzeiten*, Göttingen und Zürich 1979, S. 83.
26 Barry Eichengreen, *Golden Fetters: The Gold Standard and the Great Depression*, New York 1992.
27 Zitiert nach: Uli Dönch, «Ivar Kreuger. ‹Der größte Betrüger der Geschichte›», *Focus Money Online*, 1. April 2009, online verfügbar unter http://www.focus.de/finanzen/doenchkolumne/ivar-kreuger-der-groesste-betrueger-der-geschichte_aid_385 857.html.
28 T. G. Barman, «Ivar Kreuger», *The Atlantic*, Bd. 150, Januar 1932, S. 238. (Übersetzt durch den Autor)
29 André Kostolany, «Das tragische Ende des Herrn Ivar Kreuger», *Die Zeit*, 20. Oktober 1961.
30 Theodor Heuss, *Erinnerungen 1905–1933*, Tübingen 1963, S. 328.
31 Dieser Ausdruck Brünings stammt aus einer Rede im Reichstag vom 11. Mai 1932, in der er zum Durchhalten aufrief und einen baldigen Durchbruch in Aussicht stellte. Zitiert nach Herbert Hömig, *Brüning. Kanzlerin der Krise der Republik. Eine Weimarer Biografie*, Paderborn 2000, S. 589.
32 Hjalmar Schacht, *‹Finanzwunder› und ‹Neuer Plan›. Vortrag des Reichsbankpräsidenten Dr. Hjalmar Schacht vor dem Wirtschaftsrat der Deutschen Akademie, Berlin am 29. November 1938*, Sonderdruck 1938, S. 5–6.
33 «Arbeitslos», *Arbeiter – Illustrierte Zeitung*, Nr. 5, 1930, abgedruckt in: Jan Trützschler (Hrsg.), *Die Weimarer Republik*, Schwalbach 2011, S. 195.
34 Adolf Hitler, *Mein Kampf*, München 1943, S. 164–165.
35 Ebd., S. 146.
36 Ebd., S. 151.
37 Ebd., S. 151.

38 Ebd., S. 152.

39 Ebd., S. 151–153.

40 Wolfgang Schivelbusch, *Entfernte Verwandtschaft. Faschismus, Nationalsozialismus, New Deal 1933–1939*, München 2005.

41 Adolf Hitler, *Mein Kampf*, München 1943, S. 151.

42 Zitiert nach: Udo Kissenkoetter, *Gregor Strasser und die NSDAP*, Stuttgart 1978, S. 83.

43 Ebd.

44 Zitiert nach: Bernd Jürgen Wendt, *Das Nationalsozialistische Deutschland*, Opladen 2000, S. 53.

45 Den Ausdruck benutzte Hitler anlässlich des ersten Spatenstiches für die Autobahn Frankfurt-Mannheim-Heidelberg am 23. September 1933. Heinz Höhne, *Die Zeit der Illusionen. Hitler und die Anfänge des Dritten Reiches 1933–1936*, Düsseldorf und New York 1991, S. 130.

46 Den Ausdruck benutzte Hitler verschiedentlich, z. B. bei der Eröffnung der Bauarbeiten an einer Autobahn bei Unterhaching bei München am 21. März 1934. Das Zitat findet sich bei Paul Meir-Benneckstein und Franz Alfred Six (Hrsg.), *Dokumente der deutschen Politik, Bd. 2, Der Aufbau des deutschen Führerstaates*, Berlin 1939, S. 210.

47 «Gestorben: Hjalmar Horace Greely Schacht», *Der Spiegel*, Nr. 24, 8. Juni 1970, S. 166.

48 Zitiert nach: Hermann Pfründer, «Die beiden Währungen von 1923 und 1948», in: Carsten Peter Claussen, Hans Schäffer und Hermann Josef Abs (Hrsg.), *Neue Perspektiven aus Wirtschaft und Recht. Festschrift für Hans Schäffer*, Berlin 1966, S. 249–262, S. 254.

49 Karl-Heinz Janßen, «Magier des Geldes. Zum Tode von Hjalmar Schacht», *Die Zeit*, 12. Juni 1970.

50 Adam Tooze, *Ökonomie der Zerstörung. Die Geschichte der Wirtschaft im Nationalsozialismus*, München 2007.

51 Franklin D. Roosevelts Wahlkampfrede vom 20. August 1932 in Columbus, Ohio, online verfügbar unter http://newdeal.feri.org/speeches/1932 e.htm. (Übersetzt durch den Autor)

52 Franklin D. Roosevelts «Vier Freiheiten»-Rede vor dem Kongress in Washington am 6. Januar 1941, online verfügbar unter http://www.americanrhetoric.com/speeches/fdrthefourfreedoms.htm. (Übersetzt durch den Autor)

53 Walter Lippmann, «The Economic Consequences of a German Victory», *Life*, 22. Juli 1940. (Übersetzt durch den Autor)

54 Die These wurde von Helmut Englebrecht und Frank Hanighen aufgegriffen und popularisiert. Helmut Englebrecht und Frank Hanighen, *Merchants of death. A study of the international armament industry*, New York 1934. (Übersetzt durch den Autor)

55 Rede Winston Churchills vor dem House of Commons in Westminster am 4. Juni 1940, online verfügbar unter http://en.wikisource.org/wiki/We_shall_fight_on_the_beaches. (Übersetzt durch den Autor)

56 Franklin D. Roosevelts Pressekonferenz in Washington am 17. Dezember 1940, online verfügbar unter http://docs.fdrlibrary.marist.edu/odllpc2.html. (Übersetzt durch den Autor)

57 Cordell Hull, *The Memoirs of Cordell Hull*, Bd. 1, New York 1948, S. 81. (Übersetzt durch den Autor)

58 Ebd., S. 731. (Übersetzt durch den Autor)

59 Cordell Hull, *The Memoirs of Cordell Hull*, Bd. 2, New York 1948, S. 1718. (Übersetzt durch den Autor)

60 Laszlo Rostas, «Imperial Preference» in: *Encyclopedia Britannica*, Vol. 12, Chicago 1964, S. 123. (Übersetzt durch den Autor)

61 Zitiert nach: Lloyd C. Gardner, *Spheres of Influence. The Great Powers Partition of Europe, from Munich to Malta*, Chicago 1993, S. 64. (Übersetzt durch den Autor)

62 Der Text von Keynes' Strategiepapier findet sich in Donald Moggridge (Hrsg.), *The Collected Writings of John Maynard Keynes*, Bd. XXV, Activities 1940–1944, Shaping the Post-war World: the Clearing Union, London 1980, S. 42–66.

63 John Maynard Keynes, *Allgemeine Theorie der Beschäftigung, des Zinses und des Geldes*, Zürich 2008.

64 Das Zitat Milton Friedmans findet sich in «We Are all Keynesians Now», *Time Magazine*, Nr. 31, Dezember 1965. Nixons Äußerung findet sich in «Transcript of Four Correspondents' Interview With President at the White House; President Presents His Views on Foreign Affairs, Domestic Problems and Politics», *New York Times*, 4. Januar 1971.

65 Zitiert nach: Raymond P. Ojserkis, *Beginnings of the Cold War Arms Race. The Truman Administration and the U. S. Arms Build-Up*, Westport 2003, S. 15. (Übersetzt durch den Autor)

66 John Waggoner, «Is today's economic crisis another Great Depression?», *USA Today*, 4. November 2008. (Übersetzt durch den Autor)

67 Paul Krugman, *Die neue Weltwirtschaftskrise*, Frankfurt a. M. 2009.

68 Zitiert nach: Nikolaus Piper, «Welche Begehrlichkeiten der Erfolg Deutschlands weckt», *Süddeutsche Zeitung*, 21. April 2012.

69 Zitiert nach: Nicole Gaouette, «IMF's Lagarde: Europe Crisis ‹Escalating›», *Bloomberg*, 15. Dezember 2011, online verfügbar unter http://www.bloomberg.com/news/2011-12-15/imf-s-lagarde-says-escalating-european-crisis-requires-more-cooperation.html. (Übersetzt durch den Autor)

70 Zitiert nach: Nouriel Roubini und Stephen Mihm, *Das Ende der Weltwirtschaft und ihre Zukunft. Crisis Economics*, München 2011, S. 126.

71 Zitiert nach: Ebd.

72 Mark Tran, «Wall Street Crisis: Time to Turn back the Clock on Financial Regulation», *The Guardian*, 15. September 2008. (Übersetzt durch den Autor)

73 Zitiert nach: Nicole Gaouette, «IMF's Lagarde: Europe Crisis ‹Escalating›», *Bloomberg*, 15. Dezember 2011. (Übersetzt durch den Autor)

74 Rede Ben S. Bernankes zu Ehren von Milton Friedman an der University of Chicago, Chicago, Illinois am 8. November 2002, online verfügbar unter http://www.federalreserve.gov/boarddocs/speeches/2002/20 021 108/default.htm. (Übersetzt durch den Autor)

75 Zitiert nach: Paul Krugman, *Die neue Weltwirtschaftskrise*, Frankfurt a. M. 2009, S. 17.

76 Rede Ben Bernankes mit dem Titel «The Great Moderation» bei einem Treffen der Eastern Economic Association in Washington am 20. Februar 2004, online verfügbar unter http://www.federalreserve.gov/boarddocs/speeches/2004/20 040 220/default.htm.

77 Gilbert Seldes, *The Years of the Locust (America, 1929–1932)*, Boston 1933, S. 240. (Übersetzt durch den Autor)

78 Friedrich August von Hayek, *Preise und Produktion*, Wien 1931.

79 «Merkel sieht schwerste Krise seit 1945», *Spiegel online*, 11. März 2009, online verfügbar unter http://www.spiegel.de/politik/deutschland/staatshilfen-merkel-sieht-schwerste-krise-seit-1945-a-612 557.html.

80 Niall Ferguson und Nouriel Roubini, «Berlin is ignoring the lessons of the 1930s», *Financial Times*, 8. Juni 2012, online verfügbar unter http://www.ft.com/intl/cms/s/0/c49b69d8-b187–11e1-bbf9–00144feabdc0.html. (Übersetzt durch den Autor)

81 Ebd. (Übersetzt durch den Autor)

82 Ebd. (Übersetzt durch den Autor)

83 «Obama: U. S. in worst crisis since the Depression», *Reuters*, 7. Oktober 2008, online verfügbar unter http://www.reuters.com/article/2008/10/08/usa-politics-debate-economy-idUSN0749084220081008. (Übersetzt durch den Autor)

84 Nikolaus Piper, «Hayeks wilde Schüler», *Süddeutsche Zeitung*, 2. Oktober 2010, online verfügbar unter http://www.sueddeutsche.de/wirtschaft/usa-tea-party-hayeks-wilde-schueler-1.1007454.

85 Friedrich August von Hayek, *Der Weg zur Knechtschaft*, Erlenbach 1945.

86 Amity Shlaes, *The Forgotten Man. A New History of the Great Depression*, New York 2007.

87 Robert P. Murphy, *The politically incorrect guide to the Great Depression and the New Deal*, Washington 2009.

88 Beide Begriffe finden sich auf den Seiten des Roosevelt Institute unter http://rooseveltinstitute.org/blog.

89 «Honest money», online unter http://www.ronpaul.com/on-the-issues/fiat-money-inflation-federal-reserve-2/. (Übersetzt durch den Autor)

90 Barry Eichengreen, «A Critique of Pure Gold», *The National Interest*, 24. August 2011, online verfügbar unter http://nationalinterest.org/article/critique-pure-gold-5741.

91 Ben Bernanke und Kevin Carney, «Nominal Wage Stickiness and Aggregate Supply in the Great Depression», in: Ben Bernanke (Hrsg.) *Essays on the Great Depression*, Princeton 2000, S. 276–302, S. 276. (Übersetzt durch den Autor)

92 Ulrich Hege und Harald Hau, «Eurokrise. Warum ein Schuldenschnitt die bessere Lösung ist», *Frankfurter Allgemeine Zeitung*, 13. September 2012, online verfügbar unter http://www.faz.net/aktuell/wirtschaft/eurokrise-warum-ein-schuldenschnitt-die-bessere-loesung-ist-11 889 009.html.

Annotierte Kurzbibliografie

Einführungen und Standardwerke

Detailliertere und trotzdem leicht verständliche Einführungen zur Großen Depression bieten **Eric Rauchway, *The Great Depression and the New Deal: A Very Short Introduction*, Oxford 2008** für den amerikanischen Kontext und **Patricia Clavin, *The Great Depression in Europe, 1929–1939*, New York 2000** für Europa. Die Entwicklungen und Ereignisse außerhalb der industriellen Zentren stehen bei **Dietmar Rothermund, *Die Peripherie in der Weltwirtschaftskrise. Afrika, Asien und Lateinamerika, 1929–1939*, Paderborn 1982** im Mittelpunkt. In Rothermunds zweitem Buch zum Thema (**Dietmar Rothermund, *Die Welt in der Weltwirtschaftskrise, 1929–1939*, Münster 1993**) versucht er diese in einen globalgeschichtlichen Zusammenhang einzuordnen. Auch **Harold James und Elisabeth Müller-Lucker** versuchen sich in ***The Interwar Depression in an International Context*, München 2002** an einer Globalgeschichte der Großen Depression.

Charles Poor Kindleberger, *Die Weltwirtschaftskrise, 1929–1939*, München 1973 hebt ebenfalls auf die globalen Zusammenhänge der Krise ab und argumentiert, das Fehlen eines «benevolenten Hegemons», der zur Stabilisierung einer liberalen Weltwirtschaft notwendig sei, habe die Krise maßgeblich verursacht. **Barry Eichengreen** macht in ***Golden Fetters: The Gold Standard and the Great Depression, 1919–1939*, New York 1992** ein Missmanagement des globalen Goldstandards als zentrale Ursache der Katastrophe der 1930er Jahre aus. **Milton Friedman und Anna J. Schwartz** argumentieren in ***A Monetary History of the United States, 1867–1960*, Princeton 1963**, die Depression sei auf eine massive Kontraktion der Geldmenge infolge des Wall Street Crashs von 1929 zurückzuführen.

Die 1920er Jahre und der Wall Street Crash

Einen allgemeinen Überblick über das Amerika der 1920er Jahre bieten **Nathan Miller, *New World Coming: The 1920s and the Making of Modern America*, New York 2003** und **Lucy Moore, *Anything Goes: A Biography of the Roaring Twenties*, New York 2010**. Die weltwirtschaftlichen Zusammenhänge der 1920er Jahre beschreibt **Derek Howard Aldcroft** in ***Die Zwanziger Jahre. Von Versailles zur Wall Street 1919–1929*, München 1978**. Als Standardwerk zum Wall Street Crash gilt **John Kenneth Galbraith, *Der große Crash: Ursachen, Verlauf, Folgen*, München 2005**. Das gleiche Thema behandelt **Fritz Blaich** in ***Der Schwarze Freitag*, München 1985**.

Deutschland in der Weltwirtschaftskrise und die Wirtschaftspolitik des Dritten Reiches

Das Standardwerk zu Deutschland in der Großen Depression ist **Harold James,** ***Deutschland in der Weltwirtschaftskrise 1924–1936*****, Stuttgart 1988.** Eine perfekte Ergänzung dazu bietet die Quellenedition von **Wilhelm Treue,** ***Deutschland in der Weltwirtschaftskrise in Augenzeugenberichten*****, Düsseldorf 1967. Adam Tooze** fokussiert in ***Ökonomie der Zerstörung: Die Geschichte der Wirtschaft im Nationalsozialismus*****, München 2007** dagegen auf die Zeit nach 1933 – genau wie **Avraham Barkai,** ***Das Wirtschaftssystem des Nationalsozialismus: Der historische und ideologische Hintergrund*****, 1933–1936, Köln 1977** und **Richard J. Overy,** ***The Nazi Economic Recovery 1932–1938*****, Cambridge 1996.** Einen Vergleich zwischen der Wirtschaftspolitik der Nationalsozialisten und dem New Deal stellt **Wolfgang Schivelbusch** in ***Entfernte Verwandtschaft. Faschismus, Nationalsozialismus, New Deal 1933–1939*****, München und Wien 2005** an.

Die USA in der Großen Depression

Nach wie vor ein Klassiker ist **Lester Vernon Chandler,** ***America's Greatest Depression, 1929–1941*****, New York 1970** sowie das etwas aktuellere Buch von **David M. Kennedy,** ***Freedom from Fear: The American People in Depression and War, 1929–1945*****, New York 1999. William Edward Leuchtenburg** betrachtet das Leben Herbert Hoovers mit einem speziellen Fokus auf die Jahre der Depression in ***Herbert Hoover*****, New York 2009.** Einen speziellen Fokus auf den New Deal legen **William E. Leuchtenberg,** ***Franklin D. Roosevelt and the New Deal: 1932–1940*****, New York 1963** sowie **Anthony J. Badger,** ***The New Deal: The Depression Years, 1933–1940*****, New York 1989.** Einen biografischen Zugang zu Roosevelt bietet **Detlef Junker,** ***Franklin D. Roosevelt: Macht und Vision. Präsident in Krisenzeiten*****, Göttingen 1989.** Eine hervorragende und aktuelle Zusammenstellung von Texten und Primärquellen zu den USA zwischen den Weltkriegen findet sich in **Colin Gordon und Thomas Paterson (Hrsg.),** ***Major Problems in American History, 1920–1945: Documents and Essays*****, Belmont 2010.**

Großbritannien, Frankreich und das übrige Europa

Eine detaillierte Beschreibung der Krise in Europa als Ganzem liefern **Charles Feinstein, Peter Temin und Gianni Toniolo** in ***The European Economy between the Wars*****, Oxford 1997.** Den Verlauf der Krise in Großbritannien analysiert **Sidney Pollard** in ***The Development of the British Economy 1914–1950*****, London 1962** sowie **Stephen N. Broadberry** in ***The British Economy between the Wars. A Macroeconomic Survey*****, Oxford et al. 1986.** Mit Frankreich beschäftigt sich **Julian Jackson** in ***The Politics of Depression in France, 1932–1936*****, Cambridge 1985** und in ***The Popular Front in France. Defending Democracy, 1934–38*****, Cambridge 1988.**

Zweiter Weltkrieg und wirtschaftspolitische Nachkriegsplanung
Der Pionier auf diesem Gebiet ist der Heidelberger Historiker **Detlef Junker** mit seiner Habilitationsschrift ***Der unteilbare Weltmarkt: Das ökonomische Interesse in der Außenpolitik der** USA **1933–1941*, Stuttgart 1975**. In das gleiche Horn stößt **Patrick Hearden, *Roosevelt confronts Hitler – America's Entry into World War II*, Dekalb (Illinois) 1987**. Auf die Beziehungen der USA zu Japan fokussiert **James R. Herzberger, *A broken Bond. American Economic Policies towards Japan, 1931–1941*, New York und London 1988**. Die Kooperation zwischen Großbritannien und den USA bei der Errichtung einer neuen Weltwirtschaftsordnung steht bei **David Reynolds, *The Creation of the Anglo-American Alliance 1937–41. A Study in Competitive Co-operation*, Chapel Hill 1982** im Mittelpunkt.

Die Große Depression und die gegenwärtige Finanz- und Wirtschaftskrise
Die gegenwärtige Krise hat eine Unmenge an Büchern hervorgebracht. Konkrete Bezüge zur Krise der 1930er Jahre nehmen **Paul Krugman, *Die neue Weltwirtschaftskrise*, Frankfurt a. M. 2009** und **Nouriel Roubini und Stephen Mihm, *Das Ende der Weltwirtschaft und ihre Zukunft*, Frankfurt a. M. 2010**.

Bildnachweis

akg-images	S. 13, 36, 69 (IAM/World History Archive), 190
Getty Images	S. 108 (Margaret Bourke-White/Time Life Pictures), 113 (Topical Press Agency/Hulton Archive)
Superstock	S. 183
SZ-Photo	S. 150 (Scherl)
Pachot/ullstein bild	33 (histopics), 53, 64, 91, 135 (Archiv Gerstenberg), 141, 207 (Scherl/SZ-Photo)

Register